两唐书吐蕃传译注

（修订版）

罗广武 译注

中国藏学出版社

修订版前言

本书2014年初版时，是将旧、新唐书之《吐蕃传》的原文、注释部分与译文部分分开单列的，对于读者查找、对照原文和译文颇感不便。此次修订再版，则将每段原文、译文及其注释顺序排列，阅读起来就更加方便了。

修订中，对于原注释中个别不准确的内容作了修改，此外又增加了一些人名注释。

罗广武

2020年9月

新旧唐书吐蕃传各有所长不可偏废

（初版前言）

在二十四史中，有两部官修的唐史，即五代时修的《旧唐书》和北宋时修的《新唐书》。

《旧唐书》原称《唐书》，《新唐书》问世后改用今名。它是由五代后晋人赵莹、刘昫（同“煦”）先后以宰相监修，张昭远、贾纬等编撰，于后晋天福六年（公元941年）始修，至开运二年（公元945年）修成的。全书分本纪、志、列传三部分，共200卷。因当五代乱离之时，仓促成书，故比较粗糙，繁略不均。但《旧唐书》叙述史实比较详细，保存史料比较丰富，便于读者了解历史事件的过程和具体情况，因而受到后代的重视。《新唐书》由北宋人欧阳修、宋祁等编撰，于北宋庆历四年（公元1044年）始修，至嘉祐五年（公元1060年）修成，历时约17年。全书分本纪、志、表、列传四部分，共225卷。在曾公亮的进书表中，论及《新唐书》的成就：“其事则增于前，其文则省于旧。”这种“事增文省”的说法，似已成为对《新唐书》的定评。但《新唐书》文辞刻意求简，以致时有年代含糊、史实不清之处。

《旧唐书》和《新唐书》各有一篇《吐蕃传》，前者约2.7万字，后者近2.2万字，是迄今为止记述吐蕃早期历史的最详尽的文献资料。

与旧、新唐书的总体特点相同，《旧唐书·吐蕃传》保存了较多的原始史料，而《新唐书·吐蕃传》具有“事增于前、文省于旧”的优点，两篇《吐蕃传》各有所长，不可偏废。

《旧唐书·吐蕃传》保存的原始史料有：

贞观二十年（公元646年）吐蕃赞普弃宗弄赞（即松赞干布）《贺平辽东表》；

景龙四年（公元710年）正月唐中宗李显《金城公主出降吐蕃制》；

开元十七年（公元729年）吐蕃赞普弃隶蹜赞（即赤德祖赞）《请约和好书》；

开元十八年（公元730年）正字（秘书省属官）于休烈《请不赐吐蕃书籍疏》；

开元二十八年（公元740年）中书令李林甫《贺克吐蕃安戎城请宣示百僚表》；

开元二十八年（公元740年）唐玄宗李隆基《答李林甫贺收安戎城手制》；

大历九年（公元774年）四月唐代宗李豫《以吐蕃侵扰预为边备敕》；

建中四年（公元783年）正月张镒《与吐蕃盟文》（即唐蕃清水会盟碑文）；

贞元三年（公元787年）七月唐德宗李适（读括）《褒恤吐蕃盟会使崔汉衡等制》；

元和十四年（公元819年）正月唐宪宗李纯《放归蕃使论矩立藏等制》；

长庆元年（公元821年）十月刘元鼎《与吐蕃使盟文》（即唐蕃长安会盟盟文），等等。

有些原始史料在其他史料中很难见到，因此是十分宝贵的。

而《新唐书·吐蕃传》增补的资料包括：

其俗谓强雄曰赞，丈夫曰普，故号君长曰赞普（藏文拉丁转写为btsan po），赞普妻曰末（朱）蒙（btsan mo）。其官有大相曰论茝（blon che），副相曰论茝扈莽（奔）（blon che vog dpon），亦号大论、小论……总号曰尚论掣逋突瞿（zhang blon ched po dgu）；

其官之章饰，最上瑟瑟，金次之，金涂银又次之，银次之，最下至铜止；

其后有君长曰瘕悉董摩，董摩生佗土度，佗土生揭利失若，揭利生勃弄若，勃弄生讵素若，讵素生论赞索，论赞生弃宗弄赞（即松赞干布）；

武后时右史崔融《拔四镇议》；

武后时郭元振出使吐蕃，遇钦陵，钦陵约罢四镇兵，求分十姓地，郭元振固言不可；

玄宗时吐蕃赞普弃隶蹜赞（即赤德祖赞）《请修好表》；

开元十年（公元722年）吐蕃攻小勃律国，北庭节度使张孝嵩遣兵夹击，大败吐蕃；

元和年间（公元806—820年）沙州都知兵马使阎朝杀刺史周鼎，自领州事，固守沙州凡十一年，终被吐蕃大将尚绮心儿攻陷；

长庆二年（公元822年）大理卿刘元鼎《使吐蕃经见纪略》；

大和五年（公元831年）维州吐蕃守将悉怛谋挈城以降，剑南西川节度使李德裕受之，会牛僧孺当国，议还悉怛谋，吐蕃夷诛无遗种；

吐蕃赞普（赤祖德赞）死，以弟达磨嗣，达磨凶愎少恩，政益乱；

会昌二年（公元842年）吐蕃赞普达磨死，以妃綝兄尚延力之子乞离胡为赞普，始三岁，妃共治其国；

吐蕃落门川讨击使尚恐热与鄯州将领尚婢婢在河湟及河西地区混战情况；

大中五年（公元851年）沙州首领张义潮奉瓜、沙、伊、肃、甘等十一州地图以献，遂授归义军节度使；

吐蕃奴部嗢末的活动情况，等等。

《旧唐书·吐蕃传》记述止于大中三年（公元849年），而《新唐书·吐蕃传》记述止于咸通十三年（公元872年），较《旧唐书·吐蕃传》多出二十几年，反映的史事自然要丰富一些。

应当指出的是，由于唐蕃接触频繁，文化交流空前活跃，所以两唐书《吐蕃传》对吐蕃历代赞普姓名的译音是相当准确的。

如松赞干布，两篇《吐蕃传》均译作“弃宗弄赞”。松赞干布本名松赞（srong btsan），登基后冠以“赤”（Khri）衔，称为赤松赞（Khri srong btsan）。汉文史料将“赤”译作“弃”或“器”，将“松赞”译作“宗弄赞”或“苏农赞”，故有弃宗弄赞、弃苏农赞、弃苏农等不同译名。西藏佛教史称松赞为松赞干布（srong btsan sgam po），“干布”为“深沉”之义，应是对松赞的尊号。至于松赞干布的卒年，两篇《吐蕃传》均记为永徽元年，即公元650年。证之于《敦煌本吐蕃历史文书》之“大事纪年”，此说亦可成立。“大事纪年”第一条之前补译：赞蒙文成公主由噶尔·东赞域宋迎至吐蕃之地（应为641年）；此后三年（应为644年），灭“李聂秀”，将一切象雄部落收于治下；此后六年（应为650年），赤松赞赞普升遐。《资治通鉴》高宗永徽元年条又载：“五月壬戌（查为二十四日），吐蕃赞普弄赞卒。”此处不言吐蕃遣使告哀，应该理解为赞普升遐之具体日期（文成公主入藏带有现成的唐历，不难确知赞普卒日）。永徽元年五月二十四日，也就是公元650年6月28日，应为松赞干布去世之日。

都松芒波杰（676至704年在位），两篇《吐蕃传》均译作“器弩悉弄”。“都松芒波杰”是其藏文全名 vdus srong mang po rje 的译音，简称就是“都松”（vdus srong），冠以“赤”衔，即为“赤都松”（khri vdus srong）。汉文史料译“赤”为“器”，译“都松”为“弩悉弄”，因此有了器弩悉弄的译名。

赤德祖赞（khri lde gtsug btsan，704至754年在位），两篇《吐蕃传》均译作“弃隶蹜（读宿）赞”。汉文史料译“赤”为“弃隶”，译“德祖赞”为“蹜赞”，故称“弃隶蹜赞”。

赤松德赞（755至797年在位），《旧唐书·吐蕃传》译作“婆悉笼猎赞”（“婆”字系笔误），《新唐书·吐蕃传》译作“挲（读梭）悉笼腊赞”，《册府元龟》作“娑（亦读梭）悉笼腊赞”。赤松德赞的藏文全名为 khri srong lde btsan，“赤”为任赞普后所加之衔，“松德赞”为本名。汉文史料译“松”为“娑悉笼”，译“德赞”为“腊赞”，故称“娑悉笼腊赞”。

赤祖德赞（khri gtsug lde btsan，815至836年在位），《新唐书·吐蕃传》译作“可黎可足”。“可黎可足”为“赤祖”（khri gtsug）之缓读，即译“赤”为“可黎”，译“祖”为“可足”。

达玛·邬东赞（dar ma vu dum btsan，约836至841年在位），《新唐书·吐蕃传》译“达玛”为“达磨”。“达玛”意为“法”“佛经”，是具有佛教色彩的名号，“邬东赞”有“小而坚稳”之意，是其本名。

当然，两唐书《吐蕃传》对个别赞普的译音并不准确。

如赤德祖赞，除译作“弃隶蹜赞”外，另译为“乞黎苏笼猎赞”，此译音显然是错误的。据史料记载，赤德祖赞之死，事在天宝十三年（754年），告哀于唐已是次年，故唐记为天宝十四年（755年）。《旧唐书·吐蕃传》称：“天宝十四载，赞普乞黎苏笼猎赞死，大臣立其子婆悉笼猎赞为主，复为赞普。”《新唐书·吐蕃传》称：“是岁，赞普乞黎苏笼腊赞死，子挲悉笼腊赞嗣。”《资治通鉴》卷二一七天宝十四载（755年）条载：“是岁，吐蕃赞普乞梨苏笼猎赞卒，子娑悉笼猎赞立。”《册府元龟》卷九六六外臣部载：“天宝十四载，赞普乞黎苏笼腊赞死，大臣立其子娑悉笼腊赞为赞普。”以上四部史书，除个别用字稍有差异外，记载完全一致，“乞黎苏笼猎赞”对应的都是已故赞普赤德祖赞（khri lde gtsug btsan）。原译作“弃隶蹜赞”，译音是准确的。新译则将“弃隶”作“乞黎”，将“蹜赞”扩展作“苏笼猎赞”。这样就将赤德祖赞的译名（乞黎苏笼猎赞）与赤松德赞的译名（娑悉笼猎赞）完全混同了（“苏笼猎赞”与“娑悉笼猎赞”在藏文中并无区别），差别仅在于有无前面的“赤”衔。故此就不难理解，为什么一些藏学论著认为，“乞黎苏笼猎赞”不应是已故赞普赤德祖赞（khri lde gtsug btsan）之译名，而应是新立赞普赤松德赞（khri srong lde btsan）之译名，因为“乞黎苏笼猎赞”与“赤松德赞”之译音相符，即译“赤”为“乞黎”，译“松”为“苏笼”，译“德赞”为“猎赞”（“德赞”“猎赞”“腊赞”在藏文中是相同的）。可见史书记载也难免出现错误。

两唐书《吐蕃传》对于研究西藏早期历史具有无可替代的重要价值。为使关心西藏历史的读者特别是青年读者能够读懂《吐蕃传》，我觉得写这样一本《两唐书吐蕃传译注》还是有意义的，或许能起到一点宣传和普及的作用。

两唐书《吐蕃传》原文，大体按中华书局版划分自然段，并在人名之下标注横线。对原文中涉及的年号、地名、人名、职官以及生僻字词等，尽可能作了注释。在原文及注释之后，又用现代汉语对原文进行了全译。注释力求详尽、准确，具有学术性。全译则力求通俗、连贯，具有可读性。

书稿写成后，曾送请藏学界索文清、陈庆英、顾祖成、任新建、何宗英、陶长松、季垣垣等专家学者审阅，他们都对本书给予充分肯定，并提出了宝贵的意见和建议。索文清先生更为本书参考文献增加了不少书目，以便人们全面了解吐蕃史与唐蕃关系史的研究状况。何宗英、陶长松先生对书中的藏文拉丁转写进行了认真校核。在此一并表示最诚挚的谢意。

罗广武

2012年10月于北京寓所

凡　例

一、旧、新唐书《吐蕃传》各有两万多字，是迄今为止记述吐蕃早期历史的最详尽的文献资料。鉴于两篇《吐蕃传》都很长，因此据旧、新唐书所载，将两篇《吐蕃传》各分上、下部分，予以注释和全译。

二、注释内容主要包括：年号、地名、人名、职官、生僻字词等。

三、对年号注释公元纪年，公元纪年一律使用阿拉伯数字。

四、对地名注释今之所在。为便于读者查找，在注明所在的省、自治区、直辖市的同时，亦注明所在的地、市、州。

五、对人名注释生平简历。对吐蕃的赞普及有关重要人物，尽可能标明藏文原名（拉丁字母转写）。

六、对文武职官，除作具体解释外，亦对唐代官制（中央的三省六部九寺卿，地方的道、州、县）、兵制（前期的府兵制，后期的募兵制）作必要的介绍。

七、对原文进行全译时，结合校勘情况作了适当改译，以免将错就错。为阅读方便，对地名括注时，仅注明今之所在及省区市，省略了地市州。

八、附录“吐蕃赞普世系、唐朝皇帝世系公元纪年对照表”，以清眉目。

九、参考文献附于书后。

十、为了读者查找方便，书后另附有关地名、人名、职官的索引。

目　录

旧唐书《吐蕃传》上

吐蕃[1]，在长安之西八千里[2]，本汉西羌之地也。其种落莫知所出也，或云南凉[3]秃发利鹿孤[4]之后也。利鹿孤有子曰樊尼，及利鹿孤卒，樊尼尚幼，弟傉檀[5]嗣位，以樊尼为安西将军。后魏神瑞元年[6]，傉檀为西秦[7]乞佛炽盘所灭，樊尼招集余众，以投沮渠蒙逊[8]，蒙逊以为临松[9]太守。及蒙逊灭，樊尼乃率众西奔，济黄河，逾积石[10]，于羌中建国，开地千里。樊尼威惠夙著，为群羌所怀，皆抚以恩信，归之如市。遂改姓为窣勃野[11]，以秃发为国号，语讹谓之吐蕃[12]。其后子孙繁昌，又侵伐不息，土宇渐广。历周及隋，犹隔诸羌，未通于中国。

【译文】

吐蕃，在长安以西八千里（这是极而言之，实际近六千里），本来是汉代西羌之地。吐蕃种族不知从何而来，有种说法称可能是南凉（都城在今青海西宁）秃发利鹿孤的后裔。秃发利鹿孤有个儿子名叫樊尼，到秃发利鹿孤去世时，樊尼还年幼，因此由秃发利鹿孤的弟弟傉檀继位，他任樊尼为安西将军。北魏神瑞元年（公元 414 年），傉檀被西秦（都城在今甘肃榆中）乞佛炽盘所灭，樊尼就招集残余部众，去投靠北凉（都城在今甘肃张掖）沮渠蒙逊，沮渠蒙逊任樊尼为临松太守。等到沮渠蒙逊灭亡，樊尼又率领部众西奔，渡过黄河，翻越积石山（今青海阿尼玛卿山），在西羌之地建国，开拓疆土上千里。樊尼一向以威猛而仁爱著称，受到众羌敬慕，樊尼对众羌用恩惠诚信加以抚慰，因此众羌归附他就如同赶赴集市。于是樊尼改姓为窣勃野（又译悉补野），以秃发为国号，汉语把秃发误称为吐蕃。樊尼之后子孙繁衍昌盛，又不断攻城略地，疆域逐渐扩大。历经北周与隋朝，仍被诸羌所阻隔，与中原没有什么交往。

【注释】

① 吐蕃：蕃，读播，系藏文 bod（拉丁字母转写，以下同）之译音字。蕃、番等字，在周、秦、汉世，均为播音，宋以来中原人乃读蕃、番等字为翻音。“吐蕃”二字，本不是蕃人自称，其自称应译为一个“蕃”字。关于“吐蕃”中“吐”字的含义，学界有多种解释。有的认为，“吐”为藏文 stod（上部）或 lho（南方）之音译。有的认为，在敦煌卷子编号 P. T. 1263 上，有一汉藏对照词汇，将 bod 译为“特蕃”及“土蕃”，而将 bod btsan po 译为土蕃天子，由此推测 bod 字前可能有 da 前音，书写时脱落，而口音仍发出，故有如是译法。有的认为，“吐”为唐音“大”之异写。至长庆二年（公元 822 年）唐蕃会盟碑文，蕃人乃以“大蕃”（bod chen po）与“大唐”对称。唐代关中人把“大”字读为“代”或“舵”，与“杜”字音近，同时把“土”字读为“杜”，故将“大蕃”别写为“吐蕃”。“土”字加口旁，是表示的译音字。唐朝与吐蕃争夺西域百多年，因而“吐蕃”这个称呼，随着唐朝的政治、经济、军事、文化等优势流行到西域，于是西域葱岭内外和西亚的民族也都称蕃国为 Tubo 或 Tubod，辗转传入欧洲，变成拉丁文的 Tibet。元明清时再从西文转译回来，对西藏地方遂有“底伯

特”“土伯特”等称谓（见任乃强《吐蕃传地名考释》）。也有的认为，大食（阿拉伯）人称吐蕃之读音为Tubbat，突厥人称吐蕃之读音为Toput或Topot，均与唐人所称“吐蕃”的读音相吻合，可见是国际通称，而今日英文的Tibet正是大食、突厥、唐人对“吐蕃”称呼的遗留，此中并无唐朝影响大食、突厥或大食、突厥影响唐朝的问题（见林冠群《唐代吐蕃历史与文化论集》）。

② 在长安之西八千里：自唐都长安至吐蕃逻些（拉萨）实为五千八百余里，八千里之数不确，是极而言之。

③ 南凉：十六国之一。河西鲜卑贵族秃发乌孤于公元397年称西平王，建都西平（今青海西宁），后徙乐都（今青海海东市乐都区），史称南凉。“南凉”前面有“或云”二字，即不知是何人何书，暗示吐蕃种落出于秃发利鹿孤之后的说法不足为信。

④ 秃发利鹿孤（？—402）：南凉国君主，400至402年在位。秃发乌孤之弟。乌孤在位时，封利鹿孤为骠骑大将军、西平公。399年，乌孤死，遗言宜立长君，是以利鹿孤继立，并迁都西平（今青海西宁）。401年称河西王。次年死，传弟秃发傉檀。

⑤ 傉檀（365—415）：傉，读怒。秃发傉檀，秃发利鹿孤之弟，樊尼之叔父，于402至414年在位。

⑥ 后魏神瑞元年：后魏，亦称北魏，即北朝时期的魏朝。神瑞元年，即公元414年。

⑦ 西秦：十六国之一。陇右鲜卑贵族乞伏国仁于385年称大单于。其弟乞伏乾归称秦王，都苑川（今甘肃榆中北）。史称西秦。有今甘肃西南部。乞佛炽盘，又译乞伏炽盘，系乞伏乾归之子，412至428年在位。西秦431年为夏所灭。

⑧ 沮渠蒙逊（368—433）：十六国时期北凉的建立者，401至433年在位，自称张掖公，后改称凉王。420年攻灭西凉，占有凉州全部。

⑨ 临松：治（地方政府所在地）今甘肃省张掖市南。

⑩ 积石：有大积石山，有积石关。大积石山，即阿尼玛卿山，位于今青海省海南州、果洛州交界处。积石关，又称积石峡，在今青海东部循化县境黄河沿岸。

⑪ 窣勃野：窣，读苏。窣勃野，另译悉勃野、悉补野，是藏文 spu rgyal 的译音。

⑫ 以秃发为国号，语讹谓之吐蕃："吐蕃"二字，最早见于北魏正始三年（506 年）崔鸿所撰《十六国春秋》，所指为"秃发"之异译。《魏书·源贺传》又称，鲜卑秃发氏与拓跋氏同源，因事分姓。可见，秃发、拓跋、吐蕃，皆一字之异译。隋唐以来的史家见到《十六国春秋》称秃发氏为吐蕃氏，便以为吐蕃首领出于秃发利鹿孤之子樊尼后裔。

其国人号其王为赞普[①]，相为大论、小论[②]，以统理国事。无文字，刻木结绳为约。虽有官，不常厥职[③]，临时统领。征兵用金箭，寇至举烽燧，百里一亭。用刑严峻，小罪剜眼鼻，或皮鞭鞭之，但随喜怒而无常科。囚人于地牢，深数丈，二三年方出之。宴异国宾客，必驱犛牛[④]，令客自射牲以供馔[⑤]。与其臣下一年一小盟[⑥]，刑羊狗猕猴，先折其足而杀之，继裂其肠而屠之，令巫者告于天地山川日月星辰之神云："若心迁变，怀奸反覆，神明鉴之，同于羊狗。"三年一大盟，夜于坛墠[⑦]之上与众陈设肴馔，杀犬马牛驴以为牲，咒曰："尔等咸须同心戮力，共保我家，惟天神地祇[⑧]，共知尔志。有负此盟，使尔身体屠裂，同于此牲。"

【译文】

吐蕃人把他们的国王叫赞普，把宰相叫大论、小论，以大论、小论统领国事。吐蕃没有文字，靠刻木结绳来订约。虽设有官职，但并非常任，只是临时统领。用金箭来征兵，敌人来犯就点燃烽火，一百里设置一个岗亭。用刑严峻，犯了小罪就剜眼割鼻，或者用皮鞭抽打，怎样量刑全凭执法官的喜怒而没有固定的法规。把犯人囚禁在地牢里，地牢有几丈深，两三年以后才放出来。宴请他国的宾客时，一定要驱赶牦牛，让客人亲自射杀牦牛作食物。赞普与臣下一年一次小结盟，结盟时要宰杀羊、狗、猕猴，先折断它们的腿然后把它们杀死，接着开肠割肚，命巫师祭告天地山川日月星辰诸神灵说："如果谁变了心，怀有奸计，背叛盟约，有神灵明鉴，让他如同这羊狗。"三年一次大结盟，赞普与臣下夜间把食物等陈设在祭坛上，杀死狗、马、牛、驴做祭品，咒言："你们都必须同心协力，共同保卫我家，天神地神，全都知道你们的志愿。如果违背了这个盟约，让你们粉身碎骨，如同这些牺牲品一样。"

【注释】

① 赞普：藏文 btsan po 之译音。赞普为吐蕃人称其君长之特有名词，称其他国家或民族的君长则为"王"（rgyal po 或 rje）。《新唐书·吐蕃传》解释为"其俗谓雄强曰赞，丈夫曰普，故号君长曰赞普"。就藏字本身意义而言，"赞"为吐蕃人敬畏的魔神，有雄强、厉害之意，"普"为阳性字尾。呼其君长为"赞普"，就是视其为神的化身，具无比威灵。（见林冠群《唐代吐蕃政治制度之研究》）

② 大论、小论：大论即大相（宰相），小论即副相。《新唐书·吐蕃传》载"其官有大相曰论茝"，茝读柴。"论茝"为藏文 blon che 之音译。"论"（blon），藏文本义为"商劝""忠告"；"茝"（che）在藏文中是形容词，为"大"之义。因此"论

茝”又译“大论”。

③ 不常厥职：厥，书面语，指示代词，意为“其，他的，那个”。不常厥职，即不是常设职务。句式与后文“或随畜牧而不常厥居”相同。

④ 犛牛：犛，“牦”的异体字。犛牛即牦牛。

⑤ 馔：读撰，书面语，饭食之意。

⑥ 盟：盟誓、议盟。在吐蕃未统一以前，盟誓是各氏族之间分合聚散、合纵连横的一种方法。至松赞干布统一吐蕃，建立王朝政体以后，盟誓的作用即转为维系君臣关系、规范君臣之间的行为。在《敦煌本吐蕃历史文书》的“大事纪年”中，几乎每年都有由大论召集这种议盟集会的纪录。议盟制度可以反映出吐蕃的政体特点。依照吐蕃传统习俗，举行盟誓时要“刑牲为盟”，这可能与吐蕃当时祀奉苯教之自然崇拜有关。（见王尧《敦煌本吐蕃历史文书》）

⑦ 墠：读善，古代祭祀用的平地。

⑧ 祇：读齐，地神。

其地气候大寒，不生秔①稻，有青稞麦、䜴②豆、小麦、乔麦。畜多犛牛猪犬羊马。又有天鼠，状如雀鼠③，其大如猫，皮可为裘。又多金银铜锡。其人或随畜牧而不常厥居，然颇有城郭。其国都城号为逻些④城。屋皆平头，高者至数十尺。贵人处于大毡帐，名为拂庐。寝处污秽，绝不栉沐⑤。接手饮酒，以毡为盘，捻麨⑥为碗，实以羹酪，并而食之。多事羱羝⑦之神，人信巫觋⑧。不知节候，麦熟为岁首。围棋陆博⑨，吹蠡⑩鸣鼓为戏，弓剑不离身。重壮贱老，母拜于子，子倨⑪于父，出入皆少者在前，老者居其后。军令严肃，每战，前队皆死，后队方进。重兵死，恶病终。累代战没，以为甲门⑫。临阵败北者，悬狐尾于其首，表其似狐之怯，稠人广众，必以徇⑬焉，

其俗耻之，以为次死。拜必两手据地，作狗吠之声，以身再揖而止。居父母丧，截发，青黛涂面，衣服皆黑，既葬即吉。其赞普死，以人殉葬，衣服珍玩及尝所乘马弓剑之类，皆悉埋之。仍于墓上起大室，立土堆，插杂木为祠祭之所。

【译文】

吐蕃这个地方气候严寒，不生长粳稻，有青稞、野豆、小麦、荞麦。牲畜中牦牛、猪、狗、羊、马比较多。还有天鼠，形状像雀鼠，大小如猫，它的皮可以用来制作皮衣。又有丰富的金银铜锡。吐蕃人时随牲畜游牧而无固定居所，不过也有许多城镇。吐蕃的国都叫逻些城。房屋都是平顶，高的达几十尺。贵人居住在大毡帐里，这种毡帐叫做拂庐。吐蕃人寝处污秽，从来不梳头、洗浴。用手捧着饮酒，用毡做盘，把炒熟的面粉捏成碗，在碗里盛放汤羹奶酪，然后一起吃掉。很多人信奉山羊之神，相信巫师。不知道节气，以麦熟时作为一年的开始。以围棋、赌博、吹海螺、击鼓为游戏，弓箭不离身。看重壮年而轻视老人，母亲向儿子行拜，儿子对父亲傲慢，出入总是年少的在前，年老的居后。军令严肃，每次作战，前队全部战死，后队才接着前进。看重战死，嫌恶病终。累世阵亡的人家，就是甲等高门。临阵脱逃的，要在他的头上悬挂狐狸尾巴，以表示他像狐狸一样胆怯，在大庭广众之中，一定要示众，习俗都以此为耻，以为仅次于死。吐蕃人行拜礼时必须双手按地，学狗叫之声，身拜两次而止。在父母丧期，要剪去头发，用青黛涂脸，衣服全是黑色的，入葬后就可以改穿吉服。赞普死后，要用人来殉葬，赞普生前的衣服、珍玩以及所骑的马、所用的弓剑等，全都要埋掉。并且在墓上建造大屋，立起土堆，再插上杂木作为祭祀之所。

【注释】

① 秔：读京，同粳，水稻之一类，米粒短而粗。

② 萱：读劳，野豆。

③ 雀鼠：一种硕大的鼠类。

④ 逻些：今拉萨。吐蕃时期藏文作 ra sa，意为“羊土”，盖有山羊驮土填湖建大昭之传说为其契机。后转为 lha sa（拉萨即其译音），就有了“神地”之义。本传称逻些城，实无城垣。《新唐书·吐蕃传》称“逻娑川”，以“川”字表达河谷大平原，译得更准确些。（见王尧《吐蕃金石录》）

⑤ 栉沐：栉，读至，梳头。沐，泛指洗浴。

⑥ 麨：读炒，炒熟的面粉。

⑦ 羱羝：读原低，羱指北山羊，羝为公羊。

⑧ 觋：读习，男巫师。

⑨ 陆博：亦称“六博”。原指用掷采以定行棋的游戏，后逐渐发展成一种赌博手段。

⑩ 蠡：读里，指海螺。

⑪ 倨：书面语，傲慢之意。

⑫ 甲门：甲，第一等。甲门，即第一等人家。

⑬ 徇：读训，对众宣示，此处有游街示众意。《周礼·天官·小宰》：“徇以木铎。”古者将有新令，必奋木铎对众宣示，使明听也。

吐蕃松赞干布、唐太宗李世民时期

贞观八年[①]，其赞普弃宗弄赞[②]始遣使朝贡。弄赞弱冠[③]嗣位，性骁武，多英略，其邻国羊同[④]及诸羌并宾伏之。太宗[⑤]遣行人[6]冯德遐往抚慰之。见德遐，大悦。闻突厥[7]及吐谷浑[8]皆尚公主[9]，乃遣使随德遐入朝，多赍[10]金宝，奉表求婚，太宗未之许。使者既返，言于弄赞曰："初至大国，待我甚厚，许嫁公主。会吐谷浑王入朝，有相离间，由是礼薄，遂不许嫁。"弄赞遂与羊同连，发兵以击吐谷浑。吐谷浑不能支，遁于青海之上，以避其锋，其国人畜并为吐蕃所掠。于是进兵攻破党项及白兰诸羌[11]，率其众二十余万，顿于松州[12]西境。遣使贡金帛[13]，云来迎公主，又谓其属曰："若大国不嫁公主与我，即当入寇。"遂进攻松州。都督韩威轻骑觇[14]贼，反为所败，边人大扰。太宗遣吏部尚书[15]侯君集[16]为当弥道行营大总管，右领军大将军[17]执失思力为白兰道行军总管，左武卫将军[18]牛进达为阔水道行军总管，右领军将军[19]刘兰为洮河道行军总管，率步骑五万以击之。进达先锋自松州夜袭其营，斩千余级。弄赞大惧，引兵而退，遣使谢罪，因复请婚，太宗许之。弄赞乃遣其相禄东赞[20]致礼，献金五千两，自余宝玩数百事。

【译文】

唐贞观八年（公元634年），吐蕃赞普弃宗弄赞（即松赞干布）开始派遣使者朝贡。弃宗弄赞二十岁（实际是十三岁）继位，生性勇武，富于才略，吐蕃邻国羊同（即象雄）及诸羌都归顺了弃宗弄赞。唐太宗派遣使者冯德遐前往吐蕃抚慰，弃宗弄赞见到冯德遐，非常高兴。他听说突厥王与吐谷浑王都娶唐公主为妻，便派使者随冯德遐入朝，携带许多金宝，奉表求婚。太宗没有答应。吐蕃使者返回后，对弃宗弄赞说："初到大国时，皇帝待我很优厚，答应嫁给公主。碰上吐谷浑王入朝，从中离间，因此礼遇变薄，于是又不同意嫁给公主。"弃宗弄赞因而与羊同联合，出兵攻打吐谷浑（在吐蕃北面今青海境内）。吐谷浑抵挡不住，就逃到青海湖之侧，以躲避对方的锐气，吐谷浑的人口、牲畜都被吐蕃掠夺。于是吐蕃又进兵攻破党项及白兰诸羌（分布于今青海东南部和四川西部），弃宗弄赞率本国及所俘兵众二十多万，驻扎于松州（今四川松潘）西境。他派使者进贡黄金、铠甲，说是前来迎娶公主，又对他的部下说："如果大国不把公主嫁给我，我就当即进犯。"于是进攻松州。都督韩威率轻骑观测敌情，反而被击败，边民大乱。太宗派遣吏部尚书侯君集为当弥道行军大总管，右领军大将军执失思力为白兰道行军总管，左武卫将军牛进达为阔水道行军总管，右领军将军刘兰为洮河道行军总管，率领步兵、骑兵五万攻打吐蕃。牛进达率先锋兵马从松州（今四川松潘）出发，夜袭吐蕃军营，斩首一千多级。弃宗弄赞大为恐惧，带领军队撤退，同时派遣使者谢罪，并再次求婚。太宗答应了他的请求。弃宗弄赞就派遣宰相禄东赞致礼，进献黄金五千两，另有珍玩数百件。

【注释】

① 贞观八年：公元634年。贞观，读贞贯。

② 弃宗弄赞：松赞干布（约617—约650）。松赞干布本名为松赞（srong btsan），登基后冠以"赤"（khri），称为赤松赞（khri srong btsan）。汉文史料将"赤"译作"弃"或"器"，将"松赞"译作"宗弄赞"或"苏农赞"，故有弃宗弄赞、弃苏农赞、弃苏农等不同译名。西藏佛教史称松赞为松赞干布（srong btsan sgam po），"干布"为"深沉"之义，应是吐蕃民庶对松赞所上的尊号。629至650年在赞普位。（见王忠《新唐书吐蕃传笺证》）

③ 弱冠：弱，年少。冠，古时男子二十岁行冠礼。故用“弱冠”表示男子二十岁左右的年龄。松赞干布生于617年，629年登位，年仅十三岁（虚岁，藏族自古以来的习俗是生下来就算一岁）。

④ 羊同：为藏文zhang zhung（象雄）之译音。《通典》云：“大羊同东接吐蕃，西接小羊同，北直于阗。”“大羊同东西千余里。”羊同、象雄当即一地。

⑤ 太宗：唐太宗李世民（599—649），公元626至649年在位。唐高祖李渊次子。隋末，随父起兵太原，领右军克长安（今陕西西安）。唐武德元年（618年），为尚书令，封秦王。率军击平割据势力薛仁杲、刘武周、王世充，镇压窦建德、刘黑闼等起义军。开文学馆延揽人才。九年（626年），发动玄武门之变，旋即帝位，改元贞观。在位期间，沿用均田制、租庸调法、府兵制和科举制。以房玄龄、杜如晦、魏征等为相。以亡隋为戒，虚怀纳谏，任人唯贤，并省州县，精简官员，注重吏治，使社会安定、经济复苏，史称“贞观之治”。曾修订律令，改定《氏族志》，以官爵高下定等级，抑制山东旧士族势力。贞观四年（630年），平东突厥，西北各族尊为“天可汗”。九年（635年），平吐谷浑。十四年（640年），平高昌，置西州（治今新疆吐鲁番东），略定唐代版图，确保边疆安全，促进与西域经济文化交流。十五年（641年），以文成公主嫁吐蕃赞普松赞干布，密切汉藏关系。统治中期以后，征战频仍，营缮相继，赋役渐重，又骄矜自负，疏忌直臣。晚年自言其过以告太子。卒葬昭陵（在今陕西礼泉东北），谥文皇帝。

⑥ 行人：古代官名，管朝觐聘问、交际礼仪等。《资治通鉴》贞观八年条载：“上遣使者冯德遐往慰抚之。”本传“行人”亦可作“使者”解。

⑦ 突厥：古族名。鄂尔浑突厥文碑作Turk。公元6世纪时，游牧

于金山（今阿尔泰山）以南。初臣属于柔然，为其炼铁奴。西魏大统十二年（546年），首领阿史那土门击破铁勒，收取其众五万余落。废帝元年（552年），大破柔然，自号伊利可汗，建立突厥汗国，树庭于郁督军山（今蒙古国杭爱山东段，鄂尔浑河流域）。有文字、官制、刑法、税法等。可汗皆出阿史那氏。汗国全盛时，疆域东至辽海，西至里海（一说咸海），南至阿姆河以南，北过贝加尔湖。控制东西交通及丝绸贸易之路，对沟通中西文化，曾起重要作用。隋开皇二年（582年），西面可汗达头与大可汗沙钵略不睦，分裂为西突厥、东突厥两汗国。到统叶护可汗（约619—628年）时，西突厥的政治势力达到全盛，东以金山（阿尔泰山）为界与东突厥抗衡，西南抵末禄河（今阿富汗木耳加布河）上游与波斯为界，南至印度河上游喀布尔河流域。

⑧ 吐谷浑：谷读浴。原为鲜卑的一支（慕容部），游牧于今辽宁锦县（现名凌海市）西北。西晋末，首领吐谷浑率所部西迁今甘肃、青海间，子孙遂以吐谷浑为国号。用汉文。唐代，吐谷浑王诺曷钵尚唐公主，封青海王。吐谷浑，语谬为“吐浑”或“退浑”。有时亦简称“浑”，如本传称“羌（党项羌）、浑（吐谷浑）”。

⑨ 皆尚公主：唐初，吐谷浑王诺曷钵尚唐公主，而突厥无尚唐公主之事，或指来降者言之。（见岑仲勉《突厥集史》）

⑩ 赍：读机，携带、奉送意。

⑪ 党项及白兰诸羌：党项，羌人的一支，南北朝时分布于今青海省东南部河曲和四川松潘以西山谷地带。唐朝前期，吐蕃征服青藏高原诸族部，大部党项羌人被迫迁徙至今甘肃、宁夏、陕北一带。白兰诸羌，分布于今四川省甘孜州全部和阿坝州大部，隋末唐初降附吐蕃。

⑫ 松州：唐承隋制，在地方行政机构上实行州、县二级制。由于

一度改州为郡，所以有时州、郡并称。在边疆地区则设都护府，与州同级。州上设道以后，又成了道、州、县三级制。州置刺史，县置县令。松州，唐武德元年（618 年）置，治今四川省阿坝州松潘县。本传云“顿于松州西境”，未确指何地。按西藏传说，是屯兵于今阿坝县（西距松州二百公里）。（见任乃强《吐蕃传地名考释》）

⑬ 金帛：帛，丝织物总称。吐蕃产金无帛，不会以帛作贡品。《新唐书·吐蕃传》作“命使者贡金甲”，以“金甲”（黄金、铠甲）为是。

⑭ 觇：读掺，窥视、观测之意。

⑮ 吏部尚书：尚书省（中央行政节制中心）所辖六部（吏部、户部、礼部、兵部、刑部、工部）之一吏部长官。六部长官均为正三品。吏部为六部之首，掌官员的任免、考课、升降、调动、品阶、封爵之事。

⑯ 侯君集（？—643）：唐初大将。少入秦王李世民幕府，累从征伐。武德九年（626 年）助李世民发动玄武门之变，与长孙无忌等五人并论功第一。授右卫大将军，封潞国公。从李靖学兵法，魏徵荐其有宰相材。贞观四年（630 年）任兵部尚书，参议朝政。九年（635 年），从李靖平吐谷浑。十一年（637 年），改封陈国公。十二年（638 年），任吏部尚书，始好读书。出为将领，入参朝政，并有时誉。十三年（639 年）末任交河道行军大总管，次年平定高昌。因贪取金宝下狱，旋被释。心怀不满，十七年（643 年）乃约与张亮反，亮密奏，太宗以无旁证不问。同年名列凌烟阁。旋坐与太子承乾谋反，处斩，太宗流涕与诀。

⑰ 右领军大将军：禁军将领。唐朝前期沿袭隋制，在兵制上继续实行府兵制。中央禁军设十六卫，其名称是：左右卫、左右骁卫、左右武卫、左右威卫、左右领军卫、左右金吾卫、左右监

门卫、左右千牛卫。每卫设大将军（正三品）一人，将军（从三品）二人。除左右监门、左右千牛四卫外，其余十二卫分领全国六百多个折冲府。遇有战事，中央十二卫的将军经皇帝授命，率领临时征调的府兵出征，战争结束，兵散于府，将归于朝。中唐以后，府兵制破坏，十六卫仅存虚名，又从募兵中组成中央禁军，共十个军，即左右羽林军、左右龙武军、左右神策军、左右神武军、左右神威军，各置大将军（正三品）、将军（从三品）。右领军大将军，即右领军卫大将军。

⑱ 左武卫将军：禁军将领。官秩从三品，位在大将军之下。掌宫廷警卫及殿廷仪仗等。

⑲ 右领军将军：禁军将领。官秩从三品，位在大将军之下。掌宫禁宿卫，分守皇城、京城、苑城诸门。

⑳ 禄东赞：吐蕃著名大相。藏文全名为 mgar stong btsan yul srong，汉译为“噶尔·东赞域宋”。“噶尔”是家族姓氏，“东赞域宋”是本名，也可省称“东赞”。由于权倾一时，又可称为“论东赞”（blon stong btsan）。“禄”字显为“论”之译音，“禄东赞”即译自藏文 blon stong btsan。松赞干布在位时，禄东赞任吐蕃大相。松赞干布死后，禄东赞继续任大相至公元667年。

贞观十五年①，太宗以文成公主②妻之，令礼部尚书③、江夏郡王道宗④主婚，持节⑤送公主于吐蕃。弄赞率其部兵次柏海⑥，亲迎于河源⑦。见道宗，执子婿⑧之礼甚恭。既而叹大国服饰礼仪之美，俯仰有愧沮之色。及与公主归国，谓所亲曰：“我父祖未有通婚上国者，今我得尚大唐公主，为幸实多。当为公主筑一城，以夸示后代。”遂筑城邑，立栋宇以居处焉。公主恶其人赭面⑨，弄赞令国中权且罢之，自亦释毡裘，袭纨绮，渐慕华风。仍遣酋豪子弟，请入国学⑩以习《诗》《书》。又请中国识文之人典其表疏。

【译文】

贞观十五年（公元641年），太宗把文成公主嫁给弃宗弄赞，命礼部尚书、江夏郡王李道宗（李世民堂弟）主婚，持符节送公主到吐蕃。弃宗弄赞率领军队驻扎在柏海（在今青海果洛鄂陵湖、扎陵湖）一带，在河源亲迎。他见到李道宗，非常恭敬地行女婿之礼。接着赞叹大国服饰礼仪之美，举动中有羞愧自惭的神色。等到与公主返回吐蕃，弃宗弄赞对亲近的人说："我祖上没有与上国通婚的，如今我能够娶大唐公主为妻，实在是太幸运了。应当为公主建造一座城，以便向后代夸耀。"于是修筑城邑，建造房屋以安置公主。文成公主讨厌吐蕃人把脸涂成赤赭色，弃宗弄赞就下令国中暂且停止这种习俗，他自己也脱掉毡裘，穿上丝绢，逐渐羡慕唐人之风。而且派遣首领子弟，请求入国子监学习《诗》《书》。又请唐朝文人主持吐蕃表疏。

【注释】

① 贞观十五年：公元641年。

② 文成公主（？—680）：或系江夏郡王李道宗之女。"文成"二字乃汉武帝赐予方士之封号，后世极少用之者。公主而用此名，或因其通方术。藏文史料中关于文成公主通过方术推算修建大昭寺的记载，似乎印证了这一点。文成公主于贞观十五年（641年）入藏，永隆元年（680年）卒，在藏垂四十年。吐蕃人以文成公主入藏故事图之于壁，咏之以歌，饰以戏剧，伴以舞蹈，极尽讴歌赞叹，可证藏汉人民之间情谊深厚。（见王尧《吐蕃金石录》、任乃强《文成公主下嫁考》）

③ 礼部尚书：礼部，尚书省六部之一，掌礼仪、祭享等职，唐开元以后例掌贡举。礼部尚书，礼部主官，正三品。

④ 道宗（603—653）：江夏郡王李道宗，为太宗李世民之堂弟。武德初，从李世民平刘武周、窦建德、王世充。五年（622 年）授灵州总管，拒梁师都，以寡敌众，封任城王。又击突厥，收复五原，拓地千里。贞观中，从李靖破突厥颉利可汗，平吐谷浑，改封江夏王。授鄂州刺史。寻坐赃下狱免官。俄起复授晋州刺史，迁礼部尚书。在宗室诸王中最贤明，在吐蕃亦有一定影响。十五年（641 年），太宗命其送文成公主入吐蕃。十九年（645 年），又从太宗攻高丽，为前锋，陷阵立功，太宗誉之。晚年居闲职，结交贤士，不以势骄人。郡王，是封爵中较高的一级。唐代爵位分为王、郡王、国公、郡公、县公等。

⑤ 节：符节，古代使者所持以作凭证，用竹或木制成。

⑥ 柏海：位于今青海省果洛州玛多县境的鄂陵湖、扎陵湖，唐代统称柏海。此地草原辽阔，水源丰富，便于松赞干布驻军候婚。

⑦ 河源：此处指“河源王之国”。《新唐书·吐蕃传》云：“妻以宗女文成公主，诏江夏王道宗持节护送，筑馆河源王之国。弄赞率兵次柏海亲迎。”唐封吐谷浑王诺曷钵为河源郡王，以宗女弘化公主嫁之，故改称其国为河源王之国，驻地当在古赤水城一带。后诺曷钵不胜吐蕃凌逼，请求内徙，原吐谷浑地被吐蕃夺占。古赤水城，约位于今青海省海南州兴海县境，今西宁至玉树公路之青根河站。松赞干布“亲迎于河源”，当在此处。

⑧ 子婿：书面语，即女婿。

⑨ 赭面：藏人以赭色糖质物涂面，实因高原寒风如割，有保护皮肤作用，亦视为美观之装饰。唐白居易《时世妆》诗云：“元和妆梳君记取，髻堆面赭非华风。”可见由于汉藏两族的亲密接触，到了中唐，汉族已改变原来恶“赭面”的态度，转而争先仿效，赭面已成为当时妇女的时妆了。（见王忠《新唐书吐蕃传笺证》）

⑩ 国学：国子监，唐代管理教育的官署，简称国学。唐国子监辖

国子学、太学、四门学、律学、书学、算学等六学，主要招收官僚子弟入学。设祭酒一人，从三品，司业二人，从四品下。

太宗伐辽东[①]还，遣禄东赞来贺。奉表曰："圣天子平定四方，日月所照之国，并为臣妾，而高丽[②]恃远，阙于臣礼。天子自领百万，度辽致讨，隳[③]城陷阵，指日凯旋。夷狄才闻陛下发驾，少进[④]之间，已闻归国。雁飞迅越，不及陛下速疾。奴忝[⑤]预子婿，喜百常夷[⑥]。夫鹅[⑦]，犹雁也，故作金鹅奉献。"其鹅黄金铸成，其高七尺，中可实酒三斛[⑧]。二十二年[⑨]，右卫率府长史[⑩]王玄策[⑪]使往西域[⑫]，为中天竺[⑬]所掠。吐蕃发精兵与玄策击天竺，大破之，遣使来献捷。

【译文】

太宗讨伐辽东返回，弃宗弄赞派禄东赞前来庆贺，奉表说："圣天子平定四方，日月所照的国家，全都成为臣仆，可是高丽（今朝鲜半岛北部）凭借地远，不行臣礼。天子亲率百万之师，渡辽讨伐，破城陷阵，指日凯旋。夷狄才听说陛下御驾亲征，少顷之间，就听说陛下已返回本国。雁虽然飞得很快，却不及陛下迅速。奴身为女婿而有愧，然而喜悦百倍于常夷。鹅，如同雁，所以制作金鹅奉献。"弃宗弄赞进献的鹅是用黄金铸成的，高七尺，其中可装三斛（约三十斗）酒。贞观二十二年（公元 648 年），右卫率府长史王玄策出使西域，遭到中天竺（即印度中部）的抢掠，吐蕃便派遣精兵与王玄策攻打天竺，大败天竺，派遣使者来进献俘虏和战利品。

【注释】

① 伐辽东：事在贞观十八年（644 年）。长期占据辽东的高丽，阻

挠新罗、百济与唐朝的通使，且不时侵犯辽西。唐太宗决定以刑部尚书张亮为平壤道行军大总管，率水军四万自莱州渡海趋平壤，以李世勣为辽东道行军大总管，率步骑六万趋辽东。第二年，先后攻破盖牟、辽东、卑沙等城，击败高丽援军，曜兵鸭绿江上。唐太宗亲到辽东前线督战。

② 高丽：亦称高句丽，故地在今朝鲜半岛北部。相传朱蒙所建，都平壤。隋初，其王遣使来献方物，并受隋册封为大将军、高丽王，遂往来不绝。隋末唐初，两国时战时和。总章元年（668年），为唐军所灭，其地置九都督府、四十二州、一百县，以其渠率为都督。唐置安东都护府以统之。不久并于新罗。

③ 隳：读辉，毁坏。

④ 少进：少时、少顷、顷刻之意。“少进”，《册府元龟》卷九七〇外臣部朝贡三作“少选”，《全唐文》卷九九九亦作“少选”。以“少进”为是，“少选”则无解。

⑤ 忝：读舔，谦辞，表示有愧。

⑥ 喜百常夷：喜悦百倍于一般少数族。

⑦ 鹅：古时鹅又叫做雁。雁有野雁、舒雁，舒雁就是鹅。故本传称“鹅犹雁也”。

⑧ 斛：读胡，古代容积单位。自秦汉至唐，斛、石相通，一斛（石）即十斗。宋末改一斛为五斗。

⑨ 贞观二十二年：即公元648年。

⑩ 右卫率府长史：右卫率府，为唐东宫掌兵仗、仪卫的机构；长史，为府僚属吏之长。

⑪ 王玄策：太宗时，为黄水令。贞观十七年（643年），中天竺摩揭陀国王尸罗逸多（戒日王）使者回国，以副使随卫尉丞李义表伴送。历西域百余国，十九年（645年）正月至王舍城。次年回国。二十一年（647年），又为正使至中天竺。时尸罗逸多死，阿罗那顺立，发兵阻其入境。乃奔吐蕃，得兵一千二百，

并泥婆罗国（今尼泊尔）七千骑，破其都城，俘阿罗那顺归长安。擢朝散大夫。显庆二年（657 年），第三次出使中天竺，仍取道泥婆罗，西至罽宾（今阿富汗卡菲里斯坦），五年（660 年）归。

⑫ 西域：为广泛的地理名词。有广狭二义：广义指古代玉门、阳关以西，包括中亚、西亚，甚至欧洲、印度半岛等均在其内；狭义则专指玉门、阳关以西，历代中原王朝统治或势力范围所及地区。亚欧海运畅通前，横贯西域的大路，长期是东西往来要道。自 19 世纪末年以来，西域一名渐废弃不用。

⑬ 中天竺：天竺，《汉书》叫“身毒”，今天称印度，古今译字不同。隋唐时的印度分为东、南、西、北、中五大部，故有五天竺的称呼。中天竺是释迦牟尼生前活动地区，也是恒河中游大平原经济和文化最发达的部分，可说是印度政治、经济、文化的核心。

高宗[①]嗣位，授弄赞为驸马都尉[②]，封西海郡王[③]，赐物二千段[④]。弄赞因致书于司徒长孙无忌[⑤]等云：“天子初即位，若臣下有不忠之心者，当勒兵以赴国除讨。”并献金银珠宝十五种，请置太宗灵座之前。高宗嘉之，进封为賨[⑥]王，赐杂彩三千段。因请蚕种及造酒、碾、硙[⑦]、纸、墨之匠，并许焉。乃刊石像其形，列昭陵玄阙[⑧]之下。

【译文】

唐高宗继位，授予弃宗弄赞驸马都尉衔，封他为西海郡王，赐给布帛两千匹。弃宗弄赞因而给司徒长孙无忌（李世民内兄）等人写信说：“天子刚即位，如果臣下有心怀不忠的，我当带兵赴国讨伐以除掉他。”并且进献金银珠宝十五种，请求放在太宗灵座之前。高宗嘉勉弃宗弄赞，进封他为宝王，赐给杂彩布帛三千匹。弃宗弄赞因而请求蚕种和造酒、碾、磨、纸、墨的工匠，高宗一并答应了。于是按照弃宗弄赞的容貌雕刻石像，放置在太宗昭陵玄武门两侧庑殿之下。

【注释】

① 高宗：唐高宗李治（628—683），公元649至683年在位。太宗第九子，长孙皇后所生。性懦弱。贞观五年（631年）封晋王。十七年（643年）立为太子。二十三年（649年）即帝位，改元永徽。永徽二年（651年），颁新律（即永徽律）。四年（653年），订定《律疏》。时尊礼大臣，问百姓疾苦，史称永徽之政，有贞观遗风。六年（655年），废王皇后，改立武后，贬逐褚遂良等元老重臣。显庆五年（660年）起多病，使武后决百司奏事，此后在政治上已不起实际作用。在位期间，曾平定西突厥，东破高丽，罢安西四镇。三易太子，委政武后，十四次改年号，封泰山，巡幸不休。卒葬乾陵（在今陕西乾县西北），谥天皇大帝。

② 驸马都尉：曹魏及西晋，尚公主者均授驸马都尉，并非实官。唐、宋沿置。

③ 西海郡王：西汉元始四年（公元4年）王莽在羌族居地置西海郡，隋大业五年（609年）又置西海郡，辖境均当今青海湖一带。唐封松赞干布为西海郡王，“西海”二字的取义，不是指青海湖即西海的意思，因为那时青海湖还在吐谷浑界内。《尔雅·释地》云：“九夷、八狄、七戎、六蛮，谓之四海。”如此说来，西方少数民族地区，就可叫做西海。唐代未置西海郡，“西海”应是泛言吐蕃国境的广阔。“郡王”是封爵秩级的用字，当与历史上的西海郡无关。（见任乃强《吐蕃传地名考释》）

④ 段：指布帛的衡量单位，相当于“匹”（帛长四丈为一匹）和

"端"（布长五丈为一端）。

⑤ 长孙无忌（？—659）：长孙，读掌孙。唐初大臣，唐太宗长孙后之兄。曾决策发动玄武门之变，助太宗夺取帝位。以皇亲及元勋地位，历任尚书右仆射、司空、司徒等职，封赵国公。奉命与房玄龄等修订唐律。贞观二十三年（649年）受命辅立高宗。

⑥ 賨：读从。賨，除作秦汉间今四川、湖南一带少数民族交纳的赋税名称外，无解。疑"賨王"为"宝王"之讹。《册府元龟》卷九七四外臣部褒异一载："宝王吐蕃赞府薨，帝举哀于光化门。"卷九六一外臣部土风三云："自号吐蕃为宝髻。"髻，义即"王"。（见王忠《新唐书吐蕃传笺证》）

⑦ 硙：读位，同碨，石磨。唐时呼茶为"槚"，今藏语亦曰"槚"。唐时呼磨为"硙"，今藏语亦曰"硙"。其他藏语读音与汉语古音相同者尚多。这些都可成为随文成公主入藏而输入此种物品、确定此种名词之佐证。

⑧ 昭陵玄阙：昭陵，唐太宗李世民墓，在今陕西礼泉东北四十五里之九嵕山。陵山以垣墙围绕，南北东西开四门，名为朱雀、玄武、青龙、白虎。玄阙，指玄武门两侧庑殿。那里列有石刻六骏马，又有十四蕃国君长石刻像。

吐蕃芒松芒赞、都松芒波杰，唐高宗李治、武后时期

永徽元年，弄赞卒[①]。高宗为之举哀，遣右武侯将军[②]鲜于臣济[③]持节赍玺书吊祭。弄赞子早死，其孙继立[④]，复号赞普，时年幼，国事皆委禄东赞。禄东姓薮[⑤]氏，虽不识文记，而性明毅严重，讲兵训师，雅有节制，吐蕃之并诸羌，雄霸本土，

多其谋也。初，太宗既许降文成公主，赞普使禄东赞来迎，召见顾问，进对合旨，太宗礼之，有异诸蕃，乃拜禄东赞为右卫大将军⑥，又以琅邪长公主⑦外孙女段氏妻之。禄东赞辞曰："臣本国有妇，父母所聘，情不忍乖⑧。且赞普未谒公主，陪臣安敢辄娶。"太宗嘉之，欲抚以厚恩，虽奇其答而不遂其请。禄东赞有子五人：长曰赞悉若⑨，早死；次钦陵⑩，次赞婆⑪，次悉多干⑫，次勃论⑬。及东赞死，钦陵兄弟复专其国。

【译文】

永徽元年（公元650年），弃宗弄赞去世。高宗为他举哀，派右武侯将军鲜于匡济持符节、带诏书前去吊祭。弃宗弄赞的儿子早死，孙子（芒松芒赞）继位，也称赞普。当时他年幼，国事都托付给禄东赞。禄东赞姓噶尔，他虽然识字不多，但精明果断、严肃庄重，训练军队、排兵布阵，很规范很有法度，吐蕃能吞并诸羌，在本土称雄称霸，多是禄东赞的计谋。当初，太宗答应下嫁文成公主之后，赞普派禄东赞前来迎接。皇帝召见询问，他对答得体，于是太宗以礼相待，与诸蕃不同，封授禄东赞为右卫大将军，又把琅琊长公主（太宗之胞姐）的外孙女段氏许给他为妻。禄东赞推辞说："臣本国有妻，是父母所聘，不忍心背离。况且赞普还没谒见公主，陪臣怎敢擅娶？"太宗赞赏他，想抚以厚恩，虽然惊奇禄东赞的回答却没有同意他的请求。禄东赞有五个儿子：长子赞悉若，早死（可能有误）；次子钦陵，再次赞婆，再次悉多于，再次勃论。等到禄东赞死后，钦陵几兄弟又专擅吐蕃国政。

【注释】

① 永徽元年，弄赞卒：永徽元年，即公元650年。关于松赞干布

卒年，有两种意见。一说卒于649年，根据为《敦煌本吐蕃历史文书》之“大事纪年”。“大事纪年”第一条载：及至狗年（650年），厝赞普赤松赞之遗骸于琼瓦灵堂，长期匿丧不报。因此，赞普升遐应在此前一年，即649年。另一说卒于650年，根据在于汉文史料记载，亦在于对《敦煌本吐蕃历史文书》“大事纪年”有关记载之理解。“大事纪年”第一条之前补译：赞蒙文成公主由噶尔·东赞域宋迎至吐蕃之地（应为641年）；此后三年（应为644年），灭“李聂秀”，将一切象雄部落收于治下；此后六年（应为650年），赤松赞赞普升遐。《资治通鉴》高宗永徽元年条载：“五月壬戌（查为二十四日），吐蕃赞普弄赞卒。”此处不言吐蕃遣使告哀，或为赞普升遐之具体日期（文成公主入藏带有现成的唐历，不难确知赞普卒日）。永徽元年五月二十四日，即公元650年6月28日。

② 右武侯将军：禁军将领。唐宿卫军有左右武侯卫，设武侯将军，其职掌统卫士昼夜巡察，执捕奸非之事。

③ 鲜于臣济：本名鲜于匡济（匡济为匡时济世之意，臣济则无解）。《旧唐书》成书较早，后人为避宋皇帝赵匡胤讳而将匡济改为臣济。

④ 其孙继立：孙即芒松芒赞，藏文为 mang srong mang btsan。汉译又作“芒伦芒赞”，所据藏文为 mang slon mang btsan。将“芒伦”冠以“赤”衔，即为“赤芒伦”。《通典》作“乞黎跋布”，似即藏文 khri dbon po 之译音，意译为“王孙陛下”。650至676年在位。芒松芒赞即位时，年方八岁。

⑤ 薆：本传云“禄东姓薆氏”，《新唐书·吐蕃传》则云“遣大论薛禄东赞献黄金五千两”，改“薆”为“薛”。故《辞海》释“薆”，字、音同薛。实“薆”字不见字书，无音可读。任乃强认为，唐时原有（巩下加女）字，读音如噶（禄东赞姓噶尔），以译东赞之姓时别加草头。（见任乃强《释吐蕃》）

⑥ 右卫大将军：禁军将领。唐左、右卫大将军，名义上总制内府五府及外府，实掌番上（指定期轮番到京师担任宿卫）府兵五十府，奉行宫廷禁卫的法令；据番上名额分配职务；皇帝御正殿，则守卫诸殿门，统所属为内厢宿卫仗；大驾行幸，依卤簿之法从行。

⑦ 琅邪长公主：邪，此处读牙。琅邪，地名，在今山东省胶县。长公主，为帝之姊妹。汉制，皇帝之女称公主，帝之姊妹称长公主，帝姑称大长公主。唐代沿袭。此琅邪长公主系太宗李世民之胞姐。

⑧ 乖：违反、背离意。

⑨ 赞悉若：林冠群认为，禄东赞的长子叫“赞聂多布”（btsan snya dom bu），禄东赞死后，赞聂多布于667年至685年任吐蕃大相。（见林冠群《唐代吐蕃的相制》）苏晋仁译btsan snya dom bu为“赞悉若多布”，注云：“按吐蕃大事纪年，赞悉若多布于禄东赞死后，曾任大论十八年，不可谓为早死也。”（见苏晋仁《册府元龟吐蕃史料校证》）

⑩ 钦陵：全名叫噶尔·钦陵（mgar khri bring），简称钦陵。于685年至698年任吐蕃大相。从禄东赞到钦陵，在长达五十多年的时间里，是由噶尔氏家族包办了大相的职务。

⑪ 赞婆：藏文为btsan brod。钦陵自杀后，赞婆率所部投唐，封归德郡王。一些藏学论著将赞婆之名与钦陵之名相连接，当作钦陵的全名，译作“噶尔·钦陵赞佐”或“噶尔·钦陵赞垂”，恐有误。

⑫ 悉多干：《新唐书·吐蕃传》《资治通鉴》卷二〇一均作“悉多于”，以“悉多于”为是。

⑬ 勃论：在汉文史籍中又称“勃论赞”“勃论赞刃”。《新唐书·吐蕃传》中所云（694年）“首领勃论赞与突厥伪可汗阿史那俀子南侵，与孝杰战冷泉，败走”，该处“勃论赞”即其人。695

年冬被吐蕃赞普处死。

后与吐谷浑不和，龙朔、麟德[①]中递相表奏，各论曲直，国家依违[②]，未为与夺。吐蕃怨怒，遂率兵以击吐谷浑，吐谷浑大败，河源王慕容诺曷钵[③]及弘化公主[④]脱身走投凉州[⑤]，遣使告急。咸亨元年[⑥]四月，诏以右威卫大将军[⑦]薛仁贵[⑧]为逻娑道[⑨]行军大总管，左卫员外大将军[⑩]阿史那道真[⑪]、右卫将军[⑫]郭待封[⑬]为副，率众十余万以讨之。军至大非川[⑭]，为吐蕃大将论钦陵[⑮]所败，仁贵等并坐除名[⑯]。吐谷浑全国尽没，唯慕容诺曷钵及其亲信数千帐来内属，仍徙于灵州[⑰]。自是吐蕃连岁寇边，当、悉等州[⑱]诸羌尽降之。

【译文】

后来吐蕃与吐谷浑不和，龙朔、麟德年间（公元661—665年）争相表奏，各自论说是非曲直，唐廷模棱两可，没有为他们裁决。吐蕃怨恨愤怒，于是率领军队攻打吐谷浑，吐谷浑大败，河源王慕容诺曷钵与弘化公主脱身投奔凉州（今甘肃武威），派使者向唐廷告急。咸亨元年（公元670年）四月，皇帝下诏任命右威卫大将军薛仁贵为逻娑道行军大总管，以左卫员外大将军阿史那道真、左卫将军郭待封为副，率领十多万兵众讨伐吐蕃。官军至大非川（在今青海湖之南），被吐蕃大将钦陵（即禄东赞之子）打败，薛仁贵等人一并获罪免职。吐谷浑全国陷没，只有慕容诺曷钵和他的亲信数千帐前来内附，于是把他们迁徙到灵州（今宁夏灵武西南）。从此吐蕃连年侵犯边地，当、悉等州（今四川阿坝黑水县）诸羌全都投降吐蕃。

【注释】

① 龙朔、麟德：龙朔元年即公元661年，麟德元年即公元664年，而龙朔、麟德年间则指661年至665年之间。

② 依违：书面语，依从和违背之间，指模棱两可。

③ 慕容诺曷钵（？—688）：唐初吐谷浑第二十二代主慕容顺之子。贞观九年（635年），顺为国人所杀，太宗立其子为河源郡王，号乌地也拔勒豆可汗。颁唐历，奉唐年号，并遣子入侍，为唐属国。十四年（640年），娶太宗族女弘化公主。龙朔三年（663年）吐蕃灭吐谷浑，率残部投唐凉州。乾封元年（666年），唐封为青海国王。咸亨三年（672年），唐迁其部于灵州，置安乐州（今宁夏中宁县鸣沙乡），封其为刺史。

④ 弘化公主（623—698）：唐宗室女。贞观十四年（640年），嫁吐谷浑可汗诺曷钵。龙朔三年（663年），遭吐蕃攻击，随诺曷钵等数千帐逃至凉州。咸亨三年（672年），迁居于灵州之安乐州（今宁夏中宁鸣沙乡）。武周时，改封为西平大长公主，赐姓武。卒葬今甘肃武威南青嘴喇嘛湾吐谷浑先茔。

⑤ 凉州：唐代凉州治今甘肃省武威市，辖境仅及今甘肃永昌县以东、天祝县以西一带。701年，郭元振曾拓“州境一千五百里”。

⑥ 咸亨元年：公元670年。

⑦ 右威卫大将军：禁军将领。隋禁军十六卫中有左、右屯卫大将军，唐沿置，龙朔二年（662年）改为威卫，分左右，由大将军各一人分统。统率番上府兵五十府，职掌与左、右卫大将军略同。

⑧ 薛仁贵（614—683）：唐代名将。贞观末年，应募攻辽东，着白衣陷阵，太宗嘉其骁勇，擢授游击将军。迁右领军中郎将。显庆中，从军破高丽、契丹，皆有功。龙朔二年（662年），击铁勒于天山（今蒙古国中部杭爱山），发三矢射杀三人，敌夺气请

降。军中歌曰："将军三箭定天山，壮士长歌入汉关。"乾封初，击高丽，克平壤，率兵留守，拜检校安东都护。咸亨元年（670年），为逻娑道行军大总管击吐蕃，败于大非川，除名。开耀元年（681年），起授瓜州长史，寻拜右领军将军，检校代州都督。永淳元年（682年），大破突厥于云州，后病卒。

⑨ 逻娑道：逻娑，即逻些，今拉萨。从薛仁贵以"逻娑道行军大总管"的头衔看，唐朝此次出师的目标是直捣逻娑，一方面是反击吐蕃对西域的占领（此前安西四镇已废），另一方面就是护吐谷浑还国。但薛仁贵大非川之败，最终使吐谷浑诺曷钵依靠唐朝力量复国的希望破灭。从此，吐谷浑作为一个民族，分别归吐蕃、唐朝所统治，散居在青海、新疆东部及甘肃、陕西、宁夏等地。

⑩ 左卫员外大将军：员外，指不在正员额内之官。其待遇仍同正员。多授给皇亲及有战功者。左卫大将军，职掌同右卫大将军。

⑪ 阿史那道真：唐时突厥族将领，唐初名将阿史那社尔之子。袭左卫员外大将军。咸亨元年（670年）四月，拜逻娑道行军副大总管，佐薛仁贵讨吐蕃。八月，为吐蕃大将钦陵所败，免职为民。

⑫ 右卫将军：禁军将领。位在右卫大将军之下。《新唐书·吐蕃传》作"左卫将军郭待封"，《资治通鉴》卷二〇一亦作"左卫将军郭待封"，以"左卫将军"为是。

⑬ 郭待封：唐初名将郭孝恪之子。隋末，郭孝恪率乡里少年数百人附李密，随徐世勣（即李勣）守黎阳。复归唐，封阳翟郡公，官宋州刺史。从攻王世充、窦建德，献策坚守武牢，屯军汜水以破敌，为李世民（太宗）采纳。历迁贝、赵、江、泾四州刺史，皆有能名。累转左骁卫将军。贞观十六年（642年）迁凉州都督，改安西都护、西州刺史。推诚抚御，颇得人心。十八年（644年），出银山道，袭俘焉耆王龙突骑支。二十一年

（647 年），副阿史那社尔击龟兹，破其都城，留守之。后失于警候，被偷袭阵亡。郭待封不肖其父。

⑭ 大非川：《新唐书·地理志》鄯州鄯城条载："赤岭，其西吐蕃，有开元中分界碑。自振武经尉迟川、苦拔海、王孝杰米栅，九十里至莫离驿。又经公主佛堂、大非川二百八十里至那录驿，吐浑界也。"由此可知，大非川当在赤岭（今青海省西宁市湟源县日月山）、河源（今青海省果洛州玛多县扎陵湖，古称星宿海）之间。具体位置在何处？吴景敖提出在青海湖南部，今青海省海南州共和县境西侧的切吉乡。"过沙珠玉流沙，即为切吉旷原，海拔 3430 公尺，极目平川，薛仁贵败绩之大非川古战场，当即系切吉旷原之通称。"（见吴景敖《西陲史地研究》）学界多数人都赞同这种意见。任乃强的意见略有不同，认为大非川就是今西宁至玉树公路所经过的苦海子草原，即今青海省海南州兴海县境西侧鄂拉山口至温泉之间的草原。苦海子草原位于切吉草原之南约一百公里。（见任乃强《吐蕃传地名考释》）《敦煌本吐蕃历史文书》之"大事记年"也记载了大非川之役："马年（670 年），赞普驻于 o dang，于 ji ma khol 击唐军多人。"王尧译 o dang 为"倭塘"，译 ji ma khol 为"且末国"。而白桂思主张将 ji ma khol 与大非川勘同，他说："该地名其实是对吐谷浑语原名的藏语翻译的逐字硬译：ji（等于 che，大）加 ma（非）以及 gol 或 khol（蒙古语和突厥语的'河川'），这与汉语'大非川'是如此合拍。"（转引自王小甫《唐、吐蕃、大食政治关系史》）

⑮ 论钦陵：此"论"为钦陵的头衔。《资治通鉴》太宗贞观八年条载："俗不言姓，王族皆曰论，宦族皆曰尚。"韩儒林考定，人名之上加"论"者，大抵皆为王族，加"尚"者，皆为宦族或外戚（即赞普的母亲和妻子方面的亲戚）。实际上，就"论"之藏文 blon 而言，它是 blon po（大臣、官员）一词的简写。凡

是与吐蕃王族结成了外戚关系的官吏称为“尚”（zhang），没有这种关系的官吏就称为“论”（blon）。

⑯ 并坐除名：坐，定罪。除名，官员犯重罪开除其官籍的刑罚。

⑰ 灵州：唐武德元年（618 年）置，治回乐（今宁夏银川市灵武西南）。曾为朔方节度使驻地。

⑱ 当、悉等州：当州，唐贞观二十一年（647 年）分松州通轨置，治在通轨（今四川省阿坝州黑水县）。悉州，唐显庆元年（656 年）置，治在悉唐（今四川省阿坝州黑水县东南），辖境约当今四川黑水河中游地区。

上元三年①，进寇鄯、廓等州②，杀掠人吏，高宗命尚书左仆射③刘仁轨④往洮河军⑤镇守以御之。仪凤三年⑥，又命中书令⑦李敬玄⑧兼鄯州都督，往代仁轨于洮河镇守。仍召募关内、河东⑨及诸州骁勇，以为猛士，不简色役⑩。亦有尝任文武官者召入殿庭赐宴，遣往击之。又令益州⑪长史李孝逸、巂州⑫都督拓王奉⑬等发剑南、山南⑭兵募⑮以防御之。其年秋，敬玄与工部尚书⑯刘审礼，率兵与吐蕃战于青海，官军败绩，审礼没于阵，敬玄按军不敢救。俄而收军却出，顿于承风岭⑰，阻泥沟不能动，贼屯于高冈以压之。偏将左领军员外将军⑱黑齿常之⑲率敢死之士五百人，夜斫⑳贼营，贼遂溃乱，自相蹂践，死者三百余人。敬玄遂拥众鄯州，坐改为衡州㉑刺史。往剑南兵募，于茂州㉒之西南筑安戎城㉓以压其境。俄有生羌㉔为吐蕃乡导㉕，攻陷其城，遂引兵守之。时吐蕃尽收羊同、党项及诸羌之地，东与凉、松、茂、巂等州相接，南至婆罗门㉖，西又攻陷龟兹㉗、疏勒㉘等四镇，北抵突厥，地方万余里，自汉、魏已来，西戎之盛，未之有也㉙。

【译文】

上元三年（公元676年），吐蕃进犯鄯、廓等州（今青海乐都、尖扎），杀死掳掠百姓及官吏，高宗命尚书左仆射刘仁轨前往临洮军（驻今青海乐都）镇守，以抵御吐蕃。仪凤三年（公元678年），又命中书令李敬玄兼鄯州（今青海乐都）都督，前去取代刘仁轨镇守临洮军。并且招募关内、河东及诸州骁勇，作为猛士，不论是负担何种色役的人，也有曾任文武官员的人，把他们召入殿庭赐宴，然后派去攻打吐蕃。又令益州（今四川成都）长史李孝逸、嶲州（今四川西昌）都督拓王奉等人调发剑南、山南的兵募来防御吐蕃。这年秋天，李敬玄与工部尚书刘审礼，率领士卒与吐蕃在青海交战，官军失败，刘审礼陷于敌阵，李敬玄按兵不敢救。不久收兵撤出，停驻在承风岭（在今青海共和县），被泥沟所阻而不能行动，敌军驻守高岗以威胁官军。偏将左领军员外将军黑齿常之（百济人）率敢死士兵五百人，夜间杀进敌营，于是敌军溃乱，自相践踏，死者三百余人。李敬玄便带兵到了鄯州（今青海乐都），获罪贬任衡州（今湖南衡阳）刺史。前去的剑南募兵，在茂州（今四川茂县）西南筑安戎城，以便逼近敌境。不久有生羌为吐蕃做向导，攻陷安戎城，于是吐蕃派兵驻守这座城。当时吐蕃全部占领了羊同、党项及诸羌之地，东面与凉（今甘肃武威）、松（今四川松潘）、茂（今四川茂县）、嶲（今四川西昌）等州相接，南面到婆罗门（今印度），西面又攻陷了龟兹（今新疆库车）、疏勒（今新疆疏勒）等四镇，北面抵达突厥，方圆一万多里，自汉、魏以来，西戎如此强盛，还不曾有过。

【注释】

① 上元三年：公元676年。

② 鄯、廓等州：鄯州，唐时治今青海省海东市乐都区，辖今西宁、湟中、乐都等地，为陇右节度使治所。廓州，唐时治今青海省黄南州尖扎县北，辖境略当今青海省化隆、贵德、尖扎等县地。

③ 尚书左仆射：射读叶。唐代中央机构分为尚书、中书、门下三省，尚书省为中央执行政务的总机构，中书省掌制令决策，门下省掌封驳审议。凡军国大政，必由中书省定策，交门下省审议复奏，然后始付尚书省颁下执行。尚书省长官为尚书令（正二品），副长官为左右仆射（各一人，从二品）。因唐太宗曾居尚书令，后例不复置，仆射即为尚书省长官。初期与中书省长官中书令、门下省长官侍中同为宰相，中宗以后，非加衔“同中书门下平章事”者，即不为宰相。

④ 刘仁轨（601—685）：少贫困好学，博涉文史。龙朔元年（661年），百济乱，率军合新罗兵败之。三年（663年），百济引倭兵攻唐军，他与孙仁师等破之于白江口（今朝鲜忠清南道锦江）。即镇守百济，为之置官吏，开道路，恢复生产。以功累迁至右相，封乐城县男。咸亨五年（674年），为鸡林道大总管，破新罗兵，进爵为公。仪凤二年（677年），镇临洮军（今青海省乐都区）以御吐蕃。卒后陪葬乾陵。

⑤ 洮河军：应为临洮军，驻今青海省乐都区，是陇右节度使辖下最大的一个军。

⑥ 仪凤三年：公元678年。

⑦ 中书令：为中书省长官，正三品，掌军国政令，凡帝王之制敕册命敷奏文表等，皆宣署申复而付施行。依唐制，尚书、中书、门下三省长官同为宰相。

⑧ 李敬玄（615—682）：贞观末，入崇贤馆，侍读太子（高宗）。总章二年（669年），拜西台侍郎，同东西台三品。久掌选部，铨衡有序。选人万余，皆能知姓名及过失，人称其能。仪凤初，进中书令，封赵国公。三年（678年），刘仁轨以私怨奏之为洮

河道大总管兼安抚大使，为吐蕃所败，称疾请归，贬衡阳刺史。

⑨ 关内、河东：唐分国境为十道，即关内、河东、河南、河北、陇右、山南、淮南、江南、剑南、岭南。中唐增为十五道。关内道22州，为畿府，今陕西全省与甘肃东部、宁夏及内蒙古的河套之部皆属之。河东道18州，今山西全省与内蒙古乌兰察布市皆是。

⑩ 色役：色，种类。唐时不同身份之人，负担各种不同种类的役，谓之色役。常见色役有三四十种。一类是对人民的剥削，包括白直、执衣、士力、仗身、防阁、庶仆、丁匠、门夫等；另一类是文武散官、勋官及品官子弟升官的阶梯，每年按期到都省、吏部、兵部等处服役，不上番者（指不去京师担任宿卫者）交钱，到一定年限被简选。色役与正役不同，因按身份分摊，故除丁男以外，中男、残疾、妇女、奴婢，散官、勋官、品官之子弟，皆负担不同名目之役。一般多不直接上番，以货币代役，名资课，成为政府的特种税收。

⑪ 益州：唐时治今四川省成都市，辖境仅有今成都市周围数县。天宝元年（742年）改为蜀郡，以后又升为成都府。

⑫ 嶲州：嶲，即嶲，读西。嶲州，唐时治越嶲县（今四川省西昌市），旋置都督府，都督十六羁縻州。

⑬ 拓王奉：未知何许人也。查《唐会要》卷五，唐诸王中无拓王，亦无名李奉者。《资治通鉴》卷二〇二只讲“命益州大都督府长史李孝逸等发剑南、山南兵以赴之”，未提“拓王奉”。

⑭ 剑南、山南：剑南道、山南道。剑南道26州，今四川省嘉陵江以西地皆属之。山南道35州，包括今四川东部、陕西南部与湖北的大江和汉水流域地面。

⑮兵募：招募的兵丁称兵募。

⑯ 工部尚书：中央行政机构六部（吏、户、礼、兵、刑、工）之一的工部长官，正三品。工部掌各项工程、工匠、屯田、水利、

交通等政令。

⑰ 承风岭：《资治通鉴》卷二〇二杜佑注曰："承风岭在廓州广威县西南，东北去鄯州三百一十三里，故吐谷浑界。"任乃强认为，其具体位置当为今青海省海南州共和县境倒淌河车站西北的浅山。（见任乃强：《吐蕃传地名考释》）

⑱ 左领军员外将军：《新唐书·吐蕃传》作"左领军将军"。禁军将领。唐禁军置有左右领军卫，光宅元年（684 年）改称左右玉钤卫，神龙元年（705 年）复称领军卫，各以大将军一人统之，将军二人为其副。

⑲ 黑齿常之（？—689）：唐将领，百济（故地在朝鲜半岛西南部）人，高宗时来唐。因功任河源道经略大使，在任七年，开屯田，置烽火，兵食充足，吐蕃惮畏，不敢盗边。垂拱三年（687 年），任燕然道大总管，在朔州击败突厥。

⑳ 斫：读卓，用刀斧砍。

㉑ 衡州：唐时治今湖南省衡阳市，辖境约当今湖南省湘江流域。

㉒ 茂州：唐贞观八年（634 年）置，治今四川省阿坝州茂县，辖境约当今四川省茂县、汶川、北川等县。

㉓ 安戎城：在今四川省阿坝州茂县西南。唐仪凤二年（677 年）筑，以控吐蕃与南诏通路。永隆元年（680 年）为吐蕃所陷，称之"无忧城"。开元二十八年（740 年）节度使章仇兼琼克而守之。至德初改曰平戎城。为唐剑南西川边地要塞。

㉔ 生羌：与熟羌相对。已设郡县之羌为熟羌，未收治下之羌为生羌。

㉕ 乡导：向导。

㉖ 婆罗门：为印度前期佛教之名称。至唐代，正规佛教在印度已转衰弱，而古老的婆罗门教却大为流行。其僧侣即称婆罗门。吐蕃即以婆罗门为天竺（印度）之代称。

㉗ 龟兹：读秋词。唐代设在西北地区的军镇之一，在今新疆阿克

苏地区库车县东皮郎旧城。与于阗、疏勒、碎叶（后改焉耆）号称“安西四镇”。

㉘ 疏勒：唐初建疏勒镇，在今新疆喀什地区疏勒县境。后以其地置疏勒都督府，属安西都护府。

㉙ 自汉、魏以来，西戎之盛，未之有也：唐代吐蕃武功鼎盛，曾先后与当时亚洲国势最强的几个国家李唐、回纥、大食、南诏等激战，其势力西越葱岭达乌浒水（今阿姆河），北占整个天山南路及部分天山北路，东陷李唐河西陇右，直至今陕西省中部，东南曾臣服南诏，南降泥婆罗（尼泊尔），征服印度克什米尔、孟加拉国、阿萨密，定恒河为蕃、梵疆界，立界碑于加尔各答境内（见林冠群《唐代吐蕃历史与文化论集》）。有学者云：“唐资太宗高宗两朝全盛之势，历经艰困，始克高丽，既克之后，复不能守，虽天时地势之艰阻有以致之，……而吐蕃之盛强使唐无余力顾及东北，为最大原因。”（见陈寅恪《外族盛衰之连环性及外患与内政之关系》）

高宗闻审礼等败没，召侍臣问绥御[①]之策，中书舍人[②]郭正一曰：“吐蕃作梗，年岁已深，命将兴师，相继不绝。空劳士马，虚费粮储，近讨则徒损兵威，深入则未穷巢穴，望少发兵募，且遣备边，明烽堠[③]，勿令侵抄。使国用丰足，人心叶同，宽之数年，可一举而灭。”给事中[④]刘齐贤、皇甫文亮等皆言严守之便。寻而黑齿常之破吐蕃大将赞婆及素和贵[⑤]于良非川[⑥]，杀获二千余级，吐蕃遂引退。诏以常之为河源军[⑦]使以镇御之。

【译文】

高宗听说刘审礼等人陷没敌阵，便召集侍臣探讨安抚或抵御吐蕃的对策。中书舍人郭正一说：“吐蕃袭扰阻塞，年深日久，致使唐廷命将发兵，相继不绝。徒劳兵马，虚费粮储，近讨则徒然折损军威，深入又不能捣毁巢穴。望少发兵募，姑且派人巩固边防，整顿烽堠，能防止吐蕃侵掠即可。使朝廷的库府充足，人心和谐，缓上几年，就可以一举而灭掉吐蕃。”给事中刘齐贤、皇甫文亮等也都说严加防守有利。不久黑齿常之在良非川（今青海湖东侧）打败吐蕃大将赞婆及素和贵（吐谷浑叛臣），杀获两千多首级，于是吐蕃退去。皇帝下诏任黑齿常之为河源军使（驻今青海西宁），负责镇守及防御吐蕃。

【注释】

① 绥御：绥，抚绥；御，抵御、防范。

② 中书舍人：中书省骨干官员，正五品上，专掌诏诰、侍从制敕、宣旨劳问等。时人视为文士之极任，朝廷之盛选，诸官无与比之。

③ 堠：读后，古代瞭望敌方情况的土堡。

④ 给事中：门下省骨干官员，正五品上，掌侍左右，分判省事。

⑤ 素和贵：吐谷浑大臣。唐龙朔三年（663 年）投奔吐蕃，导吐蕃攻吐谷浑。永隆元年（680 年），又与吐蕃大将赞婆领兵三万攻唐河源军，为黑齿常之击走。

⑥ 良非川：应在今青海省湟源县西的佛海、巴燕部分，临青海湖东侧。

⑦ 河源军：驻地在鄯城县（今青海省西宁市东南），东至鄯州（今青海省乐都区）一百二十里。唐仪凤二年（677 年）置，管兵一万四千人，马六百五十匹。

仪凤四年[①]，赞普卒[②]，其子器弩悉弄[③]嗣位，复号赞普，时年八岁，国政复委于钦陵。遣其大臣论寒调傍来告丧，且请和。高宗遣郎将[④]宋令文入蕃会葬。永隆元年[⑤]，文成公主薨[⑥]，高宗又遣使吊祭之。

【译文】

仪凤四年（公元 679 年），吐蕃赞普（芒松芒赞）去世（实卒于 676 年），其子器弩悉弄（即都松芒波杰）继位，也称赞普，因年幼，国政又托付给钦陵。吐蕃派大臣论寒调傍前来告丧。高宗派遣郎将宋令文赴吐蕃会葬。永隆元年（公元 680 年），文成公主去世，高宗又派去使者吊祭。

【注释】

① 仪凤四年：公元 679 年。

② 赞普卒：此赞普为芒松芒赞，实卒于仪凤元年（676 年）。疑其时吐蕃与唐正进行大战准备，吐蕃秘其丧。仪凤四年（679 年）战事告一段落，吐蕃始入唐报丧。《敦煌本吐蕃历史文书》大事纪年亦载："及至兔年（公元 679 年），祭祀父王赞普之遗体于琼瓦。"即此年才正式安葬。

③ 器弩悉弄：即都松芒波杰，676 至 704 年在位。"都松芒波杰"是其藏文全名 vdus srong mang po rje 的译音。简称就是"都松"（vdus srong），冠以"赤"衔，即为"赤都松"（khri vdus srong）。汉文史料译"赤"为"器"，译"都松"为"弩悉弄"，因此有了器弩悉弄的译名。都松芒波杰于父王卒后七日出生，在襁褓中就被立为赞普。他于二十三岁时（公元 698 年），成功地铲除了噶尔家族的势力，真正掌握了政权。其后，即亲自带兵东征西讨，由母后没庐氏墀玛蕾代掌朝政。都松芒波杰于 704 年冬卒于南诏。

④ 郎将：中郎将之简称。位在大将军、将军之下。

⑤ 永隆元年：公元 680 年。

⑥ 薨：读轰，古代称君王或高官之死。

则天[①]临朝，命文昌右相[②]韦待价[③]为安息道大总管，安西大都护[4]阎温古为副。永昌元年[5]，率兵往征吐蕃，迟留不进，待价坐流绣州[6]，温古处斩。待价素无统御之才，遂狼狈失据，士卒饥馑，皆转死沟壑。明年，又命文昌右相岑长倩[7]为武威道行军大总管以讨吐蕃，中路退还，军竟不行。如意元年[8]，吐蕃大首领曷苏率其所属并贵川部落请降，则天令右玉钤卫大将军[9]张玄遇率精卒二万充安抚使以纳之。师次大渡水[10]，曷苏事泄，为本国所擒。又有大首领昝捶[11]率羌蛮部落八千余人诣[12]玄遇内附。玄遇以其部落置叶川州[13]，以昝捶为刺史，仍于大度西山勒石纪功而还。长寿元年[14]，武威军总管[15]王孝杰[16]大破吐蕃之众，克复龟兹、于阗[17]、疏勒、碎叶[18]等四镇，乃于龟兹置安西都护府[19]，发兵以镇守之。万岁登封元年[20]，孝杰复为肃边道大总管，率副总管娄师德[21]与吐蕃将论钦陵、赞婆战于素罗汗山[22]。官军败绩，孝杰坐免官。万岁通天元年[23]，吐蕃四万众奄至凉州城下，都督许钦明初不之觉，轻出按部，遂遇贼，拒战久之，力屈为贼所杀[24]。时吐蕃又遣使请和，则天将许之；论钦陵乃请去安西四镇[25]兵，仍索分十姓之地[26]，则天竟不许之。

【译文】

武则天临朝听政，命文昌右相韦待价为安息道大总管，以安西大都护阎温古为副。永昌元年（公元689年），他们率领军队前去征讨吐蕃，滞留不进，韦待价获罪流放绣州（今广西桂平），阎温古处斩。韦待价向来没有统兵御敌的才能，因此狼狈失措，士卒饥饿，很多人死于沟壑。第二年，又命文昌右相岑长倩为武威道行军大总管，讨伐吐蕃，他中途退回，军队最终没有出行。如意元年（公元692年），吐蕃大首领曷苏率领所属及贵川部落请求投降，武则天令右玉钤卫将军张玄遇充任安抚使，率两万精兵前去接纳他们。官军停驻大渡河，曷苏请降之事泄露，被本国拘捕。又有大首领昝捶率领羌蛮部落八千多人，来见张玄遇请求内附，张玄遇将他的部落安置在叶川州，任命昝捶为刺史，然后在大度西山刻石纪功而回。同年（如意元年亦即长寿元年，公元692年），武威军总管王孝杰大败吐蕃兵众，收复龟兹（今新疆库车）、于阗（今新疆和田）、疏勒（今新疆疏勒）、碎叶（今吉尔吉斯斯坦北部）等四镇，于是在龟兹设置安西都护府，派军队前去镇守。万岁登封元年（公元696年），王孝杰又出任肃边道大总管，率副总管娄师德，与吐蕃将领论钦陵、赞婆在素罗汗山（今甘肃省甘南州南部）交战，官军战败，王孝杰获罪免职。同年，突厥四万兵众突然逼近凉州（今甘肃武威）城下，都督许钦明最初没有发觉，他轻骑出城巡查，因而与敌相遇，抗拒了很久，力竭被敌杀死。当时吐蕃派遣使者来请求和好，武则天准备答应，但钦陵却要求撤掉安西四镇的军队，并要求分割原十姓突厥部落所在之地，武则天最终没有答应他们的请求。

【注释】

① 则天：武则天，即武后（624—705）。高宗皇后，武周皇帝。公元690至705年在位。素多智计，兼涉文史。年十四，为太宗才人。太宗死，入感业寺为尼。永徽初，高宗复召入宫，为昭仪。六年（655年）立为皇后。显庆五年（660年），高宗病重，参决国政。上元元年（674年），称天后。高宗死，中宗立，为皇太后，临朝称制。旋废中宗，立睿宗，自总朝政。天授元年（690年），改唐为周，称圣神皇帝，改名曌（读照）。在位期间，严厉镇压政敌，任用酷吏，大开告密之门，唐宗室及旧臣惨遭冤杀者甚众；先后改《氏族志》为《姓氏录》，使

五品以上官皆入士流；开创殿试，初设武举，以拔擢人才；兴佛教，建明堂，作天枢，铸九鼎，大设员外试官，糜费扰民；重视农业，户口大增，经济有所发展。晚年病重，张柬之等发动政变，拥中宗复位。她临终遗命去帝号。与高宗合葬乾陵（在今陕西乾县西北），谥曰则天大圣皇后。

② 文昌右相：唐尚书右仆射的改称。武则天登位后，改尚书省为文昌台，左右仆射为左右相。

③ 韦待价（？—约 689）：江夏王李道宗之婿。高宗时，累迁兰、肃州刺史，检校凉州都督。武后临朝，摄司空、护营乾陵。垂拱元年（685 年），以天官尚书同凤阁鸾台三品。无才识，铨选失当，为时所嗤。次年，拜文昌右相，仍知政事，累表辞职，不许。永昌元年（689 年），拜安息道行军大总管，进爵扶阳郡公。率军攻吐蕃，无将领之才，大败除名，流绣州，寻卒。

④ 安西大都护：为安西都护府长官。唐贞观年间始置西州都护府，统辖安西四镇。后改称安西都护府，辖地自阿尔泰山西至咸海，地跨葱岭东西。安史之乱后，其地渐削，葱岭以西为大食（即阿拉伯帝国）所并，以东为吐蕃侵占。

⑤ 永昌元年：公元 689 年。

⑥ 绣州：唐武德四年（621 年）置林州，六年（623 年）改为绣州，治常林县（今广西桂平市南），辖境相当于今桂平、平南两县（市）南部。

⑦ 岑长倩（？—691）：垂拱初，自夏官尚书迁内史，旋官文昌右相，封邓国公。后加特进、辅国大将军。因反对立武承嗣为皇太子，罢为武威道行军大总管，西攻吐蕃，中路召还，下狱。为来俊臣诬谋反，被杀，五子同死。

⑧ 如意元年：公元 692 年。

⑨ 右玉钤卫大将军：同右领军卫大将军。唐光宅元年（684 年）改称左右领军卫为左右玉钤卫，神龙元年（705 年）复称领军

卫。《新唐书·吐蕃传》作“右玉钤卫将军”。《资治通鉴》卷二〇五长寿元年条亦作“右玉钤卫将军”。当以“右玉钤卫将军”为是。

⑩ 大渡水：隋唐以后以四川沫水为大渡水，即今大渡河。

⑪ 昝捶：昝，读攒。

⑫ 诣：到某人所在的地方。

⑬ 叶川州：查《新唐书》黎州都督府所隶五十一羁縻州中有“野川州”，“野”“叶”音近，疑是一地。黎州治今四川省汉源县，辖大渡河两岸三县十一城，领五十一羁縻州，为剑南西部边防重地。（见任乃强《吐蕃传地名考释》）另，黎州都督府所管羁縻州有米川州，《资治通鉴》作“莱川州”，“莱”“葉”（叶）形近，“叶川州”或系“莱川州”之讹。

⑭ 长寿元年：公元692年，即如意元年。

⑮ 武威军总管：《新唐书·吐蕃传》作“武威道行军总管”，以“武威道行军总管”为是。

⑯ 王孝杰（？—697）：仪凤三年（678年）以副总管从刘审礼攻吐蕃，被俘，赞普见之曰“貌类吾父”，故不死，留居数年，颇知虚实，后得释归。长寿元年（692年）为武威军总管，攻吐蕃，复安西四镇，安西都护府复由西州（今新疆吐鲁番）迁龟兹。武后曰：“今故土尽复，孝杰功也。”以功拜左卫大将军。历任夏官尚书（即兵部尚书），同凤阁鸾台三品，瀚海道行军总管、朔方道总管。后讨契丹，身先士卒，因无后继，兵溃坠谷死。

⑰ 于阗：唐军镇名，故地在今新疆和田西南。为安西四镇之一。

⑱ 碎叶：在今吉尔吉斯斯坦北部托克马克西南的阿克贝希姆废墟。以北临碎叶水（今楚河）得名，亦称素叶水城。地当东西交通要道。唐贞观初玄奘赴印度时途经此城。唐诗人李白出生于此。显庆二年（657年），唐军大破西突厥后，在此设置都镇，碎叶

之名始著。贞观末后及调露元年（679 年）至开元七年（719 年）间，碎叶镇曾和龟兹、于阗、疏勒为安西四镇，后以焉耆代碎叶为四镇之一。

⑲ 安西都护府：唐六都护府之一。贞观十四年（640 年）平高昌后置。初治交河城（今新疆吐鲁番西）。显庆三年（658 年）移治龟兹（今新疆库车）。咸亨元年（670 年）四镇陷于吐蕃，徙治碎叶（今吉尔吉斯斯坦托克马克）。长寿二年（693 年）复四镇后还治龟兹。统安西四镇及西域，辖境约当今阿尔泰山西至咸海及中亚阿姆河两岸各属国。开元七年（719 年）后天山以北隶于北庭都护府。安史之乱后，葱岭以西没于大食，以东陷于吐蕃。贞元六年（790 年）后府治为吐蕃攻占，遂废。

⑳ 万岁登封元年：公元 696 年。

㉑ 娄师德（630—699）：仪凤三年（678 年）从军西攻吐蕃，屡立战功，迁殿中侍御史，兼河源军司马，知营田事。690 年，率士屯田，积谷数百万，兵以饶给。长寿二年（693 年）任夏官侍郎（即兵部侍郎），进凤阁鸾台平章事。前后总边要三十余年，多次主持屯田，成效卓著。为政孜孜不怠，荐贤虚己，虽久为相，却能善终。

㉒ 素罗汗山：当为今甘肃省甘南州碌曲县西倾山的一个山口之名，非大山名。

㉓ 万岁通天元年：公元 696 年。万岁通天元年与万岁登封元年是同一年的不同年号。

㉔ 力屈为贼所杀：凉州杀都督许钦明事为突厥所为，与吐蕃无干。《资治通鉴》卷二〇五载："突厥寇凉州，执都督许钦明。"考异曰：按明年正月默啜寇灵州，以钦明自随；又默啜将袭孙万荣，杀钦明以祭天。

㉕ 安西四镇：唐安西都护府属下四个军事行政机构，负责西域地区军事防御和征收商税事务。贞观二十二年（648 年）十二月，

安西都护府自西州（今新疆吐鲁番东）移治龟兹，始设龟兹、于阗、疏勒、碎叶四镇。永徽元年（650 年）罢。显庆三年（658 年）复置，时四镇有焉耆而无碎叶。咸亨元年（670 年）陷于吐蕃。调露元年（679 年）庭州刺史王方翼筑碎叶城，复置碎叶、龟兹、于阗、疏勒四镇，不久罢。长寿二年（693 年）破吐蕃再置。开元七年（719 年）弃碎叶城于西突厥十姓可汗，遂改焉耆为四镇之一。安史乱后，陷于吐蕃。

㉖ 十姓之地：突厥汗国分裂后，西突厥尽得乌孙故地，其疆域东起伊吾（今新疆哈密），西至咸海，北至阿尔泰山以北，南至于阗、疏勒，下分十部，号十姓，部以一人统之，人授一箭，故又号十箭或十设。西突厥首领阿史那贺鲁曾一度归唐，后叛唐扰边。显庆二年（657 年）为唐所灭，唐在其地置都督府、州，概属安西都护府统辖。因此安西都护府统领的西域广大地面，又被称为“十姓之地”，即原十姓突厥部落所在之地。

吐蕃自论钦陵兄弟专统兵马，钦陵每居中用事，诸弟分据方面，赞婆则专在东境，与中国为邻，三十余年，常为边患。其兄弟皆有才略，诸蕃惮之。圣历二年[①]，其赞普器弩悉弄年渐长，乃与其大臣论岩等密图之。时钦陵在外，赞普乃佯言将猎，召兵执钦陵亲党二千余人，杀之。发使召钦陵、赞婆等，钦陵举兵不受召，赞普自帅众讨之，钦陵未战而溃，遂自杀，其亲信左右同日自杀者百余人[②]。赞婆率所部千余人及其兄子莽布支[③]等来降，则天遣羽林飞骑[④]郊外迎之，授赞婆辅国大将军、行右卫大将军，封归德郡王[⑤]，优赐甚厚，仍令领其部兵于洪源谷[⑥]讨击。寻卒，赠特进[⑦]、安西大都护。

【译文】

吐蕃自从钦陵兄弟专统兵马，钦陵常在朝中掌事，诸弟各据一方，赞婆则专在东部边境，与中原相邻，三十多年，常常制造边患。他们兄弟都有才略，诸蕃畏惧他们。圣历二年（公元699年），吐蕃赞普器弩悉弄已逐渐长大，他便与大臣论岩等密谋除掉钦陵兄弟。当时钦陵在外，赞普就谎称要打猎，召集士兵拘捕钦陵的亲党两千多人，把他们杀死。派使者召钦陵、赞婆等人，钦陵起兵不受召，赞普便亲自统率兵众讨伐他们。钦陵尚未交锋就溃败，于是自杀，他的亲信及身边的人在同一天自杀的有一百多人。赞婆率所部一千多人及他哥哥的儿子莽布支等人来向唐廷投降，武则天派遣羽林军士兵到郊外迎接他们，授予赞婆辅国大将军，兼右卫大将军，封归德郡王，赏赐很丰厚，并且令赞婆率领本部兵众在洪源谷（今甘肃武威西侧）讨击。不久赞婆去世，追赠他为特进、安西大都护。

【注释】

① 圣历二年：公元699年。

② 同日自杀者百余人：吐蕃有“共命”之俗，贵贱相友好者结盟为“共命”，一人死，则共命人皆自杀同死。此俗为奴隶社会时已有，进入农奴社会后渐废。

③ 其兄子莽布支：《资治通鉴》圣历二年条载，“钦陵子弓仁，以所统吐谷浑七千帐来降，拜左玉钤卫将军、酒泉郡公”。看来莽布支是钦陵之子的藏名，弓仁是其汉名。唐代张说奉敕撰《拨川郡王碑》文，即是颂扬追赠拨川郡王弓仁的，称其“凡前后大战数十，小战数百，算无遗策，兵有全胜”。

④ 羽林飞骑：唐太宗贞观十二年（638年），曾于长安的宫城北门（玄武门）置左右屯营，以守卫宫禁。左右屯营的士兵，称为“飞骑”。龙朔二年（662年）从左右屯营析出，别为左右羽林军，故其士兵又称“羽林飞骑”，一般于卫士中简选，亦自中

等以上户中招募，皆取骁健善骑射者充任。天授年中（690 至 691 年），左右羽林军改称左右羽林卫。

⑤ 授赞婆辅国大将军、行右卫大将军，封归德郡王：“辅国大将军”，唐代武散官（相对职事官而言，无实际职务）的一种名号，正二品。职务较高者（如辅国大将军）兼任较低的职务（如右卫大将军）曰“行”，故称“行右卫大将军”。“归德郡王”，凡官爵名中有“归德”“怀化”二字的，是专授给少数族首领的。

⑥ 洪源谷：当在今甘肃省武威市（古称凉州）西侧一百多公里的西大河中上游地区。赞婆率部降唐，唐即安置于此，以御吐蕃入侵凉州之路。

⑦ 特进：唐代为文散官之第二阶，相当于正二品。所谓散官，只是一种表示身份地位的称号，没有实际职掌。

久视元年[①]，吐蕃又遣其将麴莽布支[②]寇凉州，围逼昌松县[③]。陇右[④]诸军州大使唐休璟[⑤]与莽布支战于洪源谷，斩其副将二人，获首二千五百级。长安二年[⑥]，赞普率众万余人寇悉州，都督陈大慈与贼凡四战，皆破之，斩首千余级。于是吐蕃遣使论弥萨等入朝请求和，则天宴之于麟德殿，奏百戏于殿庭。论弥萨曰：“臣生于边荒，由来不识中国音乐，乞放臣亲观。”则天许之。于是论弥萨等相视笑忭[⑦]拜谢曰：“臣自归投圣朝，前后礼数优渥，又得亲观奇乐，一生所未见。自顾微琐[⑧]，何以仰答天恩，区区褊[⑨]心，唯愿大家万岁。”明年，又遣使献马千匹、金二千两以求婚，则天许之。

【译文】

久视元年（公元 700 年），吐蕃又派将领麴莽布支侵犯凉州（今甘肃武威），围逼昌松县（今青海门源）。陇右诸军州大使唐休璟与莽布支在洪源谷（今青海门源境冷龙山下）交战，斩敌军副将二人，获两千五百首级。长安二年（公元702年），赞普率领一万多人侵犯悉州（今四川西昌），都督陈大慈与敌军交战四次，都打败了敌军，斩首一千多级。于是吐蕃派遣使者论弥萨等人入朝请求和好，武则天在麟德殿宴请他们，还在殿庭演奏百戏。论弥萨说："臣生于边远之地，从来不知道中原音乐，乞求让臣走近亲眼观看。"武则天准许了他的请求。于是论弥萨等人相视而笑，高兴地拜谢说："自从臣来到圣朝，前后礼数优厚，又得以亲眼观看奇妙的音乐，一生从未见过。自知微贱，用什么来仰答天恩？区区之心，唯愿大家（皇帝）万岁。"第二年，吐蕃又派使者献马千匹、黄金两千两，用以求婚，武则天答应了。

【注释】

① 久视元年：公元700年。

② 麴莽布支：麴，读屈。其藏文名为khu mang po rje，于705年曾一度任吐蕃大相，旋即被罢免。

③ 昌松县：应在今青海省西宁市北面之门源县地。由此北出冷龙山下即洪源谷，道通凉州最便，吐蕃侵掠凉州，必先经此。

④ 陇右：地区名，泛指陇山以西地区。古代以西为右，故称陇右。约当今甘肃陇山、六盘山以西，黄河以东一带。唐初陇右道，包括范围较广，故陇右亦兼指河西、安西、北庭广大地区（称河陇四镇）。至景云二年（711年），因政治和军事上的需要，从陇右道分出黄河以西为河西道。分治后的两道，前者领秦、原、河、渭、兰、鄯、阶、成、洮、岷、临、廓、叠、宕十四州，后者领凉、甘、肃、瓜、沙、伊、西七州。

⑤ 唐休璟（627—712）：名璿，字休璟，以字行。唐代名将。少以明经擢第，历任丰州司马、安西副都护、西州都督、凉州都督、持节陇右诸军州大使。长安二年（702 年），以大破吐蕃之功拜右武威、金吾二卫大将军。四年（704 年），出为安东都护府都护。神龙元年（705 年），加封辅国大将军、同中书门下三品、酒泉郡公，升尚书左仆射，累封宋国公。景龙四年（710 年）充朔方道行军大总管，防备突厥。太极元年（712 年）病逝，赠荆州大都督。

⑥ 长安二年：公元 702 年。

⑦ 笑忭：忭，读变，欢喜之意。

⑧ 微琐：同猥琐，指容貌、举止不大方。

⑨ 褊：读扁，狭隘之意。

吐蕃赤德祖赞，唐中宗李显、睿宗李旦、玄宗李隆基时期

时吐蕃南境属国泥婆罗门[①]等皆叛，赞普自往讨之，卒于军中。诸子争立，久之，国人立器弩悉弄之子弃隶蹜赞[②]为赞普，时年七岁。中宗[③]神龙元年[④]，吐蕃使来告丧，中宗为之举哀，废朝一日。俄而赞普之祖母[⑤]遣其大臣悉薰热来献方物[⑥]，为其孙请婚，中宗以所养雍王守礼女为金城公主[⑦]许嫁之。自是频岁贡献。景龙三年[⑧]十一月，又遣其大臣尚赞吐[⑨]等来迎女，中宗宴之于苑内毬场，命驸马都尉杨慎交与吐蕃使打毬，中宗率侍臣观之。

【译文】

当时吐蕃南境属国泥婆罗门（今尼泊尔）等全都反叛，赞

普亲自前去讨伐，死在军中（在南诏境）。赞普诸子争立，过了很久，国人立器弩悉弄之子弃隶蹜赞（即赤德祖赞）为赞普，时年七岁。中宗神龙元年（公元705年），吐蕃使者前来告丧，中宗为器弩悉弄举哀，停止朝会一天。不久赞普的祖母派遣大臣悉熏热前来进献土产，为她孙子弃隶蹜赞求婚，中宗便把收养的雍王李守礼之女封为金城公主，许配给赞普。从此吐蕃连年进贡。景龙三年（公元709年）十一月，吐蕃又派遣大臣尚赞咄等人前来迎接公主，中宗在苑内球场宴请，命驸马都尉杨慎交与吐蕃使者打球，中宗带领侍臣观看。

【注释】

① 泥婆罗门：古国名。或称泥婆罗、尼婆罗、尼波罗，即今尼泊尔。俗信佛教。其地多特产，商业发达，与唐朝联系密切。贞观十七年（643年），卫尉丞李义表使天竺，道经泥婆罗，其王那陵提婆礼遇之。二十一年（647年）遣使至唐献波稜菜（菠菜）、酢菜及浑提葱等特产。次年，以兵助唐使王玄策平中天竺阿罗那顺。永徽中尚有往来。

② 弃隶蹜赞：蹜，读宿。弃隶蹜赞，即赤德祖赞（khri lde gtsug btsan），704至754年在赞普位。汉文史料译“赤”为“弃隶”，译“德祖赞”为“蹜赞”，因此有了“弃隶蹜赞”的译名。赤德祖赞在位长达五十年。先后娶唐金城公主、那曩妃芒末杰西登、南诏妃尺尊及王妃拉邦等。赤德祖赞于754年在一场赛马活动中意外身亡。

③ 中宗：唐中宗李显（656—710），公元683至684年、705至710年在位。高宗第七子，武则天生。永隆元年（680年），封为太子。高宗死，即帝位。次年二月，被武后废为庐陵王，徙于房州（治今湖北房县）。圣历元年（698年），复为太子。武后病重时，被宰相张柬之等拥立复位，复唐国号。在位期间，

怠于政事，纵皇后韦氏、女安乐公主、武三思等擅权，诛杀功臣，滥封官爵，广建佛寺，恣意淫乐，不恤民疾。后被韦后毒死。葬定陵（在今陕西富平西北），谥孝和皇帝。

④ 神龙元年：公元 705 年。

⑤ 赞普之祖母：赞普赤德祖赞的祖母，藏文名为 vbrov khri ma lod，汉译应为“没庐·墀玛蕾”。

⑥ 方物：土特产。《尚书》之《旅獒》：“无有远迩，毕献方物。”

⑦ 金城公主（？—739）：是注解《后汉书》的章怀太子李贤之孙女。父为雍王李守礼，曾因章怀得罪武后，废为庶人，将公主托养宫中。唐中宗李显是李贤之弟，按辈分论，金城公主应是中宗的侄孙女，但中宗待之甚厚，是当作亲生之女看待的。当许婚之时，公主年龄尚幼，故迟至三年始出嫁，然亦不过十三四岁。

⑧ 景龙三年：公元 709 年。

⑨ 尚赞吐：《新唐书·吐蕃传》作“尚赞咄”。《资治通鉴》卷二〇九中宗景龙三年（709 年）十一月条亦载：“吐蕃赞普遣其大臣尚赞咄等千余人逆金城公主。”应以“尚赞咄”为是。其藏文全名为 vbro zhang btsan to re lhas byin，汉译为“没庐·尚赞咄热拉金”，可简称“尚赞咄”。他是赞普祖母墀玛蕾之弟。

四年[①]正月，制曰：

圣人布化[②]，用百姓为心；王者垂仁，以八荒无外。故能光宅遐迩，裁成品物。由是隆周[③]理历，恢柔远之图；强汉[④]乘时，建和亲之议。斯盖御宇长策，经邦茂范。朕受命上灵，克纂洪业，庶几前烈，永致和平。眷彼吐蕃，僻在西服，皇运之始，早申朝贡。太宗文武圣皇帝德侔覆载[⑤]，情深亿兆，思偃兵甲，遂通姻好，数十年间，一方清净。自文成公主化往其国，因多变革，我之边隅，亟兴师旅，彼之蕃落，颇闻彫弊。顷者赞普及祖母可敦[⑥]、酋长等，屡披诚款，积有岁时，思托旧亲，请崇新好。金城公主，朕之少女，岂不钟念，但为人父母，志息黎元，若允乃诚祈，更敦和好，则边土宁晏，兵役服息。遂割深慈，为国大计，筑兹外馆，聿膺[⑦]嘉礼，降彼吐蕃赞普，即以今月进发，朕亲自送于郊外。

【译文】

景龙四年（公元710年）正月，下制称：

圣人推行教化，将百姓放在心上；王者实施仁政，八方荒远之地也不放弃。所以能使恩惠覆盖远近，统治众多种族。隆盛的周朝修治历法，恢弘怀柔远方的法度；强大的汉朝利用时机，提出和亲的计议。这是驾驭天下的长远谋略，治理国家的美好规范。朕受命于天，继承大业，也期望像先辈一样，达致永久和平。眷顾吐蕃，远在王土之外的西方，皇朝初建，早进朝贡。太宗文武圣皇帝德比天地，情深天下庶民，想要平息征战，于是通婚和亲，数十年间，一方清净。自从文成公主在其国逝去之后，多生变故，我朝边境，屡屡大动干戈，吐蕃部落，时常听说凋敝。近来赞普及其祖母、酋长等，多次表示诚意，已有一年，思念依托旧亲，请求增进新好。金城公主，是朕的小女，怎能不钟爱顾念，但是为人父母，志在安定百姓，如果答应了这真诚的请求，再次促成和好，则边境安宁，战争平息。于是割舍慈爱，为了国家大计，修筑外馆，以受嘉礼，下嫁吐蕃赞普，就在本月进发，朕亲自到郊外送行。

【注释】

①（景龙）四年：公元710年。

② 布化：布，散布、推广。化，教化。布化，即推行教化。

③ 隆周：隆盛的周朝。

④ 强汉：强大的汉朝。

⑤ 德侔覆载：侔，读谋，等同之意。覆载，即天覆地载，形容至大至广，无所不包。

⑥ 可敦：古代突厥等游牧民族可汗妻的称号。此处用来作吐蕃赞普祖母的称号。

⑦ 聿膺：聿，读玉，书面语，用在句首或句中，起顺承作用。膺，读英，亦书面语，接受、承当之意。

中宗召侍中①纪处讷②谓曰："昔文成公主出降，则江夏王送之。卿雅识蕃情，有安边之略，可为朕充吐蕃使也。"处讷拜谢，既而以不练边事固辞。上又令中书侍郎③赵彦昭充使。彦昭以既充外使，恐失其权宠，殊不悦，司农卿④赵履温私谓之曰："公国之宰辅，而为一介之使，不亦鄙乎？"彦昭曰："然计将安出？"履温因阴托安乐公主⑤密奏留之。于是以左卫大将军⑥杨矩使焉。其月，帝幸始平县⑦以送公主，设帐殿于百顷泊侧，引王公宰相及吐蕃使入宴。中坐酒阑，命吐蕃使进前，谕以公主孩幼，割慈远嫁之旨，上悲泣歔欷⑧久之。因命从臣赋诗饯别，曲赦始平县大辟⑨罪已下，百姓给复⑩一年，改始平县为金城县，又改其地为凤池乡怆别里。公主既至吐蕃，别筑一城以居之。

【译文】

中宗召见侍中纪处讷，对他说："过去文成公主出嫁，是江夏王送她。卿非常了解蕃情，有安定边疆的谋略，可为朕充任吐蕃使。"纪处讷拜谢，接着就以不熟悉边事坚决推辞。皇上又令中书侍郎赵彦昭充任使者。赵彦昭怕因充任外使，失去权势宠信，很不高兴，司农卿赵履温私下对他说：“公是国家的辅政大臣，却充任区区使者，不是也太卑微了吗?”赵彦昭说：“然而有什么办法呢?”赵履温便暗中托安乐公主，密奏留下赵彦昭。于是任左卫大将军杨矩为使者。这个月，皇帝前往始平县（今陕西兴平）送公主，在百顷泊之侧安设帐殿，引王公宰相及吐蕃使者饮宴。席间行酒将要结束时，皇上命吐蕃使者来到面前，晓谕他公主年幼，之所以割爱远嫁的意图，皇上悲伤哭泣了很久。因而命随从臣下赋诗送别。由于公主出嫁而特别赦免始平县死刑以下罪犯，百姓免除赋税徭役一年，把始平县改为金城县，又把所在地名改称凤池乡怆别里。公主到了吐蕃以后，赞普另外修建一座城邑供公主居住。

【注释】

① 侍中：为门下省长官，正三品。但因官位特高，仅作为大臣加衔，非有“同平章事”的头衔，即不为宰相。

② 纪处讷（？—710）：讷，读呢，四声。娶武三思妻姊，由是累迁太府卿。中宗复位，与宗楚客党附韦后，号为“宗纪”。神龙三年（707 年），同中书门下三品，寻进侍中。韦后败，被诛。

③ 中书侍郎：为中书省副长官，正四品上。唐因中书令不轻以授人，故中书侍郎每即中书省之长官。

④ 司农卿：唐代中央机构除三省（尚书、中书、门下）、六部（吏、兵、户、刑、礼、工）之外，还有专掌具体事务的九寺卿（宗正寺、太常寺、光禄寺、鸿胪寺、司农寺、太府寺、大理寺、卫尉寺、太仆寺）。寺者，侍也，侍奉皇帝，为朝廷办事之谓也。各寺长官都称为卿，多为从三品。司农卿，为司农寺长官，专掌粮食积储、仓廪管理及京官禄米供应等事务。

⑤ 安乐公主（？—710）：唐中宗、韦后幼女，甚受父母宠爱，势

倾天下，王侯宰相多出其门。初嫁武三思子崇训，再嫁武承嗣子延秀。景云元年（710 年）与韦后等毒死中宗，寻为李隆基（玄宗）所杀。

⑥ 左卫大将军：职掌同右卫大将军。

⑦ 始平县：治今陕西省咸阳市兴平（市），唐属雍州。景龙四年（710 年）金城公主入吐蕃和亲，中宗送别于此，改名金城县，移治今兴平市西马嵬镇。

⑧ 歔欷：书面用语，哽咽、抽泣之意。

⑨ 大辟：古代指死刑。

⑩ 给复："复"有免除役税之意。《荀子·议兵》："中试，则复其户，利其田宅。"杨倞注："复其户，不徭役也。"梁启雄简释引《汉书·刑法志》注："复，谓免其赋税也。"此处指免除赋税徭役。

睿宗[①]即位，摄监察御史[②]李知古上言："姚州[③]诸蛮，先属吐蕃，请发兵击之。"遂令知古征剑南兵募往经略之。蛮酋傍名乃引吐蕃攻知古，杀之，仍断其尸以祭天。时张玄表为安西都护，又与吐蕃比境，互相攻掠，吐蕃内虽怨怒，外敦和好。时杨矩为鄯州都督，吐蕃遣使厚遗之，因请河西九曲之地[④]以为金城公主汤沐之所，矩遂奏与之。吐蕃既得九曲，其地肥良，堪顿兵畜牧，又与唐境接近，自是复叛，始率兵入寇。

【译文】

睿宗即位，代监察御史李知古上奏说："姚州（今云南姚安）诸蛮，先前归附吐蕃，请发兵攻打他们。"于是令李知古征调剑南兵募前去筹划攻取。该蛮酋长傍名却引导吐蕃攻打李知古，把他杀死，并且截断尸体祭天。当时张玄表任安西都护，又与吐蕃相邻，互相攻掠，吐蕃内心虽然怨恨愤怒，但外表仍恪守和好。此时杨矩任鄯州（今青海乐都）都督，吐蕃派使者送给杨矩很多东西，请求把河西九曲之地（今青海西宁西南、黄河以北一带）作为金城公主的封地，杨矩便上奏将九曲给了吐蕃。吐蕃得到九曲，这里土地肥沃，可以驻兵畜牧，又与唐境接近，从此又反叛，开始率兵进犯。

【注释】

① 睿宗：唐睿宗李旦（662—716），公元 684 至 690 年、710 至 712 年在位。初名旭轮，简称轮。高宗第八子，武则天所生。好学，工草隶，尤爱文字训诂。初封殷王，后徙相王、豫王。嗣圣元年（684 年），武后临朝，废中宗，立其为帝而不令参预政事。天授元年（690 年），武后改国号周，降为皇嗣，赐姓武。圣历元年（698 年），武则天立庐陵王（中宗）为太子，再封其为相王。神龙元年（705 年），中宗复位，拜司徒、右羽林卫大将军。自武后至中宗，政变多起，竟以恭俭退让免祸。景云元年（710 年），韦后毒死中宗，临淄王李隆基（玄宗）诛除韦党及诸武，拥其复位。在位期间，政事多出太子隆基及太平公主之手。虽以姚崇、宋璟为相，罢中宗朝斜封官，而太平公主擅权，政治依然紊乱。先天元年（712 年），传位于玄宗，自为太上皇，仍决大政。次年，玄宗诛杀太平公主及其党羽，始归政。卒葬桥陵（在今陕西蒲城西北），谥玄真皇帝。

② 摄监察御史：摄，代行、兼理之意。唐监察机构御史台分台院、殿院、察院，监察御史属察院，掌分察百僚、巡按郡县、纠视刑狱、肃整朝仪等，品秩低而权限广。

③ 姚州：唐武德四年（621 年）置。麟德初置姚城县（今云南省楚雄州姚安县）为治所。姚州都督府治此。为唐和西南各族往来要站。天宝后地入吐蕃，贞元中归南诏。

④ 河西九曲之地：《新唐书·吐蕃传》载：宰相建言，“吐蕃本以河为境，以公主故，乃桥河筑城，置独山、九曲二军，距积石二百里。今既负约，请毁桥，复守河如约”。则九曲之地当在黄河以北、鄯城（今青海西宁）西南一带。既言汤沐，地非广阔，仅以越河置军，唐失黄河之险、守御不易而已。（见王忠《新唐书吐蕃传笺证》）

开元二年[1]秋，吐蕃大将坌达焉、乞力徐[2]等率众十余万寇临洮军[3]，又进寇兰、渭等州[4]，掠监牧羊马[5]而去。杨矩悔惧，饮药而死。玄宗[6]令摄左羽林将军[7]薛讷[8]及太仆少卿王晙[9]率兵邀击之。仍下诏将大举亲征，召募将士，克期进发。俄而晙等与贼相遇于渭源[10]之武阶驿，前军王海宾力战死之，晙等率兵而进，大破吐蕃之众，杀数万人，尽收得所掠羊马。贼余党奔北，相枕藉而死，洮水为之不流。上遂罢亲征，命紫微舍人[11]倪若水往按军实，仍吊祭王海宾而还。吐蕃遣其大臣宗俄因子至洮河祭其死亡之士，仍款塞[12]请和，上不许之。自是连年犯边，郭知运[13]、王君㚟[14]相次为河西节度使[15]以捍之。

【译文】

开元二年（公元714年）秋，吐蕃大将坌达焉、乞力徐等率兵十多万侵犯临洮军（驻今青海乐都），又进犯兰、渭等州（今甘肃兰州、陇西），掠夺官方牧养的羊马而去。杨矩悔恨恐惧，服毒而死。玄宗令代理左羽林将军薛讷（薛仁贵之子）及太仆少卿王晙率部阻截攻打吐蕃兵。并且下诏将要大举亲征，招募将士，定期进发。不久王晙等人与敌军在渭源（今甘肃渭源）的武阶驿相遇，前军王海宾苦战阵亡，王晙等率兵进击，大败吐蕃兵众，杀数万人，把吐蕃掠夺的羊马全都收了回来。

敌军残余败逃，死尸纵横相叠，洮水因阻塞而不流。于是皇上停止亲征，命紫微舍人倪若水前去查验战绩，并且吊祭王海宾后返回。吐蕃派遣大臣宗俄因子到洮河吊祭阵亡士卒，并请求与唐和好，皇上不许。从此连年侵犯边境，郭知运、王君㚟相继担任河西节度使，以防御吐蕃。

【注释】

① 开元二年：公元714年。

② 坌达焉、乞力徐：坌，读焚。坌达焉，《新唐书·吐蕃传》作“坌达延”，坌读奔。其藏文全名为dbon da rgyal btsan zung，汉译应为“坌达延赞松”，可简称“坌达延”。唐时吐谷浑王子，为吐谷浑可汗所娶吐蕃公主所生。唐龙朔三年（663年）吐蕃攻吐谷浑，投吐蕃。时赞普年幼，祖母墀玛蕾摄政，坌达延即娶墀玛蕾之女为妻，自称外甥，实际专吐蕃国政，位在大相之上。乞力徐，其藏文全名为dbas khri gzigs zhang nyen，汉译应为“韦·乞力徐尚年”，可简称“乞力徐”。曾任吐蕃大相，颇受赤德祖赞赞普信任，协理政务，征收赋税。在任十六年，时常主持吐蕃集会和会盟。

③ 临洮军：唐陇右节度使所辖诸军之一，驻陇右节度使治所鄯州（今青海省海东市乐都区），管兵一万五千人，马八千四百匹，是陇右节度使辖下最大的一军。至德二年（757年）地入吐蕃。

④ 兰、渭等州：兰州，唐武德二年（619年）置，治金城（今甘肃省兰州市）。渭州，唐武德元年（618年）置，治襄武（今甘肃省陇西县东南）。安史之乱后，兰、渭等州地入吐蕃。

⑤ 监牧羊马：官营牧场放养的羊马。唐置监牧，亦称牧监，属太仆寺。凡养牧马五千匹以上为上监，三千匹以上为中监，三千匹以下为下监。

⑥ 玄宗：唐玄宗李隆基（685—762），公元712至756年在位。睿

宗第三子。初封楚王，改临淄郡王。英武善骑射，知音律，通历象，善书法。景云初，与太平公主合诛韦后及韦、武同党，拥睿宗复位，以太子参预朝政。先天元年（712 年）即帝位，尊睿宗为太上皇。次年诛太平公主及其亲党，始掌全权，改元开元。在位期间，励精图治。以姚崇、宋璟、张九龄等为相，纳谏诤，明赏罚，裁冗官，检田括户，兴修水利，注意节俭，革除武则天以来弊政。又整军经武，维护边防。此时政治比较清明，社会安定，经济发展，文化繁荣，国势强盛，史称“开元之治”。自天宝后，渐骄满，图逸乐，宠杨贵妃，以李林甫、杨国忠等为相，生活奢侈，政治日趋腐败。均田制、府兵制均遭破坏，中央军备空虚，边将拥兵自雄，终于酿成安史之乱。天宝十五年（756 年）六月，逃入蜀中。七月，太子李亨（肃宗）在灵武即帝位，尊为太上皇。至德二年（757 年）末，自蜀返归长安，幽居兴庆宫，抑郁而死。葬泰陵（在今陕西蒲城东北），谥至道大圣大明孝皇帝，简称“唐明皇”。

⑦ 摄左羽林将军：摄，兼理、代行。羽林军，中唐以后所置禁军之一，分左右羽林军，与左右龙武军、左右神武军共为禁军，合称“北衙六军”。左羽林将军，位在左羽林大将军之下。

⑧ 薛讷（649—720）：唐名将薛仁贵之子。武后时官拜幽州都督，兼安东都护。转并州大都督府长史，兼检校左卫大将军。久当边镇之任，累有战功。史称“沉勇寡言，临大敌而益壮”。

⑨ 太仆少卿王晙（653—732）：太仆少卿，为太仆寺（掌马政）副长官，从四品上。晙，读俊。王晙生于官宦世家，少年好学。历官殿中侍御史，授桂州都督，累迁太仆少卿、陇右群牧使。开元二年（714 年），吐蕃寇临洮军，王晙出奇兵夜袭之，又与薛讷合军掩其余众，杀获不可胜数。以功加银青光禄大夫，进并州都督长史，拜兵部尚书。

⑩ 渭源：县名，西魏大统十七年（551 年）以首阳县改名，治今

甘肃省渭源县东北渭河北岸，为渭源郡治。隋初属渭州，后属陇西郡。唐复属渭州。宝应元年（762 年）地入吐蕃，遂废。

⑪ 紫微舍人：即中书舍人，为中书省属官，正五品上。唐开元元年（713 年）改中书省为紫微省，中书令为紫微令，中书舍人为紫微舍人。

⑫ 款塞：款，叩也。款塞，即叩塞门，指外族前来通好。

⑬ 郭知运（667—721）：以战功累官左骁卫中郎将、瀚海军经略使、伊州刺史。开元二年（714 年），破突厥于北庭。又败吐蕃于陇右。迁鄯州都督、陇右诸军节度大使。六年（718 年），连破吐蕃，引轻骑至九曲，获精甲、车马甚众，封太原郡公。居西陲多年，号为勇将，为蕃夷所惮。后卒于军中。

⑭ 王君㚟（？—727）：㚟，读绰。骁勇善骑射。初为河西、陇右节度使郭知运别奏，以战功累迁右卫副率。开元中，继为节度使，迁右羽林将军，判凉州都督事。726 年，大破吐蕃悉诺逻恭禄军，升左羽林大将军，摄御史中丞，封晋昌伯。次年，吐蕃陷瓜州（治今甘肃酒泉瓜州县），攻玉门军，他不敢出兵。因与迁居甘、凉州回纥不睦，为回纥瀚海州司马护输袭杀于甘州（治今甘肃张掖）。唐宰相张说称："君㚟勇而无谋，常思侥幸。"

⑮ 河西节度使：节度使之名，唐景云二年（711 年）以后始称。至天宝初（742 年），陆续设有安西、北庭、河西、朔方、河东、范阳、平卢、陇右、剑南节度使及岭南五府经略使，合称十节度，统领辖区各州官员。后权益扩大，渐总一区军、民、财、政。安史乱间，内地亦多设节度使，渐成军阀割据之势。河西节度使治凉州（今甘肃省武威市），辖境约当今甘肃河西走廊及青海北部地区。

吐蕃既自恃兵强，每通表疏，求敌国之礼[1]，言词悖慢，上甚怒之。及封禅礼毕，中书令张说[2]奏言：“吐蕃丑逆，诚负万诛，然又事征讨，实为劳弊。且十数年甘、凉、河、鄯[3]征发不息，纵令屡胜，亦不能补。闻其悔过请和，惟陛下遣使，许其稽颡[4]内属，以息边境，则苍生幸甚。”上曰：“待吾与王君㚟筹之。”说出，谓源乾曜曰：“君㚟勇而无谋，常思侥幸，两国和好，何以为功？若入陈谋，则吾计不遂矣。”寻而君㚟入朝奏事，遂请率兵深入以讨之。

【译文】

吐蕃自恃兵强，每次上奏表疏，要求行对等国的礼节，言词违逆傲慢，皇上十分愤怒。等到封禅礼完毕，中书令张说奏称：“吐蕃背逆，罪该万死，但是再行征讨，确有劳弊。况且十多年来，甘（今甘肃张掖）、凉（今甘肃武威）、河（今甘肃临夏）、鄯（今青海乐都）征发不止，即使接连取胜，也不能弥补。听说吐蕃悔过请和，只要陛下派遣使者，允许他们俯首内附，那么百姓就非常庆幸了。”皇上说：“容我与王君㚟再商量商量。”张说退出，对源乾曜说：“王君㚟有勇无谋，常存意外获得成功之念，两国和好，怎么能立战功呢？他如果入见陈述谋略，那么我的计议就不能实行了。”不久王君㚟入朝奏事，他便请求率兵深入以攻打吐蕃。

【注释】

① 敌国之礼：平行、对等之礼。

② 张说：说读悦。武则天时擢凤阁舍人。张易之诬魏元忠谋反，他为元忠辩诬，坐流钦州。中宗立，召为兵部侍郎。711 年，进中书侍郎、同平章事，兼修国史。玄宗即位，以先请讨太平公主功，任中书令，封燕国公。719 年，检校并州大都督府长

史，兼天平军大使，慰抚九姓同罗、拔曳固等部落，以安北边。721 年，任兵部尚书。次年，为朔方军节度使，移河曲六州胡五万余口，配河南诸州，以空朔方边地。以时无强敌，请罢缘边戍兵二十余万还农。另招募壮士以充宿卫，后称“彍骑”。725 年，为右丞相兼中书令。文冠一时，时朝廷重要文诰多出其手，与许国公苏颋并称“燕许大手笔”。

③ 甘、凉、河、鄯：指甘州、凉州、河州、鄯州。甘州，治今甘肃省张掖市，辖境相当于今甘肃省嘉峪关市以东弱水上游；河州，治今甘肃省临夏市，辖境相当于今洮河、大夏河中下游，湟水下游，及桑园峡、积石峡间黄河流域地。

④ 稽颡：读启嗓。稽，叩头至地。颡，额头。稽颡，古时一种跪拜礼，屈膝下拜，以额头触地。若于请罪、投降时行之，表示极度的惶恐。

十五年[①]正月，君臭率兵破吐蕃于青海之西，虏其辎重及羊马而还。先是，吐蕃大将悉诺逻[②]率众入攻大斗谷[③]，又移攻甘州，焚烧市里。君臭畏其锋，不敢出战。会大雪，贼冻死者甚众，遂取积石军[④]西路而还。君臭先令人潜入贼境，于其归路烧草。悉诺逻军还至大非川，将士息甲牧马，而野草皆尽，马死过半。君臭与秦州[⑤]都督张景顺等率众袭其后，入至青海之西，时海水冰合，将士并乘冰而渡。会悉诺逻已渡大非川，辎重及疲兵尚在青海之侧，君臭纵兵俘之而还。其年九月，吐蕃大将悉诺逻恭禄[⑥]及烛龙莽布支攻陷瓜州[⑦]城，执刺史田元献及王君臭之父寿，尽取城中军资及仓粮，仍毁其城而去。又进攻玉门军[⑧]及常乐县[⑨]，县令贾师顺婴城[⑩]固守，凡八十日，贼遂引退。俄而王君臭为回纥[⑪]余党所杀，乃命兵部尚书[⑫]萧嵩[⑬]为河西节度使，以建康军使、左金吾将军[⑭]张守珪[⑮]为瓜州刺史，修筑州城，招辑百姓，令其复业。时悉诺逻恭禄威名甚振，萧嵩乃纵反间于吐蕃，云其与中国潜通，赞普遂召而诛之。

【译文】

开元十五年（公元727年）正月，王君㚟率兵在青海湖的西面打败吐蕃，缴获吐蕃的辎重及羊马返回。在此之前，吐蕃大将悉诺逻率兵进攻大斗谷（今甘肃民乐东南扁都口），又转攻甘州（今甘肃张掖），焚烧市里。王君㚟畏惧敌军锋芒，不敢出战。适逢天降大雪，敌军被冻死的很多，于是从积石军（今青海贵德）西路撤回。王君㚟事先派人潜入敌境，在敌军返回的路上烧掉牧草。悉诺逻所部回到大非川（今青海湖南部大草原），将士解甲牧马，可是野草都被烧光了，马死去大半。王君㚟与秦州（今甘肃天水）都督张景顺等人率兵从后面追袭，进抵青海湖西面，当时湖水封冻，将士都从冰上渡过。此时悉诺逻已经越过大非川，辎重及疲兵还在青海湖之侧，王君㚟纵兵俘获后返回。这年九月，吐蕃大将悉诺逻恭禄和烛龙莽布支攻陷瓜州（今甘肃瓜州县）城，抓捕刺史田元献及王君㚟之父王寿，获取城中的军用物资和仓库粮食，然后毁城离去。又进攻玉门军（今甘肃玉门西北）及常乐县（瓜州属县），县令贾师顺据城坚守，总共八十天，敌军终于撤退。不久王君㚟被回纥余党所杀，于是朝廷命兵部尚书萧嵩为河西节度使，任建康军使、左金吾将军张守珪为瓜州刺史，修筑州城，招集百姓，叫他们恢复本业。当时悉诺逻恭禄威名大振，萧嵩就对吐蕃实行反间计，说他与中原暗中往来，赞普便召见并处死他。

【注释】

①（开元）十五年：公元727年。

② 悉诺逻：王忠认为，悉诺逻当即 725 至 727 年任吐蕃大相的额·芒相达乍，藏文全名为 rngegs mang zham stag tshab。（见王忠《新唐书吐蕃传笺证》）

③ 大斗谷：一作“达斗拔谷”（《新唐书·突厥传》）或“大斗拔谷”（《新唐书·吐蕃传》）。即今甘肃省张掖市民乐县东南扁都口。当祁连山脉东段，自古为青海湟中和甘肃河西走廊间交通捷径。

④ 积石军：本静边镇，唐仪凤二年（677 年）置为军，治今青海省海南州贵德县西，管兵七千人，马一百匹。后地入吐蕃废。

⑤ 秦州：治上邽县（今甘肃省天水市），唐属陇右道，辖境相当于今甘肃省天水市武山县以东的渭水上游地。开元二十二年（734 年），因地震移治敬亲川（今甘肃省天水市秦安县西北），天宝元年（742 年）迁还旧治。

⑥ 悉诺逻恭禄：王忠认为，悉诺逻恭禄即 727 年任吐蕃大相的韦·达札恭禄，其藏文全名为 dbas stag sgra khong lod。（见王忠《新唐书吐蕃传笺证》）

⑦ 瓜州：唐武德五年（622 年）置，治晋昌（今甘肃省瓜州县，旧称安西县），辖境约当今甘肃省瓜州县和肃北县部分地区。

⑧ 玉门军：西汉罢玉门关屯戍，徙其民于此，置玉门县，属酒泉郡。治今甘肃省酒泉市玉门（市）西北赤金堡附近。唐开元中废县置玉门军，管兵五千二百人，马六百匹。天宝十四年（755 年）又改为县。安史乱后地入吐蕃，遂废。

⑨ 常乐县：亦为瓜州（治今甘肃省酒泉市瓜州县）之别称。本汉敦煌郡极西之冥安、广至两县地。隋为常乐县。唐武德五年（622 年）置瓜州，领晋昌、常乐二县。

⑩ 婴城：婴，环绕之意。婴城固守，即绕城或据城自守。

⑪ 回纥：古族名。北魏时，东部铁勒的袁纥部落游牧于今蒙古国北部的鄂尔浑河和色楞格河流域。隋称韦纥。605 年，因反抗

突厥的压迫，与铁勒的仆固、同罗、拔野古等部结盟，总称回纥。744 年，破东突厥，建政权于鄂尔浑河流域。辖境东起兴安岭，西至阿尔泰山，最盛时曾达中亚费尔干纳盆地。曾助唐平安史之乱。788 年，自请改称回鹘。840 年为漠北黠嘎斯族所破，部众分三支西迁：一迁吐鲁番盆地，称高昌回鹘或西州回鹘；一迁河西走廊，称河西回鹘；一迁葱岭西楚河一带，即葱岭西回鹘。

⑫ 兵部尚书：尚书省六部之一兵部主官，正三品。兵部掌武选、兵籍、军械、军令之政。

⑬ 萧嵩（？—749）：开元初，为中书舍人。历宋州刺史、尚书左丞、兵部侍郎。十四年（726 年），领朔方节度使。次年，吐蕃攻占瓜州，回纥又杀凉州守将，河、陇震骇，嵩徙河西节度使，判凉州事。以张守珪为瓜州刺史，修筑州城，怀抚边民，大败吐蕃。十六年（728 年），以功加同平章事，次年兼中书令，加集贤院学士、知院事，兼修国史。然奏事常以顺旨为务，少有直言。二十一年（733 年）罢相。

⑭ 左金吾将军：隋禁军十六卫中有左右候卫，至唐龙朔二年（662 年）改称金吾卫，亦分左右，各以大将军一人统之。率番上府兵五十府，掌宫中及京城昼夜巡警，若车驾出入，则为前驱清道或殿后。左金吾将军，即左金吾卫将军，位在左金吾卫大将军之下。

⑮ 张守珪（？—739）：善骑射，初从军北庭（今新疆吉木萨尔北），御突厥有功。开元十五年（727 年），以战功任瓜州刺史、墨离军使。吐蕃来攻，置酒城上作乐，以空城计退敌。乃筑城舍，修渠堰，招流亡，以功为瓜州都督。二十一年（733 年），为河北节度副大使，寻加采访处置使。屡败契丹，斩契丹大将屈剌、可突干。拜辅国将军、右羽林大将军、御史大夫。后因匿部将乌知义败状，谎报军功，及行贿事泄，贬括州刺史。

明年秋，吐蕃大将悉末朗复率众攻瓜州，守珪出兵击走之。陇右节度使[①]、鄯州都督张忠亮引兵至青海西南渴波谷，与吐蕃接战，大破之。俄而积石、莫门两军兵马总至，与忠亮合势追讨，破其大莫门城[②]，生擒千余人，获马一千匹、犛牛五百头，器仗衣资甚众，又焚其骆驼桥而还。八月，萧嵩又遣副将杜宾客率弩手四千人与吐蕃战于祁连城[③]下，自辰至暮，散而复合，贼徒大溃，临阵斩其副将一人。贼败，散走投山，哭声四合。初，上闻吐蕃重来入寇，谓侍臣曰："吐蕃骄暴，恃力而来，朕今按地图，审利害，亲指授将帅，破之必矣！"数日而露布[④]至。

【译文】

第二年（公元 728 年）秋，吐蕃大将悉末朗又率兵进攻瓜州（今甘肃瓜州县），张守珪出兵击退。陇右节度使、鄯州（今青海乐都）都督张忠亮带兵到青海湖西南的渴波谷，与吐蕃交战，大败吐蕃。不久积石、莫门两军兵马一起赶来，与张忠亮合兵追击，攻破大莫门城（今青海共和县），生擒一千多人，缴获马一千匹、牦牛五百头，器械衣物甚多，又焚烧骆驼桥后返回。八月，萧嵩又派遣副将杜宾客率弓弩手四千人，与吐蕃在祁连城（今甘肃民乐县）下交战，从早到晚，散而又合，敌兵大败，临阵杀其副将一人。敌军失败以后，散逃山中，哭声四起。当初，皇上听说吐蕃再次进犯，对侍臣说："吐蕃骄横暴虐，恃强而来，朕如今查看地图，研究利害，亲自部署将帅，一定能够打败吐蕃！"数日后，捷报送达。

【注释】

① 陇右节度使：此陇右为方镇名，唐开元元年（713 年）置陇右

节度使，治鄯州（今青海海东市乐都区）。领临洮、河源、莫门、宁塞、积石五军及秦、河、渭、鄯、兰、武、洮、岷、廓、叠、宕等州。上元、广德年间地入吐蕃。贞元四年（788 年）寄治良原县（今甘肃省平凉市灵台县西北梁原），十年（794 年）以秦州刺史兼陇右经略使寄治普润县（今陕西省宝鸡市麟游县西北）。元和元年（806 年）升经略使为保义军节度使。

② 大莫门城：在今青海省海南州共和县东南。吐蕃筑。唐开元、天宝间，与吐蕃数度争夺此城。

③ 祁连城：在今甘肃省张掖市民乐县东南。

④ 露布：指捷报。报捷书例不封口，暴露而便于宣布，欲四方速知，兵部称之“露布”。另，露布亦作公开宣布解。

十七年[①]，朔方[②]大总管信安王祎[③]又率兵赴陇右，拔其石堡城[④]，斩首四百余级，生擒二百余口，遂于石堡城置振武军，仍献其俘囚于太庙。于是吐蕃频遣使请和，忠王[⑤]友皇甫惟明[⑥]因奏事面陈通和之便。上曰：“吐蕃赞普往年尝与朕书，悖慢无礼，朕意欲讨之，何得和也！”惟明曰：“开元之初，赞普幼稚，岂能如此。必是在边军将[⑦]务邀一时之功，伪作此书，激怒陛下。两国既斗，兴师动众，因利乘便，公行隐盗，伪作功状，以希勋爵，所损钜万，何益国家。今河西、陇右，百姓疲竭，事皆由此。若陛下遣使往视金城公主，因与赞普面约通和，令其稽颡称臣，永息边境，此永代安人之道也。”上然其言，因令惟明及内侍[⑧]张元方充使往问吐蕃。惟明、元方等至吐蕃，既见赞普及公主，具宣上意。赞普等欣然请和，尽出贞观以来前后敕书以示惟明等，令其重臣名悉猎[⑨]随惟明等入朝，上表曰：

外甥是先皇帝舅宿亲，又蒙降金城公主，遂和同为一家，天下百姓，普皆安乐。中间为张玄表、李知古等东西两处先动兵马，侵抄吐蕃，边将所以互相征讨，迄至今日，遂成衅隙。外甥以先代文成公主、今金城公主之故，深识尊卑，岂敢失礼。又缘年小，枉被边将谗构斗乱，令舅致怪。伏乞垂察追留，死将万足。前数度使人入朝，皆被边将不许，所以不敢自奏。去冬公主遣使人娄众失力将状专往，蒙降使看公主来，外甥不胜喜荷。谨遣论名悉猎及副使押衙将军浪些纥夜悉猎入朝，奏取进止。两国事意，悉猎所知。外甥蕃中已处分边将，不许抄掠，若有汉人来投，便令却送。伏望皇帝舅远察赤心，许依旧好，长令百姓快乐。如蒙圣恩，千年万岁，外甥终不敢先违盟誓。谨奉金胡瓶一、金盘一、金碗一、马脑[10]杯一、零羊衫段一，谨充微国之礼。

【译文】

开元十七年（公元 729 年），朔方大总管信安王李祎又率兵赴陇右，攻克石堡城（今青海湟源石城山），斩首四百多级，生擒二百余人，就在石堡城设置振武军，并且在太庙献俘。于是吐蕃接连派遣使者请求和好，忠王李亨（后来的肃宗）的朋友皇甫惟明借奏事之机，当面陈述与吐蕃通和的好处。皇上说：“吐蕃赞普往年曾经与朕通信，傲慢无礼，朕想要讨伐他，怎么能通和呢！”皇甫惟明说：“开元初年，赞普幼小，怎能如此。一定是在边境的唐军将领极力想邀取一时的功劳，假造此书，用来激怒陛下。两国交战之后，兴师动众，有人因形势之利、乘条件之便，公然行使阴谋，伪造功状，以便求取勋爵，损耗巨万，对国家有何益处？如今河西、陇右，百姓精疲力竭，全都是由于这个原因。如果陛下派遣使者前去探望金城公主，借此与赞普当面约定和好，令他俯首称臣，使边境永远宁息，这是世代安民之道。”皇上认为他说得对，就令皇甫惟明及内侍张元方充任使者前往吐蕃。皇甫惟明、张元方等人到了吐蕃，见到赞普及公主之后，传达了皇上的旨意。赞普等欣然请求和好，把贞观以来先后接到的敕书统统拿出来让皇甫惟明等人观看，并令重臣名悉猎跟随皇甫惟明等人入朝，上表说：

外甥是先皇帝舅旧亲，又蒙恩下嫁金城公主，于是和同为一家，天下百姓，到处都安宁快乐。中间因为张玄表、李知古等人从东西两处先动兵马，侵掠吐蕃，所以边将互相征讨，直到今日，便积嫌成仇。外甥因为先世文成公主和今日金城公主的缘故，深知尊卑，岂敢失礼。又因年幼，枉受边将欺骗，挑起斗乱，令舅责怪。乞求明察而不再追究，死将万足。以前几次派遣使者入朝，都被边将挡住，所以不敢自行上奏。去年冬公主派遣使者娄众失力带状专程前往，蒙恩派使者来看望公主，外甥不胜喜悦。谨派论名悉猎及副使押衙将军浪些纥夜悉猎入朝，所奏之事或进或止，请皇帝舅决断。两国事宜，悉猎知道。外甥在蕃中已经通令边将，不许抄掠，若有汉人前来投奔，便令送回。望皇帝舅远察忠心，允许依旧和好，永远使百姓快乐。如蒙圣恩，那么千年万岁，外甥始终不敢先违背盟约。谨奉献一个金胡瓶、一个金盘、一个金碗、一个玛瑙杯、一段零羊衫，以表小国之礼。

【注释】

①（开元）十七年：公元729年。

② 朔方：唐方镇名。唐开元初为防御突厥置朔方节度使，后又称灵盐、灵武节度使，为玄宗时边防十节度经略使之一。治灵州（治今宁夏灵武县西南）。初领单于都护府，夏、盐、绥、银、丰、胜六州，定远、丰安两军，东、中、西三受降城。开元二

十二年（734 年）兼领关内道诸州，寻兼领邠州。其后分合不常。大历末始分灵、盐、夏、丰及西受降城，定远、天德两军为朔方管内。大顺初，只领灵、盐二州。

③ 信安王祎：李祎（？—743），唐宗室。少封嗣江王。开元十二年（724 年），改封信安郡王。历德、蔡、衢、蜀、濮等州刺史，为政清严，吏民畏服。十七年（729 年），以朔方节度使率军攻吐蕃，收复石堡城（今青海湟源西南）。二十年（732 年），败契丹、奚，以功擢关内支度、营田等使，兼采访处置使。二十二年（735 年），迁兵部尚书。天宝初，以老致仕，卒年八十余。

④ 石堡城：位于今青海省湟源县哈城东石城山。形势险要，为唐朝防御吐蕃的军事重镇，也是唐蕃交通要冲。吐蕃攻据，称之为铁仞城。开元十七年（729 年），信安王李祎攻克，置振武军。741 年又陷吐蕃。749 年陇右节度使哥舒翰攻克，置神武军于此。

⑤ 忠王：指忠王李亨，即后来的唐肃宗。皇甫惟明与之为友。

⑥ 皇甫惟明（？—747）：唐将，天宝元年（742 年）官陇右节度使，时破吐蕃作乱。五年（746 年），兼河西节度使。为官刚正不阿，悉李林甫贼子野心，上奏玄宗祈罢之，故为李林甫所恶。六年（747 年），为李林甫谗言所害，被在贬所赐死。

⑦ 在边军将：指驻守边境的唐军将领，非吐蕃将领。

⑧ 内侍：宦官。给事宫廷之中，供使唤，无常职。

⑨ 名悉猎：《新唐书·吐蕃传》作“名悉腊”。其藏文名为 myang slebs。景龙三年（709 年），亲到长安迎接金城公主。开元十九年（731 年），又参与树立唐蕃赤岭界碑。

⑩ 马脑：即玛瑙。

<u>金城公主</u>又别进金鹅盘盏杂器物等。十八年[①]十月，<u>名悉</u>

猎等至京师，上御宣政殿，列羽林仗以见之。悉猎颇晓书记，先曾迎金城公主至长安，当时朝廷皆称其才辩。及是上引入内宴，与语，甚礼之。赐紫袍金带[②]及鱼袋[③]，并时服、缯彩、银盘、胡瓶，仍于别馆供拟甚厚。悉猎受袍带器物而却进鱼袋，辞曰："本国无此章服，不敢当殊异之赏。"上嘉而许之。诏御史大夫[④]崔琳充使报聘。仍于赤岭[⑤]各竖分界之碑，约以更不相侵。

【译文】

金城公主又另外进献金鹅、盘盏、杂器等物。开元十八年（公元730年）十月，名悉猎等人来到京师，皇上在宣政殿，排列羽林仪仗接见吐蕃使者。名悉猎通晓书籍文章，早先曾到长安迎接金城公主，当时朝廷全都称道他富于才辩。到这时皇上引入内殿宴请，与他交谈，很是礼遇，赐给紫袍金带及鱼袋，以及时服、缯彩、银盘、胡瓶，并且在别馆供给丰厚。名悉猎收下袍带器物却退还鱼袋，他推辞说："本国没有这种章服，因此不敢接受特别的赏赐。"皇上称赞他并准许他这样处理。皇上下诏由御史大夫崔琳充任使者回访。并且在赤岭（今青海湟源日月山）各自竖立分界碑，约定彼此不再互相侵犯。

【注释】

①（开元）十八年：公元730年。

② 紫袍金带：依唐制，一二三品官员着紫袍，四五品着红袍，六七品着绿袍，八九品着青袍。带即腰带，带上的装饰品多用金属精制。唐制，一至五品饰金，称金带；六七品饰银，称银带；八九品饰铜。紫袍金带，应为三品以上官员服饰。

③ 鱼袋：古代有合符之制，无论发令、调兵等，都要双方合符，

作为凭证，其主要形式是虎符。唐代因避高祖李渊祖父李虎之讳，不用虎符，而以李、鲤同音，改用鱼符，为了装鱼符，又相应颁发了鱼袋。“着紫者金装，着红者银装”，金鱼袋、银鱼袋就成为三品、五品以上高级官员的一种荣誉性的服饰。

④ 御史大夫：唐时为监察机关御史台长官，从三品。

⑤ 赤岭：即今青海省湟源县西南日月山。以土石皆赤，不生草木得名。

时吐蕃使奏云：“公主请《毛诗》《礼记》《左传》《文选》各一部。”制令秘书省[①]写与之。正字[②]于休烈上疏请曰：

臣闻戎狄，国之寇也；经籍，国之典也。戎之生心，不可以无备；典有恒制，不可以假人。《传》曰：“裔[③]不谋夏，夷不乱华。”所以格[④]其非心，在乎有备无患。昔东平王[⑤]入朝求《史记》、诸子，汉帝不与。盖以《史记》多兵谋，诸子杂诡术。夫以东平，汉之懿戚，尚不欲示征战之书，今西戎，国之寇仇，岂可贻[⑥]经典之事！且臣闻吐蕃之性，剽悍果决，敏情持锐，善学不回。若达于书，必能知战。深于《诗》，则知武夫有师干之试[⑦]；深于《礼》，则知月令有兴废之兵；深于《传》，则知用师多诡诈之计；深于《文》，则知往来有书檄之制。何异借寇兵而资盗粮也！臣闻鲁秉周礼，齐不加兵；吴获乘车，楚疲奔命。一以守典存国，一以丧法危邦，可取鉴也。且公主下嫁从人，远适异国，合[⑧]慕夷礼，返求良书，愚臣料之，恐非公主本意也。虑有奔北[⑨]之类，劝教于中。若陛下虑失蕃情，以备国信，必不得已，请去《春秋》。当周德既衰，诸侯强盛，礼乐自出，战伐交兴，情伪于是乎生，变诈于是乎起，则有以臣召君之事，取威定霸之名。若与此书，国之患也。《传》曰：“于奚请曲悬繁缨[⑩]，仲尼曰：‘惜也，不如多与之

邑。惟名与器，不可假人。'" 狄固贪婪，贵货易[11]土，正可锡之锦绮，厚以玉帛，何必率从其求，以资其智。臣忝叨列位，职刊秘籍，实痛经典，弃在戎夷。昧死上闻，惟陛下深察。

【译文】

这时吐蕃使者上奏说："公主请求《毛诗》《礼记》《左传》《文选》各一部。"皇上下制令秘书省抄写后交给使者。正字于休烈上疏请求道：

臣听说，戎狄是国家的敌人，经籍是国家的典要。戎的异心，不可以不防备；典有常制，不可以给予人。《左传》说："裔不谋夏，夷不乱华。"所以限制他们的不正心术，在于有备无患。昔日东平王（刘宇）入朝求取《史记》、诸子，汉皇帝不给。这是因为《史记》多载用兵谋略，诸子杂有诡诈之术。东平王，是汉的宗族，汉皇帝尚且不愿示以征战之书；如今西戎，是国家的仇敌，岂能有赠送经典之事！况且臣听说，吐蕃的天性，剽悍果敢，机敏坚执，好学不倦。如果通达书籍，必能通晓作战。精通《诗经》，就知道武夫有防御的用处；精通《礼记》，就知道月令有兴兵罢兵之时；精通《左传》，就知道用兵多诡诈之计；精通《文选》，就知道往来有书檄的制度。这和借给敌人兵马及资助盗贼粮食有何不同！臣听说，鲁持周礼，齐不进兵；吴获车乘，楚疲于奔命。一个因为守典存国，一个因为丧法危邦，可作为借鉴。况且公主下嫁从人，远至异国，应当尊慕夷礼，却返求良书，愚臣料想，恐怕不是公主的本意。琢磨是逃回去的败将，从中规劝教唆。如果陛下担心失去蕃国情义，想使国家信义完备，实在不得已，请求去掉《春秋》。当周德已衰，诸侯强盛，礼乐自行制定，攻伐交相兴起，于是出现弄虚作假，于是产生机变狡诈，就有臣下召见国君的事情，就有谋取威势奠定霸业的名目。如果给他们这些书，就是国家的祸患。《左传》说："于奚请求诸侯所用的曲悬繁缨等礼仪，孔子说：'要珍惜，不如多给他封邑。只有名分与礼器，不可以给人。'"狄本贪婪，看重财物轻视土地，正可以赐予锦绮，多给玉帛，何必全都答应他们的请求，以增长他们的智谋。臣身居官位深感惭愧，职责是刊定秘籍，实在痛心将这些经典丢在戎夷。冒死上奏，望陛下明察。

【注释】

① 秘书省：官署名。唐秘书省掌秘记图籍、国史实录、天文历数等。秘书省长官称秘书监，从三品。

② 正字：秘书省属官，掌校对典籍、刊正文字。

③ 裔：四裔，指边远之地。

④ 格：限制、阻碍之意。

⑤ 东平王：指汉宣帝刘询第三子刘宇，封东平王。骄淫无道。曾入朝上疏求诸子、《太史公书》（即《史记》），大将军王凤言其弊，遂不与。

⑥ 贻：读谊，赠送。

⑦ 师干之试：《诗经·小雅·采芑》云："其车三千，师干之试。"师，众之意；干，同捍，捍御之意；试，用也。言军士之众，足为防御之用。

⑧ 合：书面用语，应该、应当。

⑨ 奔北：奔，逃亡。北，打败仗。奔北，即败逃回去。

⑩ 曲悬鞶缨：《左传》成公二年载："（仲叔于奚）辞，请曲悬、繁缨以朝。许之。"曲悬，指诸侯所用三面悬挂的钟磬等乐器（天子乐器四面悬挂，像宫室，曰"宫悬"；诸侯三面，像曲线，曰"曲悬"；大夫仅左右两面，士一面）。繁缨，同鞶缨，指用革制缨带装饰马匹。曲悬鞶缨，表示诸侯级别的一套礼仪。

⑪ 易：书面语，轻视之意。

疏奏不省[①]。二十一年[②]，又制工部尚书李暠[③]往聘吐蕃，每唐使入境，所在盛陈甲兵及骑马，以矜[④]其精锐。二十二年[⑤]，遣将军李佺于赤岭与吐蕃分界立碑。二十四年[⑥]正月，吐蕃遣使贡方物金银器玩数百事，皆形制奇异。上令列于提象门外，以示百僚。

【译文】

他的疏奏不了了之。

开元二十一年（公元733年），皇上又下制，令工部尚书李暠去回访吐蕃。每当唐使入境，所到之处隆重排列披甲士卒及战马，用来夸耀其精锐。开元二十二年（公元734年），朝廷派遣将军李佺在赤岭（今青海湟源日月山）与吐蕃划分国界并且立碑。开元二十四年（公元736年）正月，吐蕃派遣使者进贡土产金银器玩数百件，全都式样奇异。皇上令陈列在提象门外，让百官观看。

【注释】

① 不省：即不检查、不处置、不了了之。

②（开元）二十一年：公元733年。

③ 李暠：暠，同皓，读浩。

④ 矜：自夸之意。

⑤（开元）二十二年：公元734年。

⑥（开元）二十四年：公元736年。

其年，吐蕃西击勃律[①]，遣使来告急，上使报吐蕃，令其罢兵。吐蕃不受诏，遂攻破勃律国，上甚怒之。时散骑常侍[2]崔希逸为河西节度使，于凉州镇守。时吐蕃与汉树栅为界，置守捉使[3]。希逸谓吐蕃将乞力徐曰："两国和好，何须守捉，妨人耕种。请皆罢之，以成一家，岂不善也?"乞力徐报曰："常侍忠厚，必是诚言。但恐朝廷未必皆相信任。万一有人交构，掩吾不备，后悔无益也。"希逸固请之，遂发使与乞力徐杀白狗为盟，各去守备。于是吐蕃畜牧被野。俄而希逸傔人[4]孙诲入朝奏事，诲欲自邀其功，因奏言"吐蕃无备，若发兵掩之，必克捷。"上使内给事赵惠琮[5]与孙诲驰往观察事宜。惠琮等至凉州，遂矫诏令[6]希逸掩袭之，希逸不得已而从之，大破吐蕃于青海之上，杀获甚众，乞力徐轻身遁逸。惠琮、孙诲皆加厚赏，吐蕃自是复绝朝贡。希逸以失信怏怏，在军不得志，俄迁为河南尹[7]，行至京师，与赵惠琮俱见白狗为祟，相次而死。孙诲亦以罪被戮。诏以岐州刺史萧炅[8]为户部侍郎[9]判凉州事，代希逸为河西节度使；鄯州都督杜希望[10]为陇右节度使；太仆卿王昱为益州长史[11]、剑南节度使[12]，分道经略，以讨吐蕃。仍令毁其分界之碑。

【译文】

这一年，吐蕃西击勃律，勃律派遣使者前来告急，皇上便派遣使者告知吐蕃，令其罢兵。吐蕃不听诏命，于是攻破勃律国，皇上大怒。当时散骑常侍崔希逸任河西节度使，在凉州（今甘肃武威）镇守。此时吐蕃与唐以树栅为界，设守捉使。崔希逸对吐蕃将领乞力徐说："两国和好，何需守捉，妨碍百姓耕种。请求全都撤掉，以便成为一家，岂不是很好吗?"乞力徐回答说："常侍忠厚，所说一定是真诚的话。但恐怕朝廷未必全都相信。万一有人结怨，乘我不防备而进行袭击，到时后悔也没有用了。”崔希逸坚决请求，因而派遣使者与乞力徐杀白狗盟誓，各自撤去守备。于是吐蕃饲养的牲畜遍及田野。不久崔希逸的侍从孙诲入朝奏事，孙诲想私自邀取功劳，便上奏说：“吐蕃没有防备，如果派兵袭击，一定能够取胜。”皇上派内给事赵惠琮与孙诲驰往观察情形。赵惠琮等人到了凉州，就谎称诏命令崔希逸袭击吐蕃，崔希逸不得已只好从命，在青海湖边大败吐蕃，杀获甚多，乞力徐轻身逃走。赵惠琮、孙诲全都受厚赏，吐蕃从此又断绝朝贡。崔希逸因为失信而闷闷不乐，在军中不得志，不久迁任河南尹，走到京师，与赵惠琮全都看见白狗作祟，相继死去。孙诲也因罪被杀。皇上下诏以岐州（今陕西凤翔）刺史萧炅为户部侍郎兼凉州事，取代崔希逸任河西节度使；鄯州（今青海乐都）都督杜希望任陇右节度使；太仆卿王昱任益州（今四川成都）长史、剑南节度使，分道筹划，以便讨伐吐蕃。并且命令毁掉分界碑。

【注释】

① 勃律：唐时西域部族名，有大勃律、小勃律之分。大勃律亦称布露，位于吐蕃西，即今拉达克西南端与克什米尔交界处。小勃律在大勃律西北，即今克什米尔北部吉尔吉特。

② 散骑常侍：分隶中书、门下二省属官，从三品或正三品，在门下省称左散骑常侍，在中书省称右散骑常侍。掌侍奉规谏，备顾问应对，虽无实际职权，但地位尊贵。

③ 守捉使：唐军队戍守边地，大者曰军，次者曰守捉，以下则为城、镇。守捉使为负责守捉的武官。

④ 傔人：傔，读欠。傔人，相当于侍从武官。

⑤ 内给事赵慧琮：琮，读从。内给事，宦官，为内侍省属官。

⑥ 矫诏令：矫，假托。矫诏令，即假传圣旨。

⑦ 尹：官长的泛称。凡京府、诸道、州县的长官，皆分别称为京尹、道尹、州尹、县尹等。

⑧ 岐州刺史萧炅：炅，读炯。岐州，唐武德元年（618 年）复置，治今陕西省凤翔县。刺史，州长官。

⑨ 户部侍郎：户部，为尚书省六部之一，掌土地、户籍、赋税、财政收支等事务。户部侍郎，为户部尚书之副，正四品下。

⑩ 杜希望：唐代著名史学家杜佑之父。

⑪ 长史：唐诸州皆置长史，为府僚属吏之长。

⑫ 剑南节度使：唐方镇名。玄宗时十节度使之一。开元五年（717 年）始有节度之号。七年（719 年），升剑南支度营田处置兵马经略使置，以控制西方吐蕃及南方各族，兵额三万零九百人，马匹二千。治益州（治今四川成都），领彭、益等二十五州及天宝、昆明等军。辖境约当今四川中部、贵州西部及云南大部地区。至德二年（757 年）分置剑南东川、西川两节度使。

二十六年[①]四月，杜希望率众攻吐蕃新城，拔之，以其城为威戎军[②]，发兵一千以镇之。其年七月，希望又从鄯州发兵夺吐蕃河桥，于河左[③]筑盐泉城。吐蕃将兵三万人以拒官军，希望引众击破之，因于盐泉城置镇西军[④]。时王昱又率剑南兵募攻其安戎城。先于安戎城左右筑两城，以为攻拒之所，顿兵于蓬婆岭[⑤]下，运剑南道资粮以守之。其年九月，吐蕃悉锐[⑥]以救安戎城，官军大败，两城并为贼所陷，昱脱身走免，将士已下数万人及军粮资仗等并没于贼。昱坐左迁[⑦]括州[⑧]刺史。初昱之在军，谬赏其子钱帛万计，并擅与紫袍等，所费巨万，坐是寻又重贬为端州高要尉[⑨]而死。

【译文】

开元二十六年（公元 738 年），杜希望率兵攻打吐蕃新城

（今青海门源），攻克下来，在此城设置威戎军，派遣一千名士兵前去镇守。这年七月，杜希望又从鄯州（今青海乐都）出兵夺取吐蕃河桥，在河东修筑盐泉城（今甘肃临夏）。吐蕃动用三万兵众抵御官军，杜希望率兵击败吐蕃，因而在盐泉城设置镇西军。当时王昱又率剑南兵募攻打吐蕃的安戎城（今四川茂县西南）。他先在安戎城左右修筑了两座城，作为攻守之地，在蓬婆岭（今四川茂县西）下驻兵，运送剑南道物资粮食来守卫。这年九月，吐蕃尽其精锐救援安戎城，官军大败，两城一并被敌军占领，王昱脱身逃走，将士以下数万人及军粮器械等统统没入敌军。王昱获罪降为括州（今浙江丽水）刺史。当初王昱在军中，乱赏他儿子钱帛上万，还擅自给予紫袍等，所费巨大，不久坐此罪又再贬为端州（今广东肇庆）高要县尉而死。

【注释】

①（开元）二十六年：公元738年。

② 威戎军：唐开元二十六年（738年）置，治新城（今青海省海北州门源县）。管兵千人，马五十匹。

③ 河左：古时常以左右表示方位，东方称左，西方称右（从坐北朝南的角度言）。河左即河东。

④ 于盐泉城置镇西军：盐泉城即河州（今甘肃省临夏市）。镇西军，唐开元二十六年（738年）置，治河州。管兵一万一千人，马三百匹。

⑤ 蓬婆岭：在今四川省阿坝州茂县（或理县）西面。

⑥ 悉锐：悉，全、尽之意。悉锐，尽其精锐。

⑦ 左迁：古代多以右为尊，左为卑。左迁即降职。

⑧ 括州：又称处州。治今浙江省丽水市。

⑨ 端州高要尉：端州，治今广东省肇庆市。高要县，即今广东高要市。尉，掌兵刑之官。

二十七年[1]七月，吐蕃又寇白草、安人等军[2]，敕临洮、朔方等军分兵救援。时吐蕃于中路屯兵，断临洮军之路。白水军[3]守捉使高束于拒守连旬，俄而贼退，萧炅遣偏将掩其后，击破之。王昱既败之后，诏以华州[4]刺史张宥为益州长史、剑南防御使，主客员外郎[5]章仇兼琼为益州司马[6]、防御副使。宥既文吏，素无攻战之策，兼琼遂专其戎事。俄而兼琼入奏，盛陈攻取安戎之策，上甚悦，徙张宥为光禄卿[7]，拔兼琼令知益州长史事，代张宥节度，仍为之亲画取城之计。

【译文】

开元二十七年（公元739年），吐蕃又侵犯白水、安人等军（今青海湟源一带），皇上诏敕临洮、朔方等军分兵救援。当时吐蕃在半路上屯兵，截断临洮军的来路。白水军守捉使高束于抵御数十日，不久敌军撤退，萧炅派遣偏将从后面袭击，打败了敌军。王昱失败之后，皇上下诏任命华州（今陕西华县）刺史张宥为益州（今四川成都）长史、剑南防御使，主客员外郎章仇兼琼为益州司马、防御副使。张宥既然是文官，素来没有攻战之策，章仇兼琼因而专擅军事。不久章仇兼琼入奏，详述攻取安戎城的计策，皇上很高兴，就改任张宥为光禄卿，提拔章仇兼琼兼益州长史事，取代张宥进行节度，并且亲自为章仇兼琼规划攻城之计。

【注释】

①（开元）二十七年：公元739年。

② 白草、安人等军：疑“白草”当作“白水”。安人军，在鄯州（治今青海省海东市乐都区）界星宿川（今青海省西宁市湟源县西北）之西，开元七年（719 年）置，管兵一万人，马三百五十四。受陇右节度使辖制。

③ 白水军：在鄯州（今青海省乐都区）西北二百三十里，鄯城（今青海省西宁市）西一百二十里，有绥戎城（今青海省湟源县），开元五年（717 年）郭知运置白水军，管兵四千人，马五百匹。受陇右节度使辖制。

④ 华州：唐武德元年（618 年）复置，治郑县（今陕西省华县），辖境相当于今陕西省华县、华阴、潼关等地。

⑤ 主客员外郎：主客为礼部四司之一，掌管诸藩及外国朝贡等事务。员外郎为该司次官。

⑥ 司马：唐为州郡佐官。

⑦ 光禄卿：光禄寺长官，从三品，专掌酒醴膳馐之事。

二十八年[①]春，兼琼密与安戎城中吐蕃翟都局及维州别驾[②]董承宴等通谋，都局等遂翻城归款，因引官军入城，尽杀吐蕃将士，使监察御史许远率兵镇守。上闻之甚悦。中书令李林甫[③]等上表曰：“伏以吐蕃此城，正当冲要，凭险自固，恃以窥边。积年以来，蚁聚为患，纵有百万之众，难以施功。陛下亲纡秘策，不兴师旅，顷令中使[④]李思敬晓喻羌族，莫不怀恩，翻然改图，自相谋陷。神算运于不测，睿略通于未然，累载逋[⑤]诛，一朝荡灭。又臣等今日奏事，陛下从容问臣等曰：‘卿等但看四夷不久当渐摧丧。’德音才降，遽闻戎捷。则知圣与天合，应如响至，前古以来，所未有也。请宣示百僚，编诸史策。”手制答曰：“此城仪凤年中羌引吐蕃，遂被固守，岁月既久，攻伐亦多。其地险阻，非力所制。朝廷群议，不合取之。

朕以小蕃无知，事须处置，授以奇计，所以行之，获彼戎心，归我城守，有足为慰也。”其年十月，吐蕃又引众寇安戎城及维州，章仇兼琼遣裨将率众御之，仍发关中彍骑⑥以救援焉。时属凝寒，贼久之自引退。诏改安戎城为平戎城。

【译文】

开元二十八年（公元740年）春，章仇兼琼暗地里与安戎城中吐蕃翟都局及维州（今四川理县东北）别驾董承宴等人通谋，翟都局等越城归附，因而带领官军入城，把吐蕃将士全部杀死，令监察御史许远率兵镇守。皇上听说此事非常高兴。中书令李林甫等上表说：“吐蕃这座城，正处冲要，凭借险要而固守，依托它而窥视边塞。多年以来，敌军聚集为患，纵使有百万大军，也难以进攻取胜。陛下亲自谋划秘策，不动用军队，近来令中使李思敬晓谕羌族，无不感怀恩德，翻然改过，自相谋害。运用神策不可测度，睿智能通晓于事先，连年逃避诛伐者，一朝予以平定。又臣等今日奏事，陛下从容问臣等说：‘卿等但看，不久四夷就会逐渐灭亡。’语音才落，就获悉战争胜利。则知皇上与天合一，回声响应，自古以来，不曾有过。请求宣示百官，编入史册。”皇上颁下手制回答说：“此城仪凤年间由羌人引导吐蕃占据，因而被其坚固防守，岁月已久，攻伐多次。其地艰险阻塞，不能以力取胜。朝廷群臣商议，以为不宜攻取。朕认为小蕃无知，事情应当处置，授以奇计，所以执行，获得戎心，还我城守，足以令人欣慰。”这年十月，吐蕃又统兵进犯安戎城及维州，章仇兼琼派裨将率兵抵御，并调发关中彍骑前去救援。当时正值严寒，敌军过了很久自行撤退。皇上下诏改安戎城为平戎城。

【注释】

①（开元）二十八年：公元740年。

② 维州别驾：维州，唐武德七年（624年）以白苟羌内附，于姜

维城置，治薛城县（今四川省阿坝州理县东北维城），辖境相当于今四川省阿坝州理县地。当蜀西冲要，为吐蕃图蜀必争之地。广德后陷吐蕃。别驾，府州佐吏名，掌副府州之事。

③ 李林甫（？—752）：唐宗室，深结玄宗宠妃武惠妃及宦官等，僭伺帝意，故奏对皆称旨。开元二十二年（734 年）拜礼部尚书，同中书门下三品。历户、兵二部尚书，并代张九龄为中书令。居相位十九年，专政自恣，杜绝言路，公卿不由其门而进，必被罪徙，附之者虽小人，亦被重用。对人表面可亲，暗加陷害，人称“口蜜腹剑”。奏请重用安禄山，使之长期在外镇掌握重兵，助成安史之乱。后卒于家。

④ 中使：皇帝所遣之使，以其出自宫中，故称。

⑤ 逋：读补，逃亡之意。

⑥ 彍骑：彍，读郭。彍骑，唐代宿卫兵名。唐高宗、武后时，府兵制败坏，宿卫兵大量逃亡。玄宗开元年间，招募壮士充宿卫，优予待遇，一岁两换班，号曰“彍骑”，以代替府兵。天宝以后，彍骑之法始废。

二十九年[①]春，金城公主薨[②]，吐蕃遣使来告哀，仍请和，上不许之。使到数月后，始为公主举哀于光顺门外，辍朝三日。六月，吐蕃四十万攻承风堡[③]，至河源军，西入长宁桥，至安仁军[④]，浑崖峰骑将盛希液[⑤]以众五千攻而破之。十二月，吐蕃又袭石堡城，节度使盖嘉运不能守，玄宗愤之。天宝初，令皇甫惟明、王忠嗣[⑥]为陇右节度，皆不能克。七载，以哥舒翰[⑦]为陇右节度使，攻而拔之，改石堡城为神武军。

【译文】

开元二十九年（公元 741 年）春，金城公主去世（实卒于 739 年冬），吐蕃派遣使者前来告哀，并且请求和好，皇上没有答应。使者到达数月之后，才在光顺门外为公主举哀，停止朝会三天。六月，吐蕃兵众四十万攻打承风堡（今青海共和境），至河源军（今青海西宁附近），西入长宁桥，指向安人军（今青海湟源西北）。浑崖峰骑将臧希液率五千兵众打败吐蕃。十二月，吐蕃又袭击石堡城（今青海湟源石城山），节度使盖嘉运不能守卫，玄宗发怒。天宝初年，朝廷令皇甫惟明、王忠嗣为陇右节度使，都没有攻克。天宝七年（公元748年），任哥舒翰为陇右节度使，攻取了石堡城，改石堡城为神武军。

【注释】

①（开元）二十九年：公元741年。

② 金城公主薨：按《敦煌本吐蕃历史文书》大事纪年载，金城公主实卒于开元二十七年（739年）冬。告哀于唐已是次年，故唐记为二十八年。至为之发哀，时间更后，已是二十九年矣。

③ 承风堡：当在承风岭，即今青海省海南州共和县境倒淌河车站西北的浅山。

④ 安仁军：疑即安人军。

⑤ 盛希液：《新唐书·吐蕃传》作“臧希液”。《资治通鉴》卷二一四亦作“臧希液”。当从《资治通鉴》，作“臧希液”。

⑥ 王忠嗣（705—749）：初名王训，父王海宾战死，玄宗养于宫中，赐名忠嗣，与忠王（肃宗）游。及长，威武有方略。被引为河西兵马使，勇敢善战。740年，累官河东节度使。742年，兼灵州都督，三败奚、怒皆部于桑干河，又破突厥乌苏米施可汗，西叶护等率其部入朝，边塞晏然。遂兼为河东、朔方、河西、陇右四镇节度使，控制万里，不尚攻伐，唯以安边守塞为务。后被宰相李林甫诬陷，几遭极刑，贬汉阳太守，749年卒。史称，忠嗣佩四将印，控制万里，劲兵重镇，皆归掌握，自国初以来，未之有也。

⑦ 哥舒翰（？—757）：唐突厥族突骑施哥舒部人，以部族名为姓。勇而有谋。从军河西，节度使王忠嗣署为牙将，屡破吐蕃，由是知名。748 年，代王忠嗣为陇右节度使。749 年，率陇右、河西及突厥兵十万余人，攻克吐蕃石堡城，遂以赤岭为西塞，开屯田，备军实。后兼河西节度使，封平西郡王。“北斗七星高，哥舒夜带刀。至今窥牧马，不敢过临洮。”这首传世唐诗就是颂扬哥舒翰的。

天宝十四载①，赞普乞黎苏笼猎赞②死，大臣立其子婆悉笼猎赞③为主，复为赞普。玄宗遣京兆少尹④崔光远兼御史中丞⑤，持节赍国信册命吊祭之。及还，而安禄山⑥已窃据洛阳，以河、陇兵募令哥舒翰为将，屯潼关。

【译文】

天宝十四年（公元 755 年），吐蕃赞普乞黎苏笼猎赞（即赤德祖赞，另译弃隶蹜赞）去世，大臣立其子婆悉笼猎赞（即赤松德赞，另译乞立赞）为主上，也称赞普。玄宗派遣京兆少尹崔光远兼御史中丞，持符节带国信前去册命吊祭。等到他返回时，安禄山已经窃据洛阳，皇上调发河、陇兵募，令哥舒翰为将，驻守潼关。

【注释】

① 天宝十四载：公元 755 年。

② 乞黎苏笼猎赞：即弃隶蹜赞（赤德祖赞）之另译，但译音显然有误。据藏史记载，赞普之死，事在天宝十三年（754 年），告哀于唐已是次年，故唐记为十四年（755 年）。本传云：“天宝十四载，赞普乞黎苏笼猎赞死，大臣立其子婆悉笼猎赞为主，复为赞普。”《新唐书·吐蕃传》云：“是岁，赞普乞黎苏笼腊

赞死，子挲悉笼腊赞嗣”。《资治通鉴》卷二一七天宝十四载（755年）条云：“是岁，吐蕃赞普乞梨苏笼猎赞卒，子娑悉笼猎赞立。”《册府元龟》卷九六六外臣部云：“天宝十四载，赞普乞黎苏笼腊赞死，大臣立其子娑悉笼腊赞为赞普。”以上四部史书，除个别用字稍有差异外，记载完全一致。“乞黎苏笼猎赞”对应的都是已故赞普赤德祖赞（khri lde gtsug btsan）。原译作“弃隶蹜赞”，译音是准确的。新译则将“弃隶”作“乞黎”，将“蹜赞”扩展作“苏笼猎赞”。这样就将赤德祖赞的译名（乞黎苏笼猎赞）与赤松德赞的译名（娑悉笼猎赞）完全混同了（“苏笼猎赞”与“娑悉笼猎赞”在藏文中并无区别），差别仅在于有无译出前面的“赤”衔。因此也可以理解，为什么一些藏学论著认为，“乞黎苏笼猎赞”不应是已故赞普赤德祖赞之译名，而应是新立赞普赤松德赞（khri srong lde btsan）之译名，因为“乞黎苏笼猎赞”与“赤松德赞”之译音相符，即译“赤”为“乞黎”，译“松”为“苏笼”，译“德赞”为“猎赞”（“猎赞”“腊赞”“德赞”在藏文中是同样的词）。可见史书记载也难免出现错误。

③ 婆悉笼猎赞：即赤松德赞。755至797年在位。《新唐书·吐蕃传》作“挲悉笼腊赞”，“挲”读梭。《册府元龟》作“娑悉笼腊赞”，“娑”亦读梭。本传“婆”字系笔误。赤松德赞的藏文全名为khri srong lde btsan，“赤”为任赞普后所加之衔，“松德赞”为本名。汉文史料译“松”为“娑悉笼”，译“德赞”为“腊赞”，故称“娑悉笼腊赞”。本传后文，又译作“乞立赞”，即仅译前面所冠“赤”衔作“乞立”，“松德”省译，故称“乞立赞”。赤松德赞即位时年十三岁。

④ 京兆少尹：京师长官京兆尹之副，从四品下，协助长官掌理京师众务。

⑤ 御史中丞：御史台长官御史大夫之副，正四品，权势显赫，为

宰相以下之要职。

⑥ 安禄山（703—757）：胡人，懂九蕃语言，骁勇善战，被幽州节度使张守珪养以为子。因战功任平卢兵马使、营州都督等职。后设法取得玄宗、杨贵妃的信任，兼任平卢、范阳、河东三节度使，有众十五万。天宝十四年（755 年）冬在范阳起兵叛乱，南下攻陷洛阳。所部残暴，河北人民纷起屯结抵抗。次年称雄武皇帝，国号燕，建元圣武。遣军破潼关，入长安，大肆杀掠。至德二年（757 年），其子安庆绪谋夺帝位，把他杀死。

昔秦以陇山已西为陇西郡。汉怀匈奴于河右，置姑臧、张掖、酒泉、伊吾等郡[①]；又于碛外[②]置西域都护，控引胡国；又分陇西为金城、西平等郡，杂以氐、羌居之。历代丧乱，不为贤豪所据，则为远夷侵废，迨千年矣。武德初[③]，薛仁杲[④]奄有陇上之地，至于河房；李轨[⑤]尽有凉州之域，通于碛外。贞观中，李靖[⑥]破吐谷浑，侯君集平高昌[⑦]，阿史那社尔[⑧]开西域，置四镇。前王之所未伏，尽为臣妾，秦、汉之封域，得议其土境耶！于是岁调山东丁男为戍卒，缯帛为军资，有屯田[⑨]以资糗粮[⑩]，牧使以娩[⑪]羊马。大军万人，小军千人，烽戍逻卒，万里相继，以却于强敌。陇右鄯州为节度，河西凉州为节度，安西、北庭[⑫]亦置节度，关内则于灵州置朔方节度，又有受降城[⑬]、单于都护庭[⑭]为之藩卫。及潼关失守，河洛阻兵，于是尽征河陇、朔方之将镇兵入靖国难，谓之行营[⑮]。曩时军营边州无备预矣。乾元之后[⑯]，吐蕃乘我间隙，日蹙边城，或为房掠伤杀，或转死沟壑。数年之后，凤翔之西，邠州[⑰]之北，尽蕃戎之境，湮没者数十州。

【译文】

昔日秦朝在陇山以西设置陇西郡。汉朝在河西安抚匈奴，设置姑臧、张掖、酒泉、伊吾等郡；在大漠之外设置西域都护，控制招引胡国；又把陇西分为金城、西平等郡，让氐、羌在这里杂居。历代死亡祸乱，不是被贤达豪杰占据，就是被远夷侵扰，已有千年之久了。武德初年（公元618年），薛仁杲占有陇上之地，抵达河虏；李轨拥有整个凉州地区，通往大漠之外。贞观年间，李靖打败吐谷浑，侯君集平定高昌，阿史那社尔开拓西域，设置四郡。前代帝王没有降伏的，全都变为臣仆，秦、汉的疆域，怎能和如今相比！于是每年调遣山东丁男作为守边士卒，调集缯帛作为军需，有屯田以供军粮，有监牧使负责繁殖羊马。大军万人，小军千人，担负观察、巡逻的士卒，万里相继，以便打退强大的敌人。陇右、鄯州设置节度使，河西、凉州设置节度使，安西、北庭也设置节度使，关内则在灵州设置朔方节度使，又有受降城、单于都护庭作为藩篱保卫它们。等到潼关失守，河洛阻兵，于是征发河陇、朔方的镇兵前来平定国内变乱，称之为行营。过去的边州军营就没有防备了。乾元（公元758年）之后，吐蕃利用唐朝的空隙，日益践踏边城，有的被掳掠杀伤，有的葬身沟壑。数年之后，凤翔（今陕西凤翔）以西，邠州（今陕西彬县）以北，都成为蕃戎的疆土，几十个州先后沦陷。

【注释】

① 姑臧、张掖、酒泉、伊吾等郡：汉之姑臧，治今甘肃武威；汉之伊吾，治今新疆哈密。

② 碛外：碛，读器，大沙漠。

③ 武德初：当指武德元年（618年）。

④ 薛仁杲（？—618）：杲，读搞。薛举之子，勇武善骑射，号万人敌，凶残好杀。隋大业十三年（617 年），与父起兵，割据陇西。次年，父死继立，诸将猜惧。与秦王李世民战于折墌城（今甘肃省平凉市泾川县），兵败投降被杀。

⑤ 李轨（？—619）：世为凉州豪族，以财富雄于边疆。隋大业十三年（617 年），薛举起兵时，李轨与曹珍、安修仁等亦聚众起兵，自称河西大凉王，连结突厥、吐谷浑，拔张掖、敦煌、西平、枹罕，尽有河西五郡之地。武德元年（618 年），唐军攻薛举，遣使册封李轨为凉王。旋自立为帝。唐高祖李渊密遣安修仁兄安兴贵劝其降唐，不从。安氏兄弟密谋引诸胡兵执之，送往长安被杀。

⑥ 李靖（571—649）：唐初名将。隋大业末，为马邑郡丞，将往江都告发李渊反隋之谋，为李渊所擒，李世民固请释之，遂入世民幕府，从平王世充。唐武德四年（621 年），以行军总管从李孝恭平萧铣。约束部伍，宽待降将，江汉遂平。又赴桂州，招抚岭南，下九十六州。贞观三年（629 年），与李世勣等出击东突厥。次年，擒颉利可汗，进尚书右仆射。九年（635 年），复起为帅，平吐谷浑。后封卫国公，图形凌烟阁（唐都长安宫殿，阁中设三隔，内隔画功高宰辅，次隔画功高侯王，外隔画功臣）。神话传说中的托塔李天王，即李靖的化身。

⑦ 高昌：在今新疆吐鲁番市东哈拉和卓堡西南。北魏太平真君三年（442 年），北凉残余沮渠氏入据其地。460 年，柔然灭沮渠氏，立阚伯周为高昌王，后历张氏、马氏、麴氏。唐贞观十四年（640 年），灭高昌，以其地为西昌州，后改名西州，辖高昌、交河、柳中、蒲昌、天山五县。840 年前后，回鹘之一支西迁其地，称西州回鹘，或高昌回鹘，亦简称高昌，都高昌城。

⑧ 阿史那社尔（604—655）：唐初大将。东突厥处罗可汗次子，少以智勇闻。曾分统铁勒、回纥、同罗诸部，在位十年无课敛，

诸部称誉之。贞观九年（635 年），因与西突厥有隙，率部归唐。授左骑卫大将军，娶衡阳长公主。十四年（640 年），率兵平高昌（今新疆吐鲁番东），封毕国公。十九年（645 年），从攻高丽。二十一年（647 年），攻龟兹，次年虏其王，克七十余城，乃定西域，移安西都护府于龟兹，勒石纪功而归。在官不贪，太宗嘉之。卒后陪葬昭陵。

⑨ 屯田：汉以后历代以军队或农民开垦荒田及闲田。唐贞观年间，始在河东屯田。高宗及武周时，屯田区扩大至河西、陇右、西域地区。开元年间，府兵制破坏，军费大增，为了解决军粮，屯田扩大。时河东道设一百三十一屯，关内道二百五十八屯，河南道二百五十七屯，陇右道一百七十二屯，河西道一百五十六屯，河北道二百零八屯，剑南道九屯，共一千一百九十一屯。天宝年间，每年收粮一百九十万石。安史之乱后，“民户耗减，野多闲田”。同时藩镇林立，各地驻军，内地亦增置不少屯田区。军屯由节度使兼理，组织士兵生产。民屯在京畿者隶属于司农寺，在外地者属于州府，从农村中征调屯丁耕垦。后期部分用特设的田卒，部分雇人耕种。唐末，屯田变成出租的官田。

⑩ 糗粮：糗，读求，三声，指干粮。

⑪ 娩：分娩，此处意为繁殖。

⑫ 安西、北庭：均为唐方镇。安西，景云元年（710 年）以安西都护兼四镇经略大使，开元六年（718 年）始称四镇节度使。其后以治安西都护府（治今新疆阿克苏地区库车县），节度使例兼安西都护，故亦称安西或安西四镇，统辖龟兹、于阗、疏勒、焉耆四镇。贞元六年（790 年）后，以地入吐蕃废弃。北庭，先天元年（712 年）始治，以辖境在伊州以西，故称伊西；以治所在北庭都护府，节度使例兼北庭都护，故通称北庭，亦称伊西北庭。统辖伊、西、庭三州及北庭都护府境内诸军、镇、守捉。贞元六年（790 年）地入吐蕃。

⑬ 受降城：唐景龙二年（708 年），张仁愿于黄河以北筑三受降城，首尾相应，用以防御突厥的侵扰。中受降城在今内蒙古包头市西，东受降城在今内蒙古托克托县南，西受降城在今内蒙古巴彦淖尔市杭锦后旗北。

⑭ 单于都护庭：单于都护府。麟德元年（664 年）以云中都护府改名，治云中故城（今内蒙古和林格尔县土城子）。垂拱二年（686 年）改为镇守使。开元二年（708 年）复置，统辖河套以东突厥府州。乾元元年（758 年）后，或隶朔方节度使，或隶振武军节度使。

⑮ 行营：唐代凡行军征伐时，置行营，若以节度使为主帅，则称为行营节度使。

⑯ 乾元之后：即乾元元年（758 年）之后。

⑰ 邠州：邠，读宾。邠州，唐开元十三年（725 年）改置，治新平县（今陕西省彬县），辖地相当于今陕西省彬县、长武、旬邑、永寿四县地。

吐蕃赤松德赞，唐肃宗李亨、代宗李豫时期

肃宗[①]元年建寅月甲辰[②]，吐蕃遣使来朝请和，敕宰相郭子仪[③]、萧华、裴遵庆等于中书设宴。将诣光宅寺为盟誓，使者云：蕃法盟誓，取三牲血歃之，无向佛寺之事，请明日须于鸿胪寺[④]歃血，以申蕃戎之礼。从之。

宝应元年六月[⑤]，吐蕃使烛番莽耳等二人贡方物入朝，乃于延英殿引见，劳赐各有差。而剑南西山[⑥]又与吐蕃、氐、羌邻接，武德以来，开置州县，立军防，即汉之笮路[⑦]，乾元之后，亦陷于吐蕃。宝应二年[⑧]三月，遣左散骑常侍兼御史大夫

李之芳、左庶子[9]兼御史中丞崔伦使于吐蕃，至其境而留之。

【译文】

肃宗宝应元年（公元762年）正月二十四日，吐蕃派遣使者前来请求和好，皇上下诏令宰相郭子仪、萧华、裴遵庆等人在中书省设宴。将要去光宅寺誓约结盟时，吐蕃使者说：吐蕃盟誓的礼法，要取三牲歃血，而没有到佛寺的事，请求明日就在鸿胪寺歃血，以申明蕃戎之礼。朝廷听从了。

这年六月，吐蕃使者烛番莽耳等二人入朝进贡土产，皇上在延英殿引见，慰劳赏赐各不等。而剑南西山又与吐蕃、氐、羌邻接，武德以来，创置州县，设立军防，这里就是汉时的笮路，乾元之后，也被吐蕃攻占。宝应二年（即广德元年，公元763年）三月，朝廷派遣左散骑常侍兼御史大夫李之芳、左庶子兼御史中丞崔伦出使吐蕃，他们到了吐蕃以后被扣留。

【注释】

① 肃宗：唐肃宗李亨（711—762），公元756至762年在位。玄宗第三子。开元二十六年（738年）立为太子。天宝十四年（755年），安禄山反。次年，随玄宗西奔，至马嵬驿（今陕西兴平西），支持禁军杀杨国忠，逼玄宗缢杀杨贵妃，并分兵北上，即位于灵武（今宁夏灵武西北）。任用郭子仪、李光弼，又借回纥兵平叛。至德二年（757年），由其子广平王李俶统回纥、大食及唐兵收复两京。后以宦官鱼朝恩为观军容使，节制郭子仪等九节度兵讨安庆绪，致使兵溃相州。又以宦官李辅国掌禁兵，使决国家大政，百官忤其意者，皆被贬黜。复猜忌功臣，崇尚神佛，听任张皇后专权乱政，冤杀其子建宁王李倓。张皇后谋杀李辅国，反为所害，他亦惊病而死。葬建陵（今陕西礼泉东

北），谥大圣大宣皇帝。

② 元年建寅月甲辰：此元年，并非肃宗至德元年（756 年），应为宝应元年（762 年）。建寅月，正月。甲辰，查为二十四日。《资治通鉴》肃宗宝应元年条载："建寅月，甲辰，吐蕃遣使请和。"

③ 郭子仪（697—781）：唐代名将。天宝十四年（755 年），安禄山反，为灵武太守、朔方节度使，率本军东讨，收云中、马邑，以功加御史大夫。次年，与李光弼大败史思明，军威大振，河北诸郡皆起而响应。肃宗召至灵武，进兵部尚书、同平章事，仍总节度。至德二年（757 年），败崔乾祐叛军于潼关，克蒲州，充关内、河东副元帅。遂与广平王李俶（读替，后来的代宗）率蕃、汉十五万军收复两京。759 年，为宦官监军鱼朝恩所构，因罢兵权。762 年，复起为朔方、河中、北庭、潞、泽节度行营兼兴平、定国副元帅，进封汾阳郡王。代宗立，复为宦官程元振所构，罢副元帅，乃上表自诉。763 年，吐蕃攻京师，代宗奔陕，急召为关内副元帅。时部下仅二十骑，乃收兵得数千人，以虚张旗帜，使吐蕃惊骇而去，以功图形凌烟阁。德宗即位，尊为尚父，召还京师，进太尉、中书令。史称，郭子仪忠贯日月，料敌若神，事上诚荩，临下宽厚，所至之处，必得士心。

④ 鸿胪寺：掌外交之仪与凶丧之仪。周边少数民族首领或外国使者入朝，本寺负责其朝贡、宴请与迎送事务。主官为鸿胪寺卿，从三品。

⑤ 宝应元年六月：宝应元年，即公元 762 年。此年四月，肃宗卒，代宗即位。因此，六月于延英殿引见吐蕃使者的，应是代宗。唐代宗李豫（727—779），公元 762 至 779 年在位。肃宗长子。初名俶，封广平郡王。肃宗时，任天下兵马元帅，与郭子仪等收复两京。即位后，再借回紇兵助讨史朝义，平定安史之乱，

并以安史旧部为河北诸镇节度使。先后除去专权宦官李辅国、程元振、鱼朝恩。广德初，吐蕃进扰，逃奔陕州。起用郭子仪收复西京，但边患迄未停止。任用刘晏，整顿漕运及财政，任用元载，追征欠赋。及元载弄权纳贿，又杀之。受元载、王缙影响，笃信佛教，寇至则令僧诵《护国仁王经》以禳之。广度僧尼，造金阁寺，所费亿万。对河北、淄青诸蕃无力控制，藩镇割据遂成定局。卒葬元陵（在今陕西富平西北），谥睿文孝武皇帝。

⑥ 西山：指今四川省成都平原西边大山以及云南一带磨些等民族聚居地区。

⑦ 笮路：笮，读昨。

⑧ 宝应二年：公元 763 年。

⑨ 左庶子：太子属官。

广德元年[①]九月，吐蕃寇陷泾州[②]。十月，寇邠州，又陷奉天县[③]。遣中书令郭子仪西御。吐蕃以吐谷浑、党项羌之众二十余万，自龙光度而东。郭子仪退军，车驾幸陕州[④]，京师失守。降将高晖引吐蕃入上都[⑤]城，与吐蕃大将马重英[⑥]等立故邠王男广武王承宏[⑦]为帝，立年号，大赦，署置官员，寻以司封[⑧]崔瑰等为相。郭子仪退军南保商州[⑨]，吐蕃居城十五日退，官军收上都，以郭子仪为留守。

【译文】

这年九月，吐蕃攻陷泾州（今甘肃泾川）。十月，侵犯邠州（今陕西彬县），又攻陷奉天县（今陕西乾县）。朝廷派遣中书令郭子仪去西面抵御。吐蕃调发吐谷浑、党项羌二十多万兵众，从龙光度东进。郭子仪退兵，皇上前往陕州（今河南陕县），京师长安失守。降将高晖带领吐蕃兵众进入上都城（即长安），他与吐蕃大将马重英等人立故邠王李守礼之孙广武王李承宏为皇帝，建年号，实行大赦，设置官员，接着任司封崔瑰等人为宰相。郭子仪退兵往南守卫商州（今陕西商洛），吐蕃在都城停留了十五天便撤退，官军收复了上都，朝廷任郭子仪为留守。

【注释】

① 广德元年：公元 763 年。

② 泾州：唐时泾州治今甘肃省平凉市泾川县，辖今甘肃省镇原、泾川、灵台等县地。

③ 奉天县：唐文明元年（684 年）置，治今陕西省咸阳市乾县。因其地高宗乾陵所在，有奉祖先陵寝之意，故名。

④ 陕州：北魏太和十一年（487 年）置，治今河南省三门峡市陕县，辖境相当于今河南三门峡、陕县、洛宁、渑池、灵宝和山西平陆、芮城、运城等市县地。其后屡有废置，辖境亦渐趋缩小。

⑤ 上都：唐宝应元年（762 年）以河南府为东都，凤翔府为西都，江陵府为南都，太原府为北都，而称京都京兆府（长安）为上都。

⑥ 马重英：应是吐蕃大将达札路恭的又名，马重（rma grom）或为其采邑。达札路恭的藏文全名为 ngan lam stag sgra klu khong，汉译应为“恩兰·达札路恭”，“恩兰”为其族姓。初信苯教，反对佛教，招致流放后改信佛教。支持赤松德赞赞普平定重臣叛乱，领兵攻突厥，扰唐境。广德元年（763 年），连陷唐河西、陇右诸地，入长安，立李承宏为帝，旋即退出。以功任大相。西藏拉萨之布达拉宫对面，立有恩兰·达札路恭纪功碑，今保存完好。

⑦ 故邠王男广武王承宏：邠王指李守礼，章怀太子李贤次子，唐垂拱初年（685 年）封雍王，神龙中（706 年）进封邠王。《册府元龟》卷三十九载："吐蕃盗入长安，邠王守礼之孙广武王承宏窃尊号。"《资治通鉴》代宗广德元年条亦载："吐蕃入长安，高晖与吐蕃大将马重英等立故邠王守礼之孙承宏为帝。"故本传"故邠王男"，可作"李守礼之男性子孙"解。被吐蕃所立之李承宏，应是李守礼之女金城公主的侄子，不是金城公主的亲兄弟。《旧唐书》卷八十六载称，李承宏为李守礼长子（若依此推算，至 763 年吐蕃立其为帝时，年龄应在七十岁左右），恐有误。

⑧ 司封：吏部下属机构，掌官吏的封爵。

⑨ 商州：唐时商州治今陕西省商洛市，辖境相当于今陕西省秦岭以南、旬河以东与湖北省郧西县上津镇地。

初，车驾东幸，衣冠戚里[①]尽南投荆襄及隐窜山谷，于是六军将士持兵剽劫，所在阻绝。郭子仪领部曲[②]数百人及其妻子仆从南入牛心谷，驼马车牛数百辆，子仪迟留，未知所适。行军判官[③]、中书舍人王延昌，监察御史李萼谓子仪曰："令公[④]身为元帅，主上蒙尘于外，家国之事，一至于此。今吐蕃之势日逼，岂可怀安于谷中，何不南趋商州，渐赴行在[⑤]。"子仪遽从之。延昌曰："吐蕃知令公南行，必分兵来逼，若当大路，事即危矣。不如取玉山路而去，出其不意。"子仪又从之。延昌与李萼皆从子仪，子仪之队千余人，山路狭隘，连延百余里，人不得驰。延昌与萼恐狭径被追，前后不相救，至倒回口，遂与子仪别行，逾绝涧，登七盘，趋于商州。先是，六军将张知节与麾下数百人自京城奔于商州，大掠避难朝官、士庶及居人资财鞍马，已有日矣。延昌与萼既至，说知节曰："将军身掌禁兵，军败而不赴行在，又恣其下虏掠，何所归乎？今郭令公元帅也，已欲至洛南，将军若整顿士卒，喻以祸福，请令公来抚之，以图收长安，此则将军非常之功也。”知节大悦。其时诸军将臧希让、高升、彭体盈、李惟诜[⑥]等数人，各有部曲，率其数十骑，相次而至，又从其计，皆相率为军，约不侵暴。延昌留于军中主约，萼以数骑往迎子仪，去洛南十余里，及之，遂与子仪回至商州。诸将大喜，皆遵其约束。

【译文】

当初，皇上东行，官绅国戚全都南奔荆襄和隐藏在山谷，于是禁军的六军将士手持兵器抢劫，各地阻隔。郭子仪带领部属数百名及其妻子仆从向南进入牛心谷，骆驼及牛马车数百辆，郭子仪迟疑滞留，不知该到哪里去。行军判官、中书舍人王延昌，监察御史李萼对郭子仪说：“令公身为元帅，主上流亡在外，国家的事情，到了如此地步。如今吐蕃的兵势日趋紧迫，岂可留恋谷中，为何不南去商州，逐步赶赴皇上所在之处。”郭子仪马上听从了他们的建议。王延昌说：“吐蕃得知令公南行，必然分兵来追，如果我们走大路，就会有危险。不如从玉山小路去，出其不意。”郭子仪又听从了。王延昌与李萼全都跟从郭子仪，郭子仪的队伍有一千多人，山路狭窄，绵延一百多里，人不能驱马奔驰。王延昌与李萼担心在狭窄的小路上被追上，前后不能相互救应，到了倒回口，他们就与郭子仪分道而行，渡越山涧，登上七盘，赶赴商州。在此之前，六军将领张知节与部下数百人从京城奔往商州。他们大肆掠夺避难朝官、士庶及居民的财物鞍马，已有时日。王延昌与李萼到达后，劝说张知节道：“将军身掌禁军，军队失败了却不赶赴皇上所在之处，又放纵部下抢劫，归宿在哪里呢？如今郭令公是元帅，他已经准备到洛南，将军如果整顿士卒，晓喻祸福，请郭令公前来安抚，以便谋划收复长安，这样将军就可建立不同寻常的功绩。”张知节非常高兴。当时诸军将领臧希让、高升、彭体盈、李惟诜等数人，各有自己的随从部属，率领几十名骑兵，相继赶来。他们又听从了王延昌、李萼的计议，全都编入军中，约定不得侵凌。王延昌留在军中主持规约，李萼带领几名骑兵前去迎接郭子仪，在距洛南十多里的地方，见到郭子仪，因而与郭子仪回到商州。诸将领大为欢喜，全都服从郭子仪的统辖。

【注释】

① 衣冠戚里：衣冠，引申为世族、士绅。戚里，帝王之姻戚。

② 部曲：魏晋南北朝时期指地方豪强和将领的私人军队，唐代则泛指官僚和将领私家所有的、依附性较强的、且耕且战的农民。

③ 行军判官：唐节度、观察、防御诸使，都有判官，是地方长官的僚属，佐理政事。

④ 令公：中书令的别称。隋唐以后，凡任中书令者，习惯上称为令公。如称郭子仪为郭令公，称李晟为李令公。

⑤ 行在：又称行在所。天子巡幸车驾所至之处。

⑥ 诜：读深。

吐蕃将入京师也，前光禄卿殷仲卿逃难而出，鞍马衣服尽为土贼所掠。仲卿至蓝田，纠合散兵及诸骁勇愿从者百余人，南保蓝田，以拒吐蕃，其众渐振，至于千人。子仪既至商州，未知仲卿之举，募人往探贼势，羽林将军长孙全绪请行，以二百骑隶之。又令太子宾客[1]第五琦摄京兆尹，同收长安。全绪至韩公堆，昼则击鼓，广张旗帜，夜则多燃火以疑吐蕃。仲卿探知官军，其势益壮，遂相为表里，以状闻于子仪。仲卿帅二百余骑游奕，直渡浐水[2]。吐蕃惧，问百姓，百姓皆绐[3]之曰："郭令公自商州领众却收长安，大军不知其数。"贼以为然，遂抽军而还，余众尚在城。军将王抚及御史大夫王仲升顿兵自苑中[4]入，椎鼓大呼，仲卿之师又入城，吐蕃皆奔走，乃收上都。郭子仪乘之，鼓行入长安，人心乃安。

【译文】

吐蕃将要进入京师时，前光禄卿殷仲卿逃难而出，他的鞍马衣服全都被土贼抢劫。殷仲卿到了蓝田，集结散兵及诸骁勇愿意跟从他的一百多人，往南保卫蓝田，用以抵御吐蕃，他的部众逐渐壮大，达到千人。郭子仪到了商州以后，还不知道殷仲卿的行动，他要招募人前去探听敌军情况，羽林将军长孙全绪请求前往，郭子仪派二百骑兵隶属于他。又令太子宾客第五琦代理京兆尹，一同收复长安。长孙全绪到了韩公堆，白天就击鼓，广树旗帜，晚上则燃烧很多火堆，用来迷惑吐蕃。殷仲卿探知是官军，兵势更加壮大，于是他们互相呼应，把情况报告给郭子仪。殷仲卿率领二百多游击骑兵，直渡浐水。吐蕃恐惧，问百姓，百姓都欺骗说："郭令公从商州率领大军来收复长安，大军不计其数。"敌军信以为真，于是撤军退走，余部还在城里。军将王抚及御史大夫王仲升整兵从禁苑中入城，他们击鼓大喊，殷仲卿的部队也进入城中，吐蕃兵统统逃走，于是收复了上都。郭子仪乘此机会，击鼓进入长安，人心才得以安定。

【注释】

① 太子宾客：东宫官属，正三品，职掌调护、侍从、规谏太子。

② 浐水：今陕西省西安市附近灞河支流。号为关中八川之一，虽

小而闻名。

③ 绐：读代，欺哄。

④ 苑中：指皇家园林。

吐蕃退至凤翔，节度孙志直闭门拒之，吐蕃围守数日。会镇西节度、兼御史中丞马璘[1]领精骑千余自河西救杨志烈回，引兵入城。迟明[2]，单骑持满，直冲贼众，左右愿从者百余骑，璘奋击大呼，贼徒披靡，无敢当者，贼疲而归。贼众恃其骁勇，翌日又逼城请战，璘披甲开悬门，贼乃抽退，皆曰："此将不惜死，不可当，且避之。"又复居原、会、成、渭[3]之地。

【译文】

吐蕃退到凤翔，节度使孙志直关闭城门进行抵御，吐蕃围攻了几天，适逢镇西节度使兼御史中丞马璘率精骑上千，从河西救援杨志烈返回，率军进入凤翔城。黎明，马璘单骑拉满弓弦，直冲敌阵，左右自愿跟从的有一百多骑，马璘奋力击敌大声呼喊，敌兵惊慌溃败，没有人敢于抵挡，敌军疲倦返回。敌军自恃骁勇，第二天又逼近城池请求交战。马璘身披铠甲打开悬门，于是敌军撤退。他们都说："这位将军不怕死，不可抵挡，我们还是暂且避一避。"于是敌军再次回到原（今宁夏固原）、会（今甘肃会宁）、成（今甘肃西和）、渭（今甘肃陇西）地区。

【注释】

① 马璘（721—777）：世为将家。开元末，自效于安西（今新疆库车），以功迁左金吾卫将军同正。安禄山反唐，他统精兵三千自西北赴凤翔，肃宗委以东讨。初战卫南，以百骑破叛军五千。

又从李光弼攻洛阳，敌军史朝义十万屯北邙（今河南洛阳北），诸将不敢出击，他率部五百，三次闯入敌阵，唐军乘机破敌。广德元年（763 年），破吐蕃军于凤翔。累迁四镇、北庭行营、邠宁节度使。守镇八年，抵御吐蕃，使边境安宁。大历九年（774 年）入朝，封扶风郡王。卒于军。史称，人乐为用，虏不敢犯，为中兴锐将。

② 迟明：将近天明。

③ 原、会、成、渭：即原州、会州、成州、渭州。原州，唐复置，治今宁夏固原市，辖境相当于今宁夏同心、泾原、隆德、固原及甘肃省平凉、静宁、崇信等市县地。会州，唐时治今甘肃省白银市会宁县，辖境相当于今祖厉河和桑园峡、黑山峡间黄河流域地。成州，唐时治今甘肃省陇南市西和县，辖境相当于今礼县、西和、成县地。

十二月，乘舆还上都。二年[①]五月，放李之芳还。九月，叛将仆射、大宁郡王仆固怀恩[②]自灵武[③]遣其党范志诚、任敷等引吐蕃、吐谷浑之众来犯王畿[④]。十月，怀恩之众至邠州挑战，节度白孝德[⑤]及副元帅先锋郭晞[⑥]婴城拒之，以挫其锋。贼众遂逼奉天县西二十里为营，郭子仪屯于奉天，又按军不战。郭晞于邠州西三十里，令精骑二百五十人、步卒五十人斫怀恩营，破五千众，斩首千余级，生擒八十五人，降其大将四人，马五百匹。十一月，仆固怀恩引吐蕃之众退。

【译文】

十二月，皇上返回上都。广德二年（公元 764 年）五月，吐蕃放回李之芳。九月，叛将仆射、大宁郡王仆固怀恩从灵武派遣同党范志诚、任敷等人带领吐蕃、吐谷浑兵众前来侵犯京畿。十月，仆固怀恩兵众来到邠州（今陕西彬县）挑战，节度使白孝德及副元帅先锋官郭晞据城抵御，以挫伤敌军锐气。于是敌兵众在逼近奉天县（今陕西乾县）西二十里处安营，郭子仪驻守在奉天，也按兵不动。郭晞在邠州西面三十里处，令精骑二百五十人、步兵五十人袭击仆固怀恩军营，击败他五千兵众，斩首一千多级，生擒八十五人，降伏大将四人，获马五百匹。十一月，仆固怀恩带领吐蕃兵众撤退。

【注释】

①（广德）二年：公元 764 年。

② 仆固怀恩（？—765）：唐铁勒仆固部人，世袭都督。天宝中，历事节度王忠嗣、安思顺，皆以善战、通晓蕃情而著称。后从郭子仪、李光弼讨安史之乱，屡立战功。756 年，从郭子仪入朝，嫁己女于回纥，请兵结好，次年引回纥兵从郭子仪复两京。759 年，任朔方行营节度使，封大宁郡王，从李光弼守河阳，每战皆摧锋陷敌，功冠诸将。762 年，奉命与回纥可汗会师太原，合军破史朝义，进收东京。以功迁河北副元帅、朔方节度使。后宦官骆奉仙奏其谋反，他上书自诉。次年起兵反，郭子仪率军败之。又引回纥、吐蕃入寇，至灵武暴病死。

③ 灵武：唐天宝元年（742 年）改灵州为灵武郡，治今宁夏银川市灵武（市），辖境相当于今贺兰山东麓，宁夏中卫、中宁县以北，盐池县以西地区。灵武位于盐州治所今陕西省定边县西一百多公里。

④ 王畿：国都附近的地区。

⑤ 白孝德（715—780）：唐安西胡人，骁悍有胆力。乾元中，为李光弼偏将。史思明攻河阳，他轻骑斩其部将刘龙仙，累功至安西北庭行营节度使。永泰中，吐蕃、回纥围泾阳，郭子仪命与吐蕃大战于赤沙烽，斩获甚众。进封昌化郡王。

⑥ 郭晞（？—794）：郭子仪第三子，善骑射，从父征战有功。复两京战最力，累进鸿胪卿。764 年，仆固怀恩叛唐，引吐蕃、回纥入寇，郭晞加御史中丞，领朔方军援邠州，与马璘合破之。其年冬，怀恩诱虏再寇邠州，子仪令郭晞率军掩击之，晞以兵寡不敌，持而不战，及至晡晚，乘其半济而击之，大破强敌，斩首五千级。是时连战皆捷，诏加御史大夫，子仪固让不受。

广德二年，河西节度杨志烈被围，守数年，以孤城无援，乃跳身西投甘州，凉州又陷于寇。

永泰元年[①]三月，吐蕃请和，遣宰相元载[②]、杜鸿渐[③]等于兴唐寺与之盟而罢。秋九月，仆固怀恩诱吐蕃、回纥之众，南犯王畿。吐蕃大将尚结息、赞磨、尚息东赞、尚野息[④]及马重英率二十万众至奉天界，邠州节度使白孝德不能御，京城戒严。先是，朔方先锋兵马使浑日进[⑤]、孙守亮屯军于奉天以拒之，于是诏追副元帅[⑥]郭子仪于河中府[⑦]领众赴援，屯于泾阳，诸将各屯守要害。初，吐蕃列营奉天，浑日进单骑冲之，骁骑二百人继进，冲突其营，左右击刺，贼徒惊骇，无不应弦而毙。日进挟一蕃将，跃马而归，蕃将奋身，失其撒饭[⑧]一，日进之众，无中锋镝者，军中望而益振。明日，吐蕃悉众围之，日进命抛车夹石投之，杂以弓弩，贼死伤众。数日，敛军回营。寻又日进夜斫贼营于梁母神下，杀千余人，生擒五百人，获驼马器械。

【译文】

这一年（即广德二年），河西节度使杨志烈被包围，他坚守了几年，最后因为孤城无援，便跳身西奔甘州（今甘肃张掖），凉州（今甘肃武威）又被敌人攻占。

永泰元年（公元 765 年）三月，吐蕃请求和好，朝廷派遣宰相元载、杜鸿渐等人在兴唐寺与吐蕃结盟。秋季九月，仆固怀恩引诱吐蕃、回纥兵众南下侵犯京畿。吐蕃大将尚结息、赞磨、尚息东赞、尚野息及马重英率领二十万兵众来到奉天（今陕西乾县）界内，邠州节度使白孝德不能抵御，京城戒严。在此以前，朔方先锋兵马使浑日进（浑瑊）、孙守亮驻军奉天以抵御吐蕃，于是皇上下诏追令副元帅郭子仪从河中府（今山西永济西南）率领军队前来救援，郭子仪驻守泾阳，诸将分别驻守要害。当初，吐蕃在奉天界列营，浑日进（浑瑊）单骑冲锋，骁骑二百人跟着前进，冲击吐蕃军营，左右击杀，敌兵惊骇，无不应弦而死。浑日进（浑瑊）生擒一名蕃将，跃马而还。蕃将奋力挣扎，失掉一包叫做“撒饭”的黄米干饭，浑日进（浑瑊）的士兵，没有一个中枪中箭的，全军望着更加振奋。第二天，吐蕃倾尽全力前来围攻，浑日进（浑瑊）下令用抛车把石头投向敌军，同时发射弓弩，敌军死伤惨重。过了几天，吐蕃收兵回营。浑日进（浑瑊）又乘夜色在梁母神下冲进敌营，杀死一千多人，生擒五百人，缴获骆驼马匹器械。

【注释】

① 永泰元年：公元765年。

② 元载（？—777）：家本寒微，随母嫁景氏，冒姓元氏。天宝初，举老、庄、列、文子高第。至德中，累迁户部侍郎。宝应元年（762年），以租庸使往江淮，按籍征八年逋欠租调，扰民甚剧。寻充度支、转运使。结附宦官李辅国，擢同平章事，代宗立，进中书侍郎，仍同平章事，委刘晏以度支钱谷事。大历五年（770年），预谋杀宦官鱼朝恩，恃功骄肆，自以为一时无两，结党营私，堵塞言路，卖官纳贿。但颇知边事，曾用马璘、郭子仪屯边御吐蕃。后以权势过盛，为代宗所杀。

③ 杜鸿渐（709—769）：天宝末，累迁朔方留后。安史乱起，劝太子（肃宗）自平凉移驻灵武（今属宁夏），又与裴冕等上书劝进。及肃宗立，授兵部郎中，知中书舍人事。后迁荆南节度使。广德二年（764 年），擢兵部侍郎、同平章事。会剑南西川兵马使崔旰杀节度使郭英乂，据成都，自称留后，他以宰相充剑南西川节度使往镇抚。懦弱无能，惧旰强悍，不敢问罪，并以剑南节度使相让，代宗从之。归朝仍任宰相。晚年酷好浮图。病危，令僧削发，命子以塔葬之。

④ 尚结息、赞磨、尚息东赞、尚野息：尚结息之藏文对音为 zhang rgyal zigs，赞磨之藏文对音为 btsan ma，尚息东赞之藏文对音为 zhang stong btsan，尚野息或即尚琛野息，其藏文对音为 zhang mchims rgyal zigs。

⑤ 浑日进：唐代名将浑瑊（读兼），本名进。

⑥ 副元帅：唐代战时有元帅、副元帅为最高统帅，元帅常以皇子或亲王担任，副元帅常以有威望的大臣担任。郭子仪即多次担任副元帅，节度一方军事。

⑦ 河中府：唐方镇名。至德元年（756 年）置河中防御使，次年升为节度使，治蒲州（今山西省运城市永济西南蒲州镇）。乾元三年（760 年）升为河中府，领蒲、晋、绛、隰、慈、虢、同七州。其后辖境屡有变迁，长期领有河中府及晋、绛、慈、隰等州，相当于今山西省临汾、运城两市地。

⑧ 撒饭：一种黄米干饭，陇东崇信一带至今仍称此种食物为“撒饭”。

上又下诏亲征，括[①]朝官马，京城置团练。镇西节度马璘遇吐蕃游奕四百余人于武功[②]东原，使五十人击而尽杀之，无噍类[③]。自十七日雨至二十五日晚际始止，议者以为天助。吐蕃移营于醴泉县[④]九嵕山[⑤]北，因攻掠醴泉。京城大骇，人皆空室，大户凿窦以出。逆党任敷以兵五千余人犯白水县[⑥]。浑日进露布而至，屯于奉天马嵬店。今月十九日已后至二十五日已前，交战二百余阵，破吐蕃一万余众，斩首五千级，生擒一百六十人，马一千二百四十二匹，驼一百一十五头，器械、幡旗共三万余事。朝官震惧，家口回避者十室八九，禁之不止。自前年吐蕃犯王畿后，于中渭桥鄠丰城以营兵，至是功毕。

【译文】

皇上又下诏亲征，搜求朝官马匹，在京城设置团练。镇西节度使马璘在武功东原遇上吐蕃巡逻兵四百多人，他派五十人出击并把他们全部杀死，吐蕃巡逻兵无一生还。自从十七日下雨，到二十五日晚间才停止，议者认为这是天助。吐蕃移驻醴泉县（今陕西礼泉）九嵏山以北，乘势劫掠醴泉。京城大为惊恐，百姓家全都跑空了，大户挖地道出逃。逆党任敷率兵五千余人侵犯白水县（今陕西白水）。浑日进（浑瑊）公开宣布而来，驻守在奉天马嵬店。这一月的十九日至二十五日，交战二百多次，打败吐蕃一万多兵众，斩首五千级，生擒一百六十人，缴获马一千二百四十二匹，骆驼一百一十五头，器械、幡旗共三万多件。朝官非常恐惧，十家有八九家都全家躲避，朝廷禁之不止。自从前年吐蕃侵犯京畿以后，在中渭桥鄠丰修筑城垒以驻扎军队，到这时完工。

【注释】

① 括：搜罗、汇聚之意。

② 武功：东汉置武功县，因境内有武功山而得名，治今陕西省咸阳市武功县。

③ 噍类：噍，读叫，吃东西。噍类，能吃东西的动物，特指活着

的人。

④ 醴泉县：今陕西省咸阳市礼泉县。

⑤ 九嵕山：嵕，读纵。九嵕山，在今陕西省咸阳市礼泉县东北，周十五里，有九峰峻耸。唐太宗昭陵在此。

⑥ 白水县：即今陕西省渭南市白水县，在长安之东北。

吐蕃退至永寿北，遇回纥之众，虽闻怀恩死，皆悖[①]其众，相诱而奔，复来寇。至奉天，两蕃猜二争长，别为营垒。吐蕃游奕至寞底[②]，吐蕃又至马嵬店，因纵火焚居人庐舍而退。回纥三千骑诣泾阳降款，请击吐蕃为效，子仪许之。于是朔方先锋兵马使、开府[③]南阳郡王白元光与回纥合于泾阳，灵台县[④]东五十里攻破吐蕃，斩首及生擒获驼马牛羊甚众。上停亲征，京师解严，宰相上表称贺。

【译文】

吐蕃退到永寿（今陕西永寿）北面，遇上回纥兵众，他们虽然听说仆固怀恩已死，但是全都蒙蔽部众，相互引诱而来，再次进犯。到了奉天（今陕西乾县），两蕃猜忌争长，分别设置营垒。吐蕃巡逻到了寞底，又到马嵬店，乘机放火焚烧居民庐舍后撤退。回纥三千多骑兵来到泾阳投降归顺，请求攻打吐蕃来立功，郭子仪答应了他们的请求。于是朔方先锋兵马使、开府南阳郡王白元光与回纥在泾阳会合，在灵台县（今甘肃灵台）东面五十里之处打败吐蕃，斩首及生擒俘虏、缴获骆驼马匹牛羊极多。于是皇上停止亲征，京师解除戒严，宰相上表祝贺。

【注释】

① 悖：迷惑、蒙蔽之意。

② 窯底：窯，窑的异体字。今陕西省宝鸡市地面仍有窑底村，不知是否即本传“窯底”之所在。

③ 开府：指文武官将开建府署，辟置僚属。汉制三公得开府辟僚属，至东汉末，大将军、骠骑将军、车骑将军等多得开府如三公之制。魏晋以后，开府者益众，遂以为加衔。君主亦往往以此授重臣，以示殊宠。又有开府仪同三司、开府仪同大将军之名，后皆为勋、散官。

④ 灵台县：位于今甘肃省平凉市东端，紧靠陕西省咸阳市之彬县。

旧唐书《吐蕃传》下

吐蕃赤松德赞（续），唐代宗李豫（续）、德宗李适时期

永泰二年[①]二月，命大理少卿[②]兼御史中丞杨济修好于吐蕃。四月，吐蕃遣首领论泣藏等百余人随济来朝，且谢申好。大历二年[③]十月，灵州破吐蕃二万余众，生擒五百人，获马一千五百匹。十一月，和蕃使、检校[④]户部尚书[⑤]、兼御史大夫薛景仙自吐蕃使还，首领论泣陵随景仙来朝，景仙奏云："赞普请以凤林关[⑥]为界。"俄又遣使路悉等十五人来朝。三年[⑦]八月，吐蕃十万寇灵武，大将尚悉摩寇邠州，邠宁节度使马璘破二万余众，擒其俘以献之。九月，寇灵州，朔方骑将白元光破之。俄又复破二万众于灵武，获羊马数千计。关内副元帅郭子仪于灵州破吐蕃六万余众。十二月，以蕃寇岁犯西疆，增修镇守，乃移马璘镇泾州，仍为泾原节度使。剑南西川[⑧]亦破吐蕃万余众。五年[⑨]五月，徙置当、悉、拓、静、恭五州[⑩]于山陵要害之地，以备吐蕃。

【译文】

永泰二年（即大历元年，公元 766 年）二月，朝廷命大理

少卿兼御史中丞杨济与吐蕃重归和好。四月，吐蕃派遣首领论泣藏等一百多人跟随杨济前来入朝，并且谢恩申明和好。大历二年（公元767年）十月，灵州（今宁夏灵武西南）打败吐蕃二万多兵众，生擒五百人，缴获一千五百匹马。十一月，和蕃使、检校户部尚书兼御史大夫薛景仙从吐蕃出使归来，吐蕃首领论泣陵跟随薛景仙前来入朝。薛景仙上奏说："赞普请求以凤林关（今甘肃临夏县南）作为疆界。"不久吐蕃又派遣使者路悉等十五人前来入朝。大历三年（公元768年）八月，吐蕃十万兵众侵犯灵武，大将尚悉摩侵犯邠州（今陕西彬县），邠宁节度使马璘打败吐蕃二万多兵众，将擒获的吐蕃俘虏献到朝廷。九月，吐蕃侵犯灵州（今宁夏灵武西南），被朔方骑将白元光打败。不久又在灵武打败二万吐蕃兵众，缴获羊马数以千计。关内副元帅郭子仪在灵州共打败吐蕃六万多兵众。十二月，因为吐蕃军队连年侵犯西部边疆，需增修镇守，于是让马璘改镇泾州（今甘肃泾川），并任泾原节度使。剑南西川节度使也打败吐蕃一万多兵众。大历五年（公元770年）五月，把当（今四川黑水）、悉（今四川黑水东南）、柘（今四川黑水西南）、静（今宁夏永宁）、恭（今四川马尔康）五州迁移安置在山上险要之处，以便防备吐蕃。

【注释】

① 永泰二年：公元766年。

② 大理少卿：大理寺长官大理卿之副，从四品上。唐时，刑部为中央司法行政机关，大理寺为中央最高审判机关。

③ 大历二年：公元767年。

④ 检校：检校原意为检查考察，本有职事，至唐渐为加官名称，如各部尚书，均有加检校的荣誉头衔，用以优待无职可升者。

⑤ 户部尚书：尚书省户部主官，正三品。掌田户、均输、钱谷之政令。

⑥ 凤林关：《资治通鉴》卷二四九大中十一年（857 年）条胡三省注云："河州凤林县北有凤林关。凤林，汉之白石县地，天宝元年以关名县。"凤林关当在今甘肃省临夏县南。

⑦（大历）三年：公元 768 年。

⑧ 剑南西川：唐方镇名。至德二年（757 年）分剑南节度使西部地置剑南西川节度使，简称西川节度使。治成都府（治今四川省成都市），领成都府及彭、蜀、汉、眉、邛、嘉、嶲、黎、戎、维、茂、雅、合、果等州。其后增领松、当、悉、柘、翼、恭、静、环、真、乾、古、资、简等州和押近界诸蛮及西山八国云南安抚使，而以果州属山南西道、合州属剑南东川节度使。广德中曾与东川合为剑南节度使，大历中复分置剑南西川节度使。

⑨（大历）五年：公元 770 年。

⑩ 当、悉、拓、静、恭五州：拓州，查无据。《新唐书·吐蕃传》作"徙当、悉、柘、静、恭五州皆据险以守"。拓州为柘州之误。柘州，唐显庆三年（658 年）或说仪凤二年（677 年）置，治柘县（今四川省阿坝州黑水县西南）。静州，唐仪凤二年（677 年）置南和州，天授二年（691 年）更名静州，治悉唐（今四川省阿坝州黑水县东南），位于悉州之南。恭州，唐开元二十四年（736 年）置，治今四川省阿坝州马尔康县东，位于柘州之南。当、悉、柘、静、恭五州连成一片，地处今四川省阿坝州黑水县周围。

八年[①]秋，吐蕃六万骑寇灵武，蹂践我禾稼而去。十月，寇泾、邠等州，郭子仪遣先锋将浑瑊[②]与贼战于宜禄[③]，我师不利，副将史籍等三人死之，村墅居人为驱掠者凡千余人。是夜，瑊收合散卒袭贼营，会马璘亦袭其辎重，凡杀数千人，贼遂溃。子仪大破吐蕃十余万众。初，吐蕃犯我邠郊，马璘以精卒二千余人潜夜掩贼营，射贼豹皮将中目，贼众扶之号泣，遂举营遁去。璘因收获朔方兵健二百余人，百姓七百余人，驼马数百匹。

【译文】

大历八年（公元773年）秋，吐蕃六万骑兵侵犯灵武，践踏我方的庄稼后离去。十月，侵犯泾（今甘肃泾川）、邠（今陕西彬县）等州，郭子仪派遣先锋将浑瑊与敌军在宜禄交战，我军失利，副将史籍等三人战死，村落居民被抢走的有一千多人。当天夜里，浑瑊收集散兵袭击敌军营垒，适逢马璘也袭击敌军辎重，共杀死数千人，于是敌军溃败。郭子仪大败吐蕃十多万兵众。当初，吐蕃侵犯我邠州郊野，马璘率领两千多名精兵乘夜色偷袭敌军营垒，射中了敌军豹皮将的眼睛，敌兵众搀扶着他大哭，于是全营逃去。马璘乘机解救朔方兵健二百多人，百姓七百多人，获骆驼马匹数百。

【注释】

①（大历）八年：公元773年。

② 浑瑊（736—799）：瑊，读兼。唐铁勒九姓浑部人，世为唐将。十一岁入朔方军，勇冠三军，迁中郎将。安禄山反，从郭子仪、李光弼定河北，复两京，擢武锋军使。广德初，从仆固怀恩讨史朝义，大小数十战，改太常卿。及怀恩叛，率部归郭子仪。屡破吐蕃。779年，任单于大都护、左金吾卫大将军。783年，朱泚叛，德宗奔奉天（今陕西乾县），瑊与朱泚浴血苦战，坚守奉天。次年，李怀光叛，以所部败之。复以朔方等道节度使兼奉天行营兵马副元帅，德宗亲为授钺，用汉拜韩信故事。787

年，与吐蕃会盟于平凉，吐蕃宰臣尚结赞背信出兵袭击，脱险还河中。官至中书令。

③ 宜禄：即宜禄县，唐贞观二年（628 年）置，治今陕西省咸阳市长武县（靠近甘肃省泾川县），属邠州。

九年[①]四月，以吐蕃侵扰，预为边备，乃降敕："宜令子仪以上郡[②]、北地[③]、四塞、五原[④]、义渠[⑤]、稽胡、鲜卑杂种步马五万众，严会栒邑[⑥]，克壮旧军。抱玉[⑦]以晋之高都[⑧]，韩之上党[⑨]，河、湟义从，汧、陇[⑩]少年，凡三万众，横绝高壁[⑪]，斜界连营。马璘以西域前庭[⑫]，车师[⑬]后部，兼广武[⑭]之戍，下蔡[⑮]之徭，凡三万众，屯于回中[⑯]，张大军之援。忠诚[⑰]以武落别校，右地奇锋，凡二万众，出岐阳[⑱]而北会。希让[⑲]以三辅[⑳]太常[㉑]之徒，六郡良家之子，自渭上而西合汴宋[㉒]、淄青[㉓]、河阳[㉔]、幽蓟[㉕]，总四万众，分列前后。魏博[㉖]、成德[㉗]、昭义[㉘]、永平[㉙]总六万众，大舒左右。朕内整禁旅，亲誓诸将，资以千金之费，锡以六牧之马。其戎装战器，军用边储，各有司存，素皆精办。咨尔将相文武宣力之臣，夫师克在和，善战不阵，各宜保据疆界，屯据要冲，斥堠[㉚]惟明，首尾相应。若既悔过，何必劳人；如或不恭，自当伐罪。然后眷求统一，以制诸军。进取之宜，俟于后命。"

【译文】

大历九年（公元 774 年）四月，因为吐蕃侵犯骚扰，要预先加强边防，于是下诏：

应令郭子仪率领上郡、北地、四塞、五原、义渠、稽胡、鲜卑各种族步兵骑兵五万人，即到栒邑（今陕西旬邑）会合，增强原有军队。李抱玉率领晋的高都、韩的上党、河湟义军、汧陇少年，共三万人，阻断高壁（今山西灵石），沿边界接连设置军营。马璘率领西州、庭州所部，以及广武戍卒、下蔡役夫，共三万人，驻守回中（今陕西陇县西北），作为大军的增援。李忠诚率领武落别校、右地奇锋，共二万人，出岐阳（今陕西岐山之南）往北面会兵。臧希让率领京畿地区太常寺属下之人、六郡清白人家子弟，从渭水往西与汴宋、淄青、河阳、幽蓟等方镇的军队会合，共四万人，分为前军后军。魏博、成德、昭义、永平等方镇共六万兵众，在左右翼展开。朕内整禁军，亲与诸将立誓，提供千金费用，赐给六牧之马。军装兵器，军用及边防储备，在各有关部门存放，平日都已精心置办。你们这些为朝廷效力的文武将相应该记住，军队取胜在于齐心协力，擅长作战的不必预先讲兵布阵，各自应当保卫疆界，驻守要冲，边境前哨要高度警惕，首尾相应。如果吐蕃已经悔过，何必劳民伤财；如果仍然不恭敬，自然应当讨伐有罪者。出兵之后要号令统一，以便制约各路军队。什么时候进取适宜，等待以后的命令。

【注释】

①（大历）九年：公元 774 年。

② 上郡：隋大业三年（607 年）改鄜城郡置。治洛交县（今陕西省延安市富县）。辖境相当于今陕西甘泉、富县、洛川、黄陵、黄龙等县地。唐武德元年（618 年）改为鄜州。天宝元年（742 年）复为上郡。辖境缩小。乾元元年（758 年）仍改为鄜州。

③ 北地：隋大业初年改豳州置北地郡。治定安（今甘肃省庆阳市宁县）。辖境相当于今甘肃西峰、宁县、合水、正宁及陕西旬邑、彬县、长武等市县地。唐武德元年（618 年）改为宁州。

④ 五原：唐天宝元年（742 年）改盐州为五原郡，治五原县（今

陕西省榆林市定边县）。乾元元年（753 年）复改盐州。

⑤ 义渠：古西戎国名，在今甘肃合水、正宁、环县、宁县、泾川等县地。战国时为秦所灭，置义渠县，属北地郡，东汉末废。故城在今甘肃省庆阳市宁县西北。

⑥ 栒邑：栒邑县，今陕西省咸阳市旬邑县。

⑦ 抱玉：李抱玉（704—777）。本安兴贵后裔，名安重璋。善骑射，早年从军，为李光弼裨将，以功赐名抱玉。安禄山叛时，固守南阳，从李光弼累败史思明，居功第一。以耻与安禄山同宗，肃宗赐姓李，为陈郑颖亳节度使。代宗时，为泽潞、凤翔、山南西道三副元帅。凡镇凤翔十余年，抗击吐蕃，禁暴安民，时称良将。

⑧ 高都：战国魏邑，后入秦，西汉置高都县，即今山西省晋城市。

⑨ 上党：春秋晋地，战国赵、韩各置上党郡，韩之上党郡在今山西沁河以东长治一带。后屡经移治。隋开皇初废。大业初又改潞州复置，移治上党县（今长治市）。唐武德元年（618 年）复改为潞州。天宝、至德时又曾改潞州为上党郡。

⑩ 汧、陇：汧，读牵，应指古汧阳县，治今陕西省宝鸡市千阳县西北。陇，即陇州，唐乾元元年（758 年）复置，治今陕西省宝鸡市陇县。

⑪ 高壁：高壁岭，又名韩信岭，在今山西省晋中市灵石县东南二十五里，形势险固。《资治通鉴》卷一七二陈太建八年（576 年），齐为周所败，高阿那肱守高壁。“周主引军向高壁，阿那肱望风退走”，即此。

⑫ 前庭：县名。唐宝应元年（762 年）改高昌县置，治今新疆吐鲁番东哈拉和卓堡西南。为西州治所。贞元中地入吐蕃，遂废。“西域前庭”，借指西州。

⑬ 车师：汉西域城国名。分为车师前国、车师后国。前国治交河城，后国治务涂谷，分别在今新疆吐鲁番市和昌吉州吉木萨尔

县一带。汉武帝遣诸国兵共破车师，其王内属。后叛属匈奴。东汉和帝时窦宪破北匈奴，车师震慑，前后王曾各遣子入侍。至北魏太平真君十一年（公元450年）为高昌所灭。唐时，于车师前国地置西州，于车师后国地置庭州（北庭都护府治所）。“车师后部”，借指庭州。

⑭ 广武：县名。西汉置，治今山西省忻州市代县西南，为都尉治，属太原郡。东汉属雁门郡。北魏移治古上馆城，即今代县。隋开皇十八年（598年）因避太子杨广名讳，改为雁门县。

⑮ 下蔡：县名。本下蔡邑。西汉置县，治今安徽省淮南市凤台县，属沛郡。东汉属九江郡。隋复为下蔡县。

⑯ 回中：指秦时回中宫，位于今陕西省宝鸡市陇县西北。

⑰ 忠诚：唐将领李忠诚。

⑱ 岐阳：陕西岐山之南。

⑲ 希让：唐将领臧希让。

⑳ 三辅：西汉景帝二年（前155年）分内史为左、右内史，与主爵中尉（后改为主爵都尉）同治长安城中，所辖皆京畿之地，故合称“三辅”。武帝太初元年（前104年）改左、右内史与主爵都尉为左冯翊、京兆尹、右扶风，辖境相当于今陕西中部地区。以后政区分划虽有更改，但直至唐代，习惯上仍称这一地区为“三辅”。

㉑ 太常：泛指太常寺所属各员。太常寺掌礼乐、郊庙、社稷、陵寝诸事。

㉒ 汴宋：唐方镇名。天宝十四年（755年）置河南节度使，寻废。宝应元年（762年）复置，治汴州（治今河南开封市），领汴、宋、曹、徐、颍、兖、郓、濮凡八州。广德后称汴宋节度使。建中二年（781年）号宣武军。治宋州（治今河南商丘市南），领宋、亳、颍三州。兴元元年（784年）徙治汴州。

㉓ 淄青：唐方镇名。宝应元年（762年）平卢节度使侯希逸为史

朝义及奚族所逼，南保青州，遂并青密节度使、淄沂节度使为淄青平卢节度使，又称平卢淄青节度使，或单称淄青节度使、平卢节度使，治青州（治今山东青州市），领青、淄、沂、德、棣、齐、海、密、登、莱等州。永泰元年（765 年）兼领押新罗、渤海两番使。元和十四年（819 年）平李师道后，辖境大缩。咸通后所领仅限青、淄、登、莱、齐、棣六州。

㉔ 河阳：唐方镇名。汉置河阳县，故地在今河南省焦作市孟州（旧称孟县），属河内郡。历代沿置。北魏、北齐之际，于河阳筑南城、北城、中潬城三城。唐天宝十四年（755 年）安禄山起兵，派史思明攻占洛阳，唐将李光弼固守河阳三城以御史思明，即此地。唐建中二年（781 年）置河阳三城节度使，自此常为重镇。宋以后荒废。

㉕ 幽蓟：此处指幽州，唐方镇名。北魏、隋、唐皆置幽州，治蓟县（今北京城西南隅），故称幽蓟。先天二年（713 年）置幽州节度经略镇守使，天宝元年（742 年）改为范阳节度使，领蓟、广平、潞、永清、安次、武清、良乡、昌平、固安、归义十县。为河北三镇之一，长期为安禄山、史思明部将李怀仙等所割据。

㉖ 魏博：唐方镇名。广德元年（763 年）置魏博等州节度使，治魏州（治今河北省邯郸市大名县东北），领魏、博、瀛、德、沧五州。大历间增领澶、卫、相、洺、贝等州。为河北三镇之一，长期为安禄山、史思明部将田承嗣等所割据。

㉗ 成德：唐方镇名。即成德镇。宝应元年（762 年）为收抚安史余部而设，治恒州（今河北正定）。建中时废，兴元初复置。辖境屡变，久领恒、冀、深、赵四州。为河北三镇之一，长期为安禄山、史思明部将李宝臣等所割据。

㉘ 昭义：唐方镇名。即昭义军。又名泽潞。至德元年（756 年）置泽潞沁节度使，治潞州（治今山西省长治市），领泽、潞、沁三州。广德元年（763 年）又置相卫节度使，治相州（治今

河南省安阳市)，领相、卫、贝、邢、洺、磁六州和河阳三城。大历元年（766 年）相卫节度使号昭义军节度使。十二年（777 年）与泽潞沁节度使合为一镇。建中初移治潞州，但领潞、泽、邢、洺、磁五州。

㉙ 永平：唐方镇名。即永平军。上元二年（761 年）置滑卫节度使，治滑州（今河南省安阳市滑县)。辖境屡变，久领滑、郑、濮三州。广德初，号滑亳。大历七年（772 年）号永平军。贞元元年（785 年）号义成军。

㉚ 斥堠：古代军队中的侦察兵。

十一年[①]正月，剑南节度使崔宁[②]大破吐蕃故洪等四节度兼突厥、吐浑、氐、蛮、羌、党项等二十余万众，斩首万余级，生擒蝎城[③]兵马使一千三百五十人，献于阙下，牛羊及军资器械，不可胜纪。十二年[④]九月，入寇坊州[⑤]，掠党项羊马而去。十月，崔宁破吐蕃望汉城[⑥]。十四年[⑦]八月，命太常少卿[⑧]韦伦[⑨]持节使吐蕃，统蕃俘五百人归之。十月，吐蕃率南蛮众二十万来寇：一入茂州，过汶川及灌口[⑩]；一入扶、文[⑪]，过方维[⑫]、白坝[⑬]；一自黎、雅[⑭]过邛崃关[⑮]，连陷郡邑。乃发禁兵四千人及幽州[⑯]兵五千人同讨，大破之。

【译文】

大历十一年（公元 776 年）正月，剑南节度使崔宁大败吐蕃故洪等四节度以及突厥、吐谷浑、氐、蛮、羌、党项等二十多万兵众，斩首一万多级，生擒蜡城兵马使一千三百五十人，献到京师，缴获的牛羊及军需器械不计其数。大历十二年（公元 777 年）九月，吐蕃进犯坊州（今陕西黄陵)，抢掠党项羊马后离去。十月，崔宁攻克吐蕃望汉城（在今四川理县东)。

大历十四年（公元779年）八月，朝廷命令太常少卿韦伦持节出使吐蕃，带着蕃俘五百人交还吐蕃。十月，吐蕃率领南蛮二十万兵众前来侵犯：一路进入茂州（今四川茂县），经过汶川及灌口；一路进入扶（今四川松潘东）、文（今甘肃文县西南），经过方维、白坝；一路从黎（今四川汉源西北）、雅（今四川雅安）经过邛崃关，接连攻占郡邑。于是调发禁兵四千人及幽州兵五千人一同征讨，大败吐蕃。

【注释】

①（大历）十一年：公元776年。

② 崔宁（723—783）：本名旰。客居剑南，以步卒、牙将历事节度使鲜于仲通、崔圆、裴冕。宝应初，严武荐为利州、汉州刺史。屡破吐蕃攻扰，被称神兵。永泰元年（765年），严武死，他逐新任剑南节度使郭英乂，厚贿黄门侍郎杜鸿渐。大历二年（767年），得为西川节度使。次年，代宗赐名宁。在任肆行聚敛，上贿朝中权贵，下淫将吏妻女。十四年（779年），入朝，进御史大夫，同平章事。建中四年（783年），朱泚据长安称帝，行反间计，署为中书令，他从京师奔奉天，投德宗，被卢杞诬奏通泚，遭缢杀。

③ 蠚城：蠚，蜡之俗字。蜡城所在未详。

④（大历）十二年：公元777年。

⑤ 坊州：唐武德二年（619年）分鄜州置，治中部县（今陕西省黄陵县南），辖境相当于今陕西省黄陵、宜君两县及洛川县南部地区。

⑥ 望汉城：位于今四川省阿坝州理县东。

⑦（大历）十四年：公元779年。

⑧ 太常少卿：太常寺长官太常卿之副，正四品上。太常寺掌礼乐、郊庙、社稷、陵寝诸事。

⑨ 韦伦（716—798）：曾任铸钱内作使判官，整顿铸钱，监修宫内土木。天宝十五年（756 年），随玄宗避安史之乱入蜀，历任监察御史、剑南行军司马，平襄州裨将康楚元、张嘉延叛乱。代宗时，数任州刺史，贬寓洪州十数年。德宗即位，任太常少卿，充和吐蕃使。两次入蕃，修睦盟交，吐蕃敬服。因直言朝廷得失，为卢杞所恶，以太子少师致仕（退休）。

⑩ 灌口：灌口山，在今四川都江堰市西北。

⑪ 扶、文：扶州、文州。扶州，地近松州，西魏曰邓州，隋开皇七年改曰扶州，治龙涸（今四川省阿坝州松潘县东五十里之黄龙寺）。文州，唐初复置，治曲水县（今甘肃省陇南市文县西南），辖境相当于今甘肃省陇南市文县一带。（见任乃强《吐蕃传地名考释》）

⑫ 方维：隋开皇初改秦兴县置方维县，治今四川省广元市青川县东北。属平武郡。唐初属沙州，贞观四年（630 年）废。

⑬ 白坝：白坝城，在今四川省广元市西北。

⑭ 黎、雅：黎州、雅州。黎州，唐乾元元年（758 年）复置，治汉源县（今四川省雅安市汉源县西北），辖大渡河两岸三县十一城，相当于今四川省汉源、石棉、甘洛等县地。雅州，唐武德元年（618 年）复置，治今四川省雅安市，辖境相当于今四川省名山、雅安、芦山、天全、荥经、宝兴等市县地。

⑮ 邛崃关：位于今四川省雅安市荥经县西南，以邛崃坂而名。唐代为通往南诏要冲。太和六年（832 年）西川节度使李德裕重修。

⑯ 幽州：唐方镇名。治蓟县（故地在今北京城西南隅）。唐先天二年（713 年）置幽州节度经略镇守使，开元二年（714 年）称幽州节度使。天宝元年（742 年）改为范阳节度使。为玄宗时十节度使之一。以临制东北奚、契丹。兵额九万一千人，马匹六千五百。

建中元年[①]四月，韦伦至。自大历中聘使前后数辈，皆留之不遣。俘获其人，必遣中官[②]部统徙江、岭[③]，因缘求财及给养之费，不胜其弊。去年冬，吐蕃大兴师以三道来侵，会德宗[④]初即位，以德绥四方，征其俘囚五百余人，各给衣一袭，使伦统还其国，与之约和，敕边将无得侵伐。吐蕃始闻归其人，不之信，及蕃俘入境，部落皆畏威怀惠。其赞普乞立赞[⑤]谓伦曰："不知是来也，而有三恨，奈何？"伦曰："未达所谓。"乞立赞曰："不知大国之丧，而吊不及哀，一也。不知山陵之期[⑥]，而赙[⑦]不成礼，二也。不知皇帝舅圣明继立，已发众军三道连衡。今灵武之师，闻命辄已；而山南之师已入扶、文，蜀师已趋灌口，追且不及，是三恨也。"乃发使奉贽[⑧]，不二旬而复命。蜀帅上所获戎俘，有司请准旧事颁为徒隶，上曰："要约著矣，言庸二乎！"乃各给缣[⑨]二匹、衣一袭而归之。五月，以韦伦为太常卿[⑩]，复使吐蕃。其冬，遣宰相论钦明思等五十五人随伦至，且献方物。吐蕃见伦再至，甚欢。既就馆，声乐以娱之，留九日而还，兼遣其渠帅报命。

【译文】

建中元年（公元780年）四月，韦伦抵达吐蕃。自大历年间吐蕃的来使前后几批，全都被扣留不让归还，俘获的吐蕃人，定要派中官统率分别迁往江南、岭南，因为求取财物及给养费用，弊害难以承受。前一年冬季，吐蕃大规模出兵分三路进犯，适逢德宗即位不久，以德义安抚四方，征集吐蕃俘虏五百多人，各给一套衣服，让韦伦统领着他们返回吐蕃，与吐蕃约定和好，诏令边将不要侵犯讨伐。吐蕃最初听说归还他们的人，还不相信，等到吐蕃俘虏进入本国境内，部落全都畏惧声威感念恩德。吐蕃赞普乞立赞（即赤松德赞）对韦伦说："不知道你这次前来，因而有三点悔恨，怎么办呢？”韦伦说：“我不明白你说的是什么。”乞立赞说：“不知道大国有丧，而没有及时吊哀，是第一点。不知道入葬山陵的时间，而没能奉送财物助办丧事，是第二点。不知道皇帝舅圣明继立，已经派遣各军从三路一同进发。如今灵武的军队，接到命令后就会停止；而山南的军队已经进入扶、文，入蜀的军队已经赶赴灌口，追也追不上了，这是第三点悔恨。”于是派遣使者奉送礼物，不到二十天就完成使命回报。蜀帅进献所获战俘，有关官员请求按照旧例把这些人发配为服贱役的人，皇上说：“规矩已经定得很清楚了，还要再说第二遍吗！”于是每人送给二匹细绢、一套衣服，把他们放回。五月，朝廷任韦伦为太常卿，让他再次出使吐蕃。这年冬季，吐蕃派遣宰相论钦明思等五十五人跟随韦伦前来，并且进献土产。吐蕃见韦伦两次前来，极为欢喜。住进客馆之后，用声乐供他娱乐，韦伦停留了九天后返回，吐蕃又派遣首领回访。

【注释】

① 建中元年：公元 780 年。

② 中官：宫廷中宦官的通称。

③ 江、岭：江南、岭南。

④ 德宗：唐德宗李适（读括）（742—805），公元 779 至 805 年在位。代宗长子。代宗初，任天下兵马元帅，讨史朝义，平定河北。即位初，思革旧弊。罢四方贡献，出宫女，纵驯象，禁止中使贪求。改租庸调为两税法。欲裁抑藩镇，但无成效。以强明自任，信谗纳邪，擢用卢杞、赵瓒为相，冤杀刘晏。四镇之乱后，加征间架、茶税、竹税、商税和除陌钱，百姓愁苦，破产不能支。建中四年（783 年），泾原兵变，仓皇逃往奉天（今

陕西乾县)。次年，李怀光又叛。后赖李晟等力战，收复京城。但又猜忌功臣，姑息藩镇，以宦官统领禁军。置宫市，进羡余，税外加税，专意聚敛。贬斥陆贽、阳城、韩愈，亲用裴延龄、窦参，政局愈加腐败。卒葬崇陵（在今陕西泾阳西北），谥神武孝文皇帝。

⑤ 乞立赞：赤松德赞（khri srong lde btsan）之另译。原译“娑悉笼腊赞”，系“松德赞”之译音。新译仅译前面所冠“赤”衔，作“乞立”，“松德”省译，故称“乞立赞”。

⑥ 山陵之期：山陵，指帝王的陵墓。山陵之期，即帝王下葬的日期。

⑦ 赙：读付，专指赠送财物给办丧事的一方。

⑧ 贽：读志，礼物。

⑨ 缣：读兼，细绢。

⑩ 太常卿：太常寺长官，正三品，掌礼乐、郊庙、社稷、陵寝诸事务。

二年[①]十二月，入蕃使判官常鲁与吐蕃使论悉诺罗等至自蕃中。初，鲁与其使崔汉衡至列馆，赞普令止之，先命取国信敕，既而使谓汉衡曰：“来敕云：‘所贡献物，并领讫；今赐外甥少信物，至领取。’我大蕃与唐舅甥国耳，何得以臣礼见处？又所欲定界，云州[②]之西，请以贺兰山为界。其盟约，请依景龙二年敕书云：‘唐使到彼，外甥先与盟誓；蕃使到此，阿舅亦亲与盟。’”乃邀汉衡遣使奏定。鲁使还奏焉，为改敕书，以“贡献”为“进”，以“赐”为“寄”，以“领取”为“领之”[③]。且谓曰：“前相杨炎不循故事，致此误尔。”其定界盟，并从之。

【译文】

建中二年（公元781年）十二月，入蕃使者、判官常鲁与吐蕃使者论悉诺罗等人从蕃中来到京城。当初，常鲁与使臣崔汉衡抵达吐蕃客馆，赞普要求他们停留在那里，先取国信诏书，随后派人对崔汉衡说："来诏中说：'所贡献的土产，全都收到了；如今赐给外甥少许信物，到后前来领取。'我大蕃与唐是甥舅之国，怎么能以臣礼对待？又所要确定的边界，灵州之西，请求以贺兰山为界。至于盟约，请依照景龙二年敕书所说：'唐使臣到吐蕃，外甥先与使臣盟誓；蕃使臣到唐，阿舅也要亲自与他们盟誓。'"于是要求崔汉衡派遣使臣上奏决定。常鲁回朝上奏，朝廷为此修改诏书，把"贡献"改为"进"，把"赐"改为"寄"，把"领取"改为"领之"。并且对吐蕃使臣说，"前宰相杨炎不遵循旧例，才导致这种错误。"约定边界订立盟约，全都依从吐蕃。

【注释】

①（建中）二年：公元781年。

② 云州：当作"灵州"。雲（云）、靈（灵）形近而讹。贺兰山在灵州（治今宁夏银川市灵武西南）之西，而非云州（治今山西省大同市）之西。

③ 为改敕书，以"贡献"为"进"，以"赐"为"寄"，以"领取"为"领之"：吐蕃赞普邀崔汉衡改国书，斤斤于一字之差以争敌国礼。于此可概见吐蕃对汉文化接触之广与体会之深。

三年[①]四月，放先没蕃将士僧尼等八百人归还，报归蕃俘也。九月，和蕃使、殿中少监[②]、兼御史中丞崔汉衡与蕃使区颊赞至。时吐蕃大相尚结息[③]忍而好杀，以尝覆败于剑南，思刷其耻，不肯约和。其次相尚结赞[④]有材略，因言于赞普，请定界明约，以息边人。赞普然之，竟以结赞代结息为大相，终约和好，期以十月十五日会盟于境上。以崔汉衡为鸿胪卿，以都官员外郎[⑤]樊泽兼御史中丞、充入蕃计会使。初，汉衡与吐蕃约定月日盟誓，汉衡到，商量未决，已过其期，遂命泽诣结赞复定盟会期，且告遣陇右节度使张镒[⑥]与之同盟，泽至故原州，与结赞相见，以来年正月十五日会盟于清水西。

【译文】

建中三年（公元782年）四月，吐蕃把先前沦落到吐蕃的将士僧尼等八百人放回，以此回报送回吐蕃俘虏。九月，和蕃使殿中少监兼御史中丞崔汉衡与吐蕃使者区颊赞前来。当时吐蕃大相尚结息残忍好杀，因为曾在剑南大败，想要洗刷耻辱，不肯讲和。吐蕃次相尚结赞有才智谋略，他借机对赞普说，请确定边界申明盟约，使边民安宁。赞普认为有道理，以至以尚结赞取代尚结息任大相，终于约定和好，决定于十月十五日在边境会盟。朝廷以崔汉衡为鸿胪卿，以都官员外郎樊泽兼御史中丞、充任入蕃计会使。当初，崔汉衡与吐蕃约定盟誓日期，崔汉衡到达后，朝廷商量未决，已经过了日期，因而命樊泽前去与尚结赞再次约定会盟日期，并且告知对方，朝廷派遣陇右节度使张镒同去盟誓。樊泽抵达故原州（今宁夏固原），与尚结赞相见，约定来年正月十五日在清水（今甘肃清水）西面会盟。

【注释】

①（建中）三年：公元782年。

② 殿中少监：唐有殿中省，系掌御前供奉的机构。设监一人，少

监二人，丞二人。领尚食、尚药、尚衣、尚舍、尚乘、尚辇六局。

③ 尚结息：为前文中“吐蕃大将尚结息”。其藏文全名为 mchims zhang rgyal zigs shu teng，汉译为“琛·尚结息许丁”。赤松德赞赞普时，受命率兵占据唐河西、陇右诸州。广德元年（763 年）同达札路恭攻入长安大掠而去。任吐蕃大相多年，建中三年（782 年）因拒绝与唐议和，次相尚结赞讽其失策，赞普解其相职，由尚结赞代之。

④ 尚结赞：藏文全名为 sna nam zhang rgyal mtshan lha snang，汉译为“那囊·尚结赞拉囊”，可简称“尚结赞”。初为次相。建中三年（782 年），以主张与唐和好，得赞普信任，代尚结息为大相。次年初，与唐使盟于清水，约定疆界。兴元元年（784 年），出兵助讨朱泚之乱。贞元二年（786 年），以讨乱未得酬赏为名，又入寇唐盐、夏二州。汉文史料称“尚结赞颇多诈谋”。曾于贞元三年（787 年）导演了一出连环计——平凉劫盟，企图借此去除唐朝三大名将（李晟、浑瑊、马燧）。先是遣使因马燧以请和。既和，则请盟，复因会盟以劫浑瑊，因以卖燧。又大兴兵入陇州，抵凤翔，无所掳掠，且曰：“召我故来，何不持牛酒劳军?”以离间李晟，致李晟被削兵权。

⑤ 都官员外郎：都官曹为刑部四曹（司）之一，都官员外郎即该曹次官。

⑥ 张镒（？—783）：郭子仪为关内副元帅，荐为判官。770 年，任濠州刺史，为政清简，延师授徒。776 年，李灵曜反于汴州，他团练乡兵，严为备御，加沿淮镇守使。历江西、河中观察使。781 年，拜中书侍郎、同平章事。后为卢杞排挤，代朱泚为凤翔节度使。783 年，与吐蕃尚结赞盟于清水，划定分疆。旋朱泚为乱，被叛将李楚琳所杀。

四年[①]正月，诏张镒与尚结赞盟于清水[②]。将盟，镒与结赞约，各以二千人赴坛所，执兵者半之，列于坛外二百步，散从者半之，分立坛下。镒与宾佐齐映[③]、齐抗[④]及会盟官崔汉衡、樊泽、常鲁、于頔[⑤]等七人皆朝服；结赞与其本国将相论悉颊藏、论臧热、论利驼、斯官者、论力徐等亦七人，俱升坛为盟。初约汉以牛，蕃以马，镒耻与之盟，将杀其礼，乃谓结赞曰："汉非牛不田，蕃非马不行，今请以羊、豕、犬三物代之。"结赞许诺。塞外无豕，结赞请出羝羊，镒出犬及羊，乃于坛北刑之，杂血二器而歃盟。

【译文】

建中四年（公元783年）正月，皇上下诏张镒与尚结赞在清水会盟。将要结盟时，张镒与尚结赞约定，各自率两千人到誓坛之处，一半人手持兵器，排列在誓坛以外二百步处，一半散从人员，分别站立在坛下。张镒与佐官齐映、齐抗以及会盟官崔汉衡、樊泽、常鲁、于頔等七人都身着朝服；尚结赞与吐蕃本国将相论悉颊藏、论臧热、论利驼、斯官者、论力徐等也是七人，一起登上誓坛结盟。当初约定汉人用牛，蕃人用马，张镒因与吐蕃结盟而感到羞耻，打算降低礼仪规格，便对尚结赞说："汉人没有牛不能耕田，蕃人没有马不能行走，现在请求用羊、猪、狗三种牲畜代替牛马。"尚结赞答应了。可是塞外没有猪，尚结赞请求吐蕃出羝羊，张镒出狗及羊，于是在誓坛北面杀牲，把血混放在两个容器中结盟。

【注释】

①（建中）四年：公元783年。

② 清水：为西汉所置清水县，治今甘肃省天水市清水县西北，唐

属秦州。宝应元年（762 年）地入吐蕃。建中四年（783 年）唐与吐蕃会盟于此，史称“清水之盟”。

③ 齐映（748—795）：大历进士，累授监察御史。建中时，为凤翔行军司马。建中四年（783 年），朱泚为乱，逃奔奉天，德宗嘉之，拜给事中，进中书舍人。贞元二年（786 年），以本官同平章事。时吐蕃入寇，德宗欲逃避之，被其谏止，然于政事无所是非。三年（787 年），罢为夔州刺史，复迁桂管、江西观察使，卒于任。

④ 齐抗（740—804）：安史之乱时，隐会稽读书。大历中，寿州刺史张镒辟为幕僚。德宗时，征为户部员外郎、仓部郎中，整顿江淮盐务。贞元初，为水陆运副使，督江淮漕运以供京师。后历任处州、苏州、潭州刺史，湖南都团练观察使。贞元十六年（800 年），入为给事中，进太常卿，以中书侍郎同平章事。为相用心精细，但无远谋大略。十九年（803 年）以疾求罢，改太子宾客致仕。

⑤ 于頔（？—818）：頔，读笛。德宗时，为湖州刺史，修复湖堤，引水溉田数千顷。调苏州刺史，整街路，浚沟渎，罢淫祠，颇有政绩。然横暴少恩，对下残虐。贞元十四年（798 年）为襄州刺史，充山南东道节度使。后吴少诚叛，率兵往讨，乘机募士卒，储兵器，请升襄阳为大都督府。德宗无奈，时人因称藩镇强横不法为“襄样节度”。宪宗即位，力削藩镇，惧而入朝。元和三年（808 年），拜司空，同平章事，宪宗以女妻其子。封燕国公。后以罪贬，以太子宾客致仕。

文曰：

唐有天下，恢奄禹迹[①]，舟车所至，莫不率俾。以累圣重光，历年为永，彰王者之丕业[②]，被四海之声教。与吐蕃赞普，代为婚姻，固结邻好，安危同体，甥舅之国，将二百年。其间或因小忿，弃惠为仇，封疆骚然，靡有宁岁。皇帝践祚[③]，愍[④]兹黎元，俾释俘隶，以归蕃落。蕃国展礼，同兹叶和，行人往复，累布成命。是必诈谋不起，兵车不用矣。彼犹以两国之要，求之永久，古有结盟，今请用之。国家务息边人，外其故地，弃利蹈义，坚盟从约。今国家所守界：泾州西至弹筝峡[⑤]西口，陇州西至清水县，凤州[⑥]西至同谷县[⑦]，暨剑南西山大渡河东，为汉界。蕃国守镇在兰、渭、原、会，西至临洮，东至成州，抵剑南西界磨些诸蛮[⑧]，大渡水西南，为蕃界。其兵马镇守之处，州县见有居人，彼此两边见属汉诸蛮，以今所分见住处[⑨]，依前为定。其黄河以北，从故新泉军[⑩]，直北至大碛，直南至贺兰山骆驼岭为界，中间悉为闲田。盟文有所不载者，蕃有兵马处蕃守，汉有兵马处汉守，并依见[⑪]守，不得侵越。其先未有兵马处，不得新置，并筑城堡耕种。今二国将相受辞而会，斋戒将事，告天地山川之神，惟神照临，无得愆坠[⑫]。其盟文藏于宗庙，副在有司，二国之成，其永保之。

【译文】

盟文说：

唐朝拥有天下，拓展了夏禹的疆域，车船所到之处，无不顺服。因为历代皇上发扬光大，从而享年长久，彰明王者的大业，广布四海的声威和教化。与吐蕃赞普，世代联姻，结为牢固友邻，安危与共，甥舅之国，将近二百年。这期间有时因为小的怨恨，背弃恩惠而成为仇敌，边地骚动，没有安宁的岁月。皇帝即位，怜悯这些百姓，下令释放俘虏，使他们返回蕃地。蕃国示礼，同我讲和，使者往返，多次转达请和的决定。这必定会使诡计不起、兵车不用。吐蕃还认为两国的约和，需要长期保持，古时候有结盟，如今请求沿用。国家务必要使边民安居乐业，割出故地，放弃利益坚守道义，巩固和遵守盟约。如今国家所控制的边界：泾州（今甘肃泾川）以西到弹筝峡（今甘肃平凉西北）西口，陇州（今陕西陇县）以西到清水县（今甘肃清水），凤州（今陕西凤县）以西到同谷县（今甘肃成县），以及剑南的西山大渡河以东，是唐的地界。吐蕃的守镇在兰（今甘肃兰州）、渭（今甘肃陇西）、原（今宁夏固原）、会（今甘肃会宁），西至临洮（今甘肃岷县），东到成州（今甘肃西和），直到剑南西界磨些诸蛮，大渡河西南，是吐蕃的地界。至于兵马镇守的地方，州县现有居民，以及彼此双方地内现属唐诸蛮，与今日划分界线内现有住处，依照原住处为定。黄河以北，从故新泉军（今甘肃会宁西北）起，正北到大漠，正南到贺兰山骆驼岭为边界，中间全作为空地。盟文中没有涉及到的，有吐蕃兵马的地方由吐蕃驻守，有唐兵马的地方由唐驻守，全都依照现在所守之处，不可越境侵犯。原先没有兵马的地方，不可重新设置兵马，也不可修筑城堡进行耕种。如今二国将相受命会盟，斋戒祭祀，祷告天地山川之神灵，唯有神灵鉴察，不得违犯。盟文藏在太庙，副本藏在有关部门，二国的结盟，要永远保持。

【注释】

① 恢奄禹迹：恢，广大、扩大之意。奄，覆盖、包括之意。禹迹，夏禹的疆域。恢奄禹迹，即扩展夏禹的疆域。

② 丕业：丕，书面语，大之意。丕业，即大业。

③ 践祚：书面语，即位、登基之意。

④ 愍：同悯，怜悯意。

⑤ 弹筝峡：位于今甘肃省平凉市西北五十公里。泾水至此，过都卢山，常如弹筝之声，故名。为关中通往陇右交通孔道。

⑥ 凤州：唐武德元年（618 年）复置，治今陕西省宝鸡市凤县东北凤州镇，辖境渐缩减。

⑦ 同谷县：治今甘肃省陇南市成县，唐属成州。宝应元年（762 年）地入吐蕃。

⑧ 磨些诸蛮：是现代纳西族的先民。汉、晋时期，称为“摩沙夷”，到唐代才称“磨些蛮”。分布于今四川省南部盐源、盐边县境及云南省丽江市。

⑨ 州县见有居人，彼此两边见属汉诸蛮，以今所分见住处：“见”同“现”，即现有居人，现属汉诸蛮，现住处。

⑩ 新泉军：原驻今甘肃省白银市会宁县西北二百余里，管兵千人。由河西节度使统辖。

⑪ 见：同现。

⑫ 愆坠：愆，读千，过失。愆坠，可作违背、违反解。

结赞亦出盟文，不加于坎[①]，但埋牲而已。盟毕，结赞请镒就坛之西南隅佛幄中焚香为誓。誓毕，复升坛饮酒。献酬之礼，各用其物，以将厚意而归。

【译文】

尚结赞也出示盟文，没有把盟文埋进坑穴，只是掩埋了祭祀用的牲畜而已。会盟完毕，尚结赞请求张镒到誓坛西南佛帐中烧香起誓。起誓结束，又登上誓坛饮酒。在饮酒酬劝的仪式中，各自使用对方的东西，以此表示厚意之后返回。

【注释】

① 坎：书面语，坑洼、坑穴。

二月，命崔汉衡持节答蕃，遣区颊赞等归。上初令宰相、尚书与蕃相区颊赞盟于丰邑里[①]坛所。将盟，以清水之会疆埸不定，遂罢，因留颊赞未遣，复令汉衡使于赞普。六月，答蕃使判官于頔与蕃使论颊没藏等至自青海。七月，以礼部尚书李揆加御史大夫，为入蕃会盟使。又命宰相李忠臣[②]、卢杞[③]、关播[④]、右仆射崔宁、工部尚书乔琳[⑤]、御史大夫于颀[⑥]、太府卿[⑦]张献恭、司农卿段秀实[⑧]、少府监李昌夔[⑨]、京兆尹王翃[⑩]、左金吾卫将军[⑪]浑瑊等与区颊赞等会盟于坛所。初，于頔至自蕃中，与尚结赞约"疆埸[⑫]既定，请归其使"。从之。以丰邑坊盟坛在京城之内非便，请卜坛于京城之西。其礼如清水之仪。先盟二日，命有司告太庙，盟官致斋。三日，朝服升坛，关播跪读盟文。盟毕，宴赐而遣之。

【译文】

二月，朝廷命崔汉衡持节回访吐蕃，并准备遣送区颊赞等人回国。皇上令宰相、尚书与吐蕃相区颊赞在丰邑里设坛的地方会盟，将要会盟时，因为在清水会商的国界没有确定，于是停止会盟，并扣留区颊赞不让他返回本国，又令崔汉衡出使会见赞普。六月，答蕃使、判官于頔与吐蕃使者论颊没藏等从青海返回。七月，朝廷任礼部尚书李揆加御史大夫为入蕃会盟使。又命宰相李忠臣、卢杞、关播、右仆射崔宁、工部尚书乔琳、御史大夫于颀、太府卿张献恭、司农卿段秀实、少府监李昌夔、京兆尹王翃、左金吾卫大将军浑瑊等与区颊赞等在设坛之处会盟。于頔从蕃中返回时，与尚结赞约定"疆界确定后，请送还使者"。皇帝依从了。因为丰邑里盟坛在京城之内，不便，请求在京城的西面择地设坛。礼仪与清水会盟一样。会盟的前两天，朝廷命令有关官员祭告太庙，会盟官员斋戒，第三天，身着朝服登上誓坛，关播跪着宣读盟文。会盟完毕，赐宴送吐蕃使者区颊赞等归国。

【注释】

① 丰邑里：从后文看，丰邑里当在京城（长安）之内。其具体位置似应在长安城西面南头第一门即延平门附近。

② 李忠臣（716—784）：本姓董，名秦。初事张守珪、安禄山等。天宝十四年（755 年），安禄山叛，乃杀伪节使吕知诲，以兵归唐。乾元二年（759 年）肃宗赐姓李，名忠臣，封陇西郡公，任陕西、神策两军节度兵马使，多有战功。宝应元年（762 年）任淮西十一州节度使，镇蔡州。后破周智光、田悦等，俱有功，领汴州刺史。贪暴好色，军无纪纲，民不堪命。复被族子李希烈逐，逃归京师。建中四年（783 年），泾原兵变，朱泚据长安称帝，署司空兼侍中。及朱泚败，与其子并伏诛。

③ 卢杞（？—约 785）：以荫累官虢州刺史。建中初，征为御史中丞，论奏称旨，旋迁为门下侍郎、同平章事。貌陋面蓝，不耻恶衣食，人谓有祖之风节。及为相，妒贤嫉能，陷害杨炎、颜真卿，排斥李揆、张镒。建中三年（782 年），为镇压田悦、李希烈等叛军，他以筹军资为名，聚敛财货，民怨沸腾，长安为之罢市。次年，泾原兵变，随德宗逃困奉天，被李怀光指斥罪责，乃罢相，贬新州司马，后改授沣州别驾，卒官。

④ 关播（719—797）：历州郡职，甚有政绩。大历中，被荐为都官员外郎。建中二年（781 年）迁给事中。次年，卢杞以其软弱易制，引为中书侍郎、同平章事，政事皆决于杞。旋李希烈反，荐李元平往汝州镇之，元平被擒而降，因坐罢为刑部尚书。贞元初，充使送咸安公主嫁回纥。以太子少师致仕。

⑤ 乔琳（？—784）：少孤贫，志学，以文词称。朔方节度使郭子仪辟为掌书记，累迁怀州刺史。建中初，擢御史大夫、同平章事。以年迈无相才，仅八十余日而罢，转工部尚书。四年（783

年)，朱泚为乱，削发为僧，被挟为吏部尚书。次年乱平，为德宗所杀。

⑥ 颀：读其。

⑦ 太府卿：太府寺长官，从三品。太府寺，掌受四方贡赋，出纳百官俸秩。

⑧ 段秀实（719—783）：沉厚能断，举明经。后从军安西，历事高仙芝、封常清，累官折冲都尉。肃宗立，从李嗣业、白孝德征战，积功为都虞候、泾州刺史。大历十二年（777 年），任北庭、四镇行营兼泾原、郑颍节度使，军政修理，恩信服人，吐蕃不敢来攻。建中初，因反对筑原州城，杨炎削其兵权，召为司农卿。后朱泚据长安为乱，他严辞合流，又夺笏击泚，遂遇害。

⑨ 少府监李昌夔：夔，读奎。少府监，掌百工制作的机构，又是少府监长官名，从三品。

⑩ 翃：读洪。

⑪ 左金吾卫将军：《新唐书·吐蕃传》作“金吾卫大将军”。浑瑊时为左金吾卫大将军。以“左金吾卫大将军”为是。

⑫ 疆埸：埸读易，边境、国界之意。疆埸即疆土、边界。

兴元元年[①]二月，以右散骑常侍兼御史大夫于颀往泾州已来宣慰吐蕃，仍与州府计会[②]顿递[③]。时吐蕃款塞请以兵助平国难，故遣使焉。四月，命太常少卿、兼御史中丞沈房为入蕃计会及安西、北庭宣慰使。是月，浑瑊与吐蕃论莽罗率众大破朱泚[④]将韩旻、张廷芝、宋归朝等于武功之武亭川，斩首万余级。

【译文】

兴元元年（公元 784 年）二月，朝廷派遣右散骑常侍兼御史大夫于颀前往泾州（今甘肃泾川）沿途安抚吐蕃，并与州府商讨算度沿道置备军需事宜。当时吐蕃主动表示愿出兵帮助平定唐的危难，所以派遣使者前去那里。四月，朝廷命太常少卿兼御史中丞沈房为入蕃计会及安西、北庭宣慰使。这一月，浑瑊与吐蕃论莽罗率领兵众在武功（今陕西武功）的武亭川大败朱泚将领韩旻、张廷芝、宋归朝等人，斩首一万多级。

【注释】

① 兴元元年：公元784年。

② 计会：思虑、盘算之意。

③ 顿递：特指沿道置备酒食、邮驿，以供军用。

④ 朱泚（742—784）：泚，读此。初为幽州卢龙节度使李怀仙部将，772年被推为节度留后。次年，代宗不得已，许为节度使。774年，入朝以示恭顺，遂统领汴、宋、淄、青兵。777年，代李抱玉为陇右节度使。781年，因击平泾州叛将刘文喜，加太尉、中书令，节度凤翔。783年，泾原兵变，德宗出奔奉天，节度使姚令言拥朱泚称大秦皇帝，次年改国号为汉，称汉元天皇。后李晟等军攻破长安，他逃往宁州彭原，为部下所杀。

贞元二年[①]，命仓部郎中[②]、兼侍御史[③]赵聿为入吐蕃使。八月，吐蕃寇泾、陇、邠、宁[④]数道，掠人畜，取禾稼，西境骚然。诸道节度及军镇咸闭壁自守而已。京师戒严。上遣左金吾将军张献甫与神策将李升昙、苏清沔等统兵屯于咸阳，召河中节度骆元光[⑤]率众戍咸阳以援之。九月，以吐蕃游骑及于好畤[⑥]，上复遣张献甫等统兵屯于咸阳，又诏遣左监门将军[⑦]康成使于吐蕃。初，吐蕃大相尚结赞累遣使请盟会定界，乃命成使之。至上呰原[⑧]，与结赞相见，令其使论乞陀与成同来。

【译文】

贞元二年（公元786年），朝廷命仓部郎中、兼侍御史赵聿任入吐蕃使。八月，吐蕃侵犯泾（今甘肃泾川）、陇（今陕西陇县）、邠（今陕西彬县）、宁（今甘肃宁县）数道，掠夺百姓牲畜，夺取谷物，西部边境骚动。各道节度使及军镇都闭门自守而已。京师戒严。皇上派遣左金吾将军张献甫与神策将李升昙、苏清沔等统领军队驻守咸阳，召河中节度使骆元光率领兵众戍守咸阳作为援军。九月，因为吐蕃游骑抵达好畤（今陕西永寿西南），皇上再次派遣张献甫等人统领军队驻守在咸阳，又下诏派遣左监门将军康成出使吐蕃。当初，吐蕃大相尚结赞多次派使者请求会盟定界，因而命康成出使吐蕃。康成到了上寨原，与尚结赞相见，尚结赞令吐蕃使者论乞陀与康成一同前来。

【注释】

① 贞元二年：公元786年。

② 仓部郎中：尚书省属官，属户部，掌仓廪之事。

③ 侍御史：唐代御史台有台院、殿院、察院，其中台院为三院之首，由侍御史领之。掌推问案件、弹纠百官等事。

④ 宁：宁州，唐武德初复置，治今甘肃省庆阳市宁县，辖境相当于今甘肃省庆阳市宁县、正宁两县地。

⑤ 骆元光（732—793）：中亚安息（今伊朗）人，唐将领。原名李元谅，本姓安，因父辈来中国经商，居住长安，少年时为宦官骆奉先收养，改名骆元光。初为宿卫军士，因军功任太子詹事。760年任镇国军节度副使，驻屯潼关十多年。783年朱泚叛，德宗出奔奉天，元光从潼关前往救驾，克复华州，任华州刺史、御史大夫、镇国军节度使，寻加检校工部尚书，封武康

郡王。次年，与李晟等收复长安，迎德宗还宫，加检校尚书右仆射。

⑥ 好畤：畤，读至。好畤，县名，治今咸阳市永寿县西南好畤河镇。

⑦ 左监门将军：亦称左监门卫将军。禁卫军将领。唐有左、右监门卫将军各二人。掌监守宫殿门户的出入及其禁令。

⑧ 上砦原：砦，读寨。

是月，凤翔节度使李晟[①]以吐蕃侵轶[②]，遣其将王佖[③]夜袭贼营，率骁勇三千人入汧阳[④]。诫之曰："贼之大众，当过城下，无击其首尾。首尾虽败，中军力全，若合势攻之，汝必受其弊。但候其前军已过，见五方旗、虎豹衣，则其中军也。出其不意，乃是奇功。"佖如其言出击之，贼众果败，副将史廷玉力战死之。又寇凤翔城下，李晟出兵御之，一夕而退。十月，李晟遣兵袭吐蕃之摧沙堡，大破之，焚其归积，斩蕃酋扈屈律设赞等七人，传首京师。

【译文】

这一月，凤翔节度使李晟因为吐蕃侵入，派遣部将王佖夜袭敌营，率领骁勇三千人进入汧阳（今陕西千阳），李晟告诫他说："敌人大部队会从城下经过，你不要攻打前后两头，因为前后两头虽然失败，但是中军的力量尚且保全，如果敌军合力反击，你必定会被打败。你只要等到他的前军已经经过，看见五方旗、虎豹衣，这就是他的中军。出其不意发兵攻击，便可以建立奇功。"王佖按照李晟的吩咐出击敌军，敌军果然失败，副将史廷玉奋力作战阵亡。吐蕃又侵犯凤翔城下，李晟出兵抵御，敌军一夜就被打退。十月，李晟派兵袭击吐蕃的摧沙堡，大败敌军，焚烧了敌军返回时的储备，斩吐蕃首领扈屈律设赞等七人，把他们的首级传送到京师。

【注释】

① 李晟（727—793）：晟，读胜。唐代名将。十八岁投河西节度使王忠嗣军，于陇、蜀之地屡破吐蕃、党项，立战功，号称万人敌。779 年，统神策军赴剑南破吐蕃。781 年，率军讨河北田悦、朱滔、王武俊等叛镇。783 年，朱泚反于长安，德宗出奔奉天，他率军赴援，顾全大局，与李怀光合力破敌。次年，怀光叛，德宗奔梁州。他屯军东渭桥，免被吞并，与部下同甘苦，激励将士，浴血奋战，收复长安，军纪严明，士庶感泣。以功任司徒兼中书令。德宗还京，制纪功碑立于东渭桥。寻任凤翔、陇右节度使，防御吐蕃侵袭。李晟常曰："河陇之陷也，非吐蕃能之，皆以将帅贪暴，种落携二，人不得耕稼，辗转东徙，皆自弃之耳！"

② 侵轶：轶，读义，突袭，突击。侵轶，即侵犯袭击。

③ 佖：读必。

④ 汧阳：北周天和五年（570 年）置汧阳县。治今陕西千阳县西四十里，建德四年（575 年）移治今千阳县西北六里。隋属扶风郡。唐属陇州。

十一月，吐蕃陷盐州[①]。初，贼之来也，刺史杜彦光使以牛酒犒之。吐蕃谓曰："我欲州城居之，听尔率其人而去。"彦光乃悉众奔鄜州[②]。十二月，陷夏州[③]，刺史拓拔乾晖率众而去，复据其城。又寇银州[④]，素无城壁，人皆奔散。三年[⑤]春，命检校左庶子、兼御史中丞崔浣为入吐蕃使，相次又遣左庶子李铦[⑥]使之。河东、保宁等道节度使马燧[⑦]来朝。初，尚结赞既陷盐、夏等州，各留千余人守之，结赞大众屯于鸣沙[⑧]。自去冬及春，羊马多死，粮饷不给。时诏遣华州、潼关节度骆元光、邠宁节度韩游瓌统众与凤翔、鄜、邠及诸道戍卒，屯于塞上，又命燧率师次于石州⑨，分兵隔河与元光等掎角讨之。结赞闻而大惧，累遣使请和，仍约盟会，上皆不许。又遣其大将论颊热厚礼卑词求燧请盟，燧以奏焉，上又不许，惟促其合势讨逐。燧喜赂信诈，乃与颊热俱入朝，盛言其可保信，许盟约，上于是从之。燧既赴朝也，诸军但闭壁而已。结赞遽悉其众弃夏州而归，马既多死，有徒行者。及是夏平凉之会，竟渝盟，马燧亦由此失兵柄而奉朝请⑩矣。

【译文】

十一月，吐蕃攻陷盐州（今陕西定边）。当初，敌军前来，刺史杜彦光派人用牛酒犒劳敌军。吐蕃对杜彦光说："我只是想占居州城，听任你率领自己的人离去。"杜彦光便带领所有人马出奔鄜州（今陕西富县）。十二月，吐蕃攻打夏州（今陕西靖边北），刺史拓拔乾晖率领部众离去，吐蕃占据了夏州城。吐蕃又侵犯银州（今陕西横山东），银州原来没有城墙，百姓全都逃离。贞元三年（公元 787 年）春，朝廷命检校左庶子兼御史中丞崔浣为入吐蕃使，接着又派遣左庶子李铦出使吐蕃。河东、保宁等道节度使马燧前来入朝。当初，尚结赞攻占盐（今陕西定边）、夏（今陕西靖边北）等州以后，分别留下一千多人驻守，尚结赞大军驻守在鸣沙（今宁夏吴忠西南）。从去年冬季到今年春季，羊马大多死去，粮饷不足。当时朝廷下诏派遣华州、潼关节度使骆元光、邠宁节度使韩游瓌统领兵众与凤翔、鄜、邠及各道守边士卒，驻守在塞上，又命马燧率领军队停驻石州（今山西吕梁），分兵隔河与骆元光等相互策应征讨吐蕃。尚结赞得知后大为恐惧，多次派遣使者请求通好，并且约定会盟，皇上都没有答应。尚结赞又派遣大将论颊热用厚礼卑词央求马燧请盟，马燧以此上奏，皇上还是没有答应，只是督促马燧与各路军队合兵讨击。马燧贪财受骗，便与论颊热一同入朝，极力述说吐蕃可以信任，请求皇上允许盟约，于是皇上听从了。马燧赴朝后，各军只是关闭军垒防守而已。尚结赞赶紧带领所有兵马离开夏州返回，因马匹死去很多，有的只好步行。到这年夏季在平凉会盟，吐蕃竟然背弃盟约，马燧也因此失去兵权而享有上朝请命的待遇而已。

【注释】

① 盐州：治今陕西省榆林市定边县，辖境相当于今陕西省定边县、宁夏盐池县一带。唐天宝、乾元间，曾改为五原郡。

② 鄜州：鄜，读夫。鄜州，唐武德元年（618 年）复置，治洛交县（今陕西省延安市富县），辖境相当于今陕西省延安市甘泉县以南、宜君县及黄陵县以北洛河中游地区，后渐缩小。

③ 夏州：治今陕西省榆林市靖边县北白城子，辖境相当于今陕西省红柳河流域及内蒙古鄂尔多斯市杭锦旗、乌审旗等地区。

④ 银州：唐贞观二年（628 年）复置，治今陕西省榆林市横山区东党岔镇，辖境相当于今陕西省榆林市、米脂县、佳县及横山区东部地区。

⑤ 贞元三年：公元 787 年。

⑥ 铦：读先。

⑦ 马燧（726—795）：少学兵书战策，沉勇多智略。755 年安禄山叛，他劝范阳留守贾循等举兵反抗，事泄，逃出。宝应中，泽潞节度使李抱玉署为赵城尉，曾以计制止回纥兵索掠，为抱玉所重。累迁郑、怀州刺史，劝农亩，修教化，救灾荒，减免烦苛，民颇赖之。776 年，汴州将李灵曜反，他与淮西节度使李

忠臣合军讨平之，迁河东节度使。于太原整军经武，威震北方。782 年，河朔节镇田悦、李纳等联兵为乱，他与李晟、李抱真败之。785 年，合浑瑊等兵平李怀光。787 年，轻信吐蕃，坚请结盟，遭吐蕃伏兵劫盟，因削兵权。仍以功与李晟并图形凌烟阁。

⑧ 鸣沙：《资治通鉴》卷二三二贞元三年（787 年）条宋白注曰："鸣沙县，属灵州，本汉富平县地，后周保定二年于此置会州，建德六年立鸣沙镇，隋文帝立环州，以大河环曲为名，仍立鸣沙县属焉。此地人马行沙有声，异于余沙，故曰鸣沙。"汉富平县，治今宁夏吴忠市西南。

⑨ 石州：治今山西省吕梁市离石区，唐辖境相当于今山西省吕梁市三川河、湫水河流域。

⑩ 奉朝请：大臣上朝向皇帝请命。表示有一定待遇但无实权。

四月，崔浣至自鸣沙。初，浣至鸣沙，与尚结赞相见，询问其违约陷盐、夏州之故，对曰："本以定界碑被牵倒，恐二国背盟相侵，故造境上请修旧好。又蕃军顷年破朱泚之众于武功，未获酬赏，所以来耳。及徙泾州，其节度使闭城自守，音问莫达。又徙凤翔，请通使于李令公，亦不见纳。及遣康成、王真之来，皆不能达大国之命。日望大臣充使，兼展情礼，实无至者，乃引军还。及盐、夏二州之师，二州惧我之众，请以城与我，求全而归，非我所攻陷也。今君以国亲将命，若结好复盟，蕃之愿也。盟会之期及定界之所，唯命是听。君归奏决定，当以盐、夏相还也。"又云："清水之会，同盟者少，是以和好轻慢不成。今蕃相及元帅已下凡二十一人赴。灵州节度使杜希全禀性和善，外境所知，请令主盟会。泾州节度李观，亦请同主之。"又同章表上闻。浣诱赂蕃中给役者，求其人马真

数，凡五万九千余人、马八万六千余匹，可战者仅三万人，余悉童幼，备数[1]而已。

【译文】

四月，崔浣从鸣沙（今宁夏吴忠西南）返回。当初，崔浣抵达鸣沙，与尚结赞相见，向他询问违背盟约攻占盐、夏州的缘故，尚结赞回答说："本来因为定界碑被推倒，恐怕两国背弃盟约相互侵犯，因而来到边境上请求重归旧好。再加上吐蕃军队近年在武功打败朱泚的兵众，没有得到酬报，所以才前来。当军队走到泾州，泾州节度使关闭城门自守，音讯不通。又到凤翔，请求与李令公通使，也不被接纳。等到派遣康成、王真前来，全都不能传达大国的旨意。我天天盼望有大臣充任使者，同时充分表达情状礼节，却一直没有使者前来，便带领军队撤回。至于前往盐、夏二州的军队，是由于二州惧怕我军，请求把城让出，以保全自己返回，并非我军所攻占。如今君以国家钦命而来，如果能结好复盟，这是吐蕃的愿望。会盟的日期及约定边界的地点，一切听从命令。君回去以后上奏决定，我一定会把盐、夏二州归还给唐。"他又说："清水会盟，参加结盟的人少，因而和好受到轻视怠慢而没有成效。如今吐蕃宰相及元帅以下共二十一人前去会盟。灵州节度使杜希全秉性和善，外境人了解他，请求命令他主持会盟。泾州节度使李观，也请他一同主持会盟。"又把同一内容的章表报告皇上。崔浣引诱贿赂在吐蕃服役的人，打听吐蕃人马的真实数字，吐蕃共有五万九千多人，八万六千多匹马，能够作战的只有三万人，其余都是未成年的人，用来充数而已。

【注释】

① 备数：充数。王充《论衡·程材》："其置文吏也，备数满员。"

是日，改崔浣为鸿胪卿，再入吐蕃，令浣报尚结赞曰："杜希全职在灵州，不可出境。李观今已改官，以侍中浑瑊充盟会使。"约以五月二十四日复盟于清水。又令告以盐、夏二州归于我，才就盟会。上疑蕃情不实，以得州为信焉。五月，浑瑊以充盟会使来辞，且受命。以兵部尚书崔汉衡为盟会副使，司勋员外郎[1]郑叔矩为判官。浑瑊赴会盟所，上令瑊统众二万余人，遣华州潼关节度骆元光赴之。上令宰臣召吐蕃使论泣赞等于中书议会盟之所。初崔浣与尚结赞约复会于清水，且先归我盐、夏二州，结赞云："清水非吉地，请会于原州之土梨树。"又请盟毕归二州。浣遣使与泣赞等同奏，上务怀柔远人，皆从之。约以五月十五日盟于土梨树，上召宰臣谋之。先是左神策将马有麟奏："土梨树地多险隘，恐蕃军隐伏，不利于我。平凉川四隅坦平，且近泾州。就之为便。"由是乃定盟所于平凉川。时蕃使论泣赞已复命，遽追还，告而遣之。

【译文】

这天，朝廷改任崔浣为鸿胪卿，再次前往吐蕃，令崔浣答复尚结赞说："杜希全在灵州任职，不能出境。李观如今已经改官，朝廷派遣侍中浑瑊充任盟会使。"约定于五月二十四日在清水再次会盟。又令崔浣转告吐蕃，把盐、夏二州还给我，才去会盟。皇上怀疑吐蕃不是真心，要以得到二州作为凭信。五月，浑瑊因为充任盟会使前来辞行，并且听受命令。朝廷任兵部尚书崔汉衡为盟会副使，司勋员外郎郑叔矩为判官。浑瑊前往会盟之地，皇上命令浑瑊统领二万多兵众，派遣华州潼关节度使骆元光前去。皇上命令宰相召见吐蕃使者论泣赞等人在中书省商议会盟的地点。当初崔浣与尚结赞约定在清水再次会盟，并且先归还我盐、夏二州，尚结赞说："清水不是吉利的地方，请求在原州的土梨树会盟。"又请求会盟完毕再归还二州。崔浣派使者与论泣赞等一同上奏，皇上务求招抚远方之人，就一一答应了。约定于五月十五日在土梨树会盟，皇上召集宰相商议这件事。在此之前左神策将马有麟上奏称："土梨树地多险隘，恐怕吐蕃军队暗中埋伏，对我不利。平凉川四面平坦，又靠近泾州，在那里会盟便利。"因此便把会盟地点定在平凉川。当时吐蕃使者论泣赞已经完成使命返回报告，立即追回，把会盟地点变动之事告诉他后才让返回本国。

【注释】

① 司勋员外郎：司勋，吏部下属机构，掌官吏的勋级赏功。其主官为司勋郎中，次官为司勋员外郎。

浑瑊与尚结赞会于平凉。初，瑊与结赞约，以兵三千人列于坛之东西，散手四百人至坛下。及将盟，又约各益游军相觇伺。结赞拥精骑数万于坛西，蕃之游军贯穿我师。瑊之将梁奉贞率六十骑为游军，才至蕃中，皆被执留，瑊不虞也。结赞又遣人请瑊曰："请侍中以下服衣冠剑珮以俟命。"盖诱其下马，将劫持之。瑊与崔汉衡、监军[①]特进宋凤朝等皆入幕次，坦无他虑。结赞命伐鼓三声，其众呼噪而至。瑊遽出自幕后，偶得他马，跨而奔归。时马不加衔，瑊伏于鬣[②]而手加之，凡驰十余里，衔方及口，故追骑之矢，过而不伤焉。唯瑊之裨将辛荣招合数百人，据北阜与贼接战，须臾贼众四合，荣力屈而降。凤朝及瑊判官韩弇[③]，并为乱兵所杀。汉衡及中官刘延邕、俱

文珍[④]、李清朝，汉衡判官郑叔矩、路泌，掌书记袁同直，大将扶余准、马宁及神策、凤翔、河东大将孟日华、李至言、乐演明、范澄、马弇等六十余人皆陷焉。余将士及夫役死者四五百人，驱掠者千余人，咸被解夺其衣。

【译文】

浑瑊与尚结赞在平凉会盟。当初，浑瑊与尚结赞约定，用三千士兵排列在誓坛（在平凉西北五里）的东西两面，散从四百人在誓坛下。等到将要结盟，又约定各自增加流动军队互相观察。尚结赞率领精骑数万在誓坛西面，吐蕃的流动军队横穿我军。浑瑊的将领梁奉贞率领六十名骑兵作为流动军队。他们刚一抵达吐蕃军中，就被全部拘捕扣留，而浑瑊还没有察觉。尚结赞又派人向浑瑊请求说："请求侍中以下官员服衣冠带剑珮待命。"这是为了诱使他们下马，想要劫持他们。浑瑊与崔汉衡、监军特进宋凤朝等人全都进入帐幕中，他们坦然而无疑虑。尚结赞命令击鼓三声，吐蕃兵众呼喊着冲来。浑瑊立即从帐幕后溜出，偶然得到他人的马，便骑马逃回。当时马没有加嚼子，浑瑊身体前倾至马颈上用手加嚼子，疾驰十多里，才把嚼子加上，后面追骑的箭，从他身体周围飞过却没有射中他。浑瑊的偏将辛荣招集数百人，占据北面的土山与敌兵交战，片刻敌兵从四面包围，辛荣力竭投降。宋凤朝与浑瑊的判官韩弇，都被乱兵杀死。崔汉衡及宦官刘延邕、俱文珍、李清朝，崔汉衡的判官郑叔矩、路泌，掌书记袁同直，大将扶余准、马宁及神策、凤翔、河东大将孟日华、李至言、乐演明、范澄、马弇等六十多人全部被俘。其余将士及夫役死去的有四五百人，被掳掠的有一千多人。他们的衣服都被脱下来夺走。

【注释】

① 监军：官名。古代监军仅为临时差遣，事毕即罢。至唐中叶以后，朝廷不信任将帅，常派遣内廷宦官为监军，出监节帅，遂成为常设官。监军权任极大，常挟朝廷之势，与节度使分庭抗礼，甚至凌轹命官，侵夺节度使之权。如在平定安史之乱的过程中，像郭子仪、李光弼这样的大将，竟要受担任监军的大宦官鱼朝恩节制，形成“监军持权，节度反在其下”的怪事。

② 鬣：读列，马颈上的长毛。

③ 弇：读演。

④ 俱文珍（？—813）：唐宦官。冒所养宦父姓，改名刘贞亮。德宗时，曾出监宣武军，自置亲兵千人。贞元末，势益盛。二十一年（805 年），顺宗即位，王叔文等改革积弊，以宿将范希朝主京西神策军，欲夺宦者兵柄。他密谕诸镇，“无以兵属人”。寻逼顺宗退位，立太子李纯（宪宗）并监国，尽逐王叔文等。累迁右卫大将军，知内侍省事。

初，汉衡为乱军所击，其从吏吕温以身蔽之，刃中温而汉衡获免。汉衡乃夷言谓执者曰：“我汉使崔尚书也，结赞与我善，如若杀我，结赞亦杀汝。”乃舍之，尽驱而西。既已面缚，各以一木自领至趾约于身，以毛绳三束之，又以毛绳连其发而牵之。夜皆踣[①]于地，以发绳各系一橛，又以毛罽[②]都覆之，守卫者卧其上，以防其亡逸也。至故原州，结赞坐于帐中，召与相见，数让[③]国家，因怒浑瑊曰：“武功之捷，皆我之力，许以泾州、灵州相报，皆食其言，负我深矣，举国所忿，本劫是盟，在擒瑊也。吾遣以金饰桎梏待瑊，将献赞普。既以失之，虚致君等耳，当遣君辈三人归也。”吕温带疮亦至，结赞嘉其义，厚给赉[④]之。结赞率其众于石门[⑤]，遣中官俱文珍、浑瑊之将马宁、马燧之将马弇归于我，遂送汉衡、叔矩等囚于河州，辛荣、扶余准等于故廓州、鄯州分囚之。结赞本请杜希全、李观同盟，将执二节将，率其锐师来犯京师，希全等既不行，又欲执浑瑊长驱入寇，其谋也如此。上遣中官王子恒赍诏书以遗结赞，蕃界不纳而还。

【译文】

当初，崔汉衡受到乱军的攻击，他的从官吕温用自己的身体遮挡，刀砍中吕温而崔汉衡获免。崔汉衡便用夷语对拘捕他的人说："我是唐使崔尚书，尚结赞与我友好，假如你杀死我，尚结赞也会杀了你。"这才放过他，把他们统统驱赶着往西去。将两手反绑之后，各用一根木棍从脖子到脚绑住，用毛绳捆上三圈，再把毛绳系在头发上牵着。晚上全都趴在地上，把发绳分别系在一根木橛子上，又用毛毡一起盖住，守卫的人躺在上面，以防止他们逃跑。到了故原州（今宁夏固原），尚结赞坐在帐中召见他们，责备朝廷，对浑瑊尤其愤怒，说："武功取胜，全都靠我出力，答应用泾州、灵州作为回报，却又背弃诺言，太对不住我了，我们举国怨恨。劫持这次会盟的本意，是想擒获浑瑊。我命令用金饰枷具等着浑瑊，要将他献给赞普。既然浑瑊已经逃走了，白白地把你们抓来，我要放你们三人回去。"吕温带伤也被抓来，尚结赞赞许他有节操义气，对他大加赏赐。尚结赞率领兵众抵达石门（原州界内七关之一），把宦官俱文珍、浑瑊的部将马宁、马燧的部将马弇遣送回我方，而把崔汉衡、郑叔矩等人送到河州（今甘肃临夏）囚禁起来，把辛荣、扶余准等人分别囚禁在原廓州（今青海尖扎）、鄯州（今青海乐都）。尚结赞本来请求杜希全、李观会盟，是想要拘捕二节度使，然后率领精兵前来侵犯京师，杜希全等人既然没有前来，尚结赞又想要拘捕浑瑊，长驱进犯。他的计划原来就是这样。皇上派遣宦官王子恒携带诏书送给尚结赞，吐蕃边界不许他进入便返回。

【注释】

① 踣：读博，跌倒。

② 罽：读计，毡子类。

③ 让：责备之意。

④ 赉：读赖，赏赐。

⑤ 石门：此石门应为原州（治今宁夏固原）境内七关之一石门关。《资治通鉴》卷二四八大中三年（849 年）二月条胡三省注云："原州界有石门、驿藏、制胜、石峡、木靖、木峡、六盘七关。"

初，瑊与骆元光将发泾州，元光谓瑊曰："本奉诏令营于潘原堡[①]，以应援侍中。窃以潘原去盟所六七十里，蕃情多诈，侍中倘有急，何由知之？请次侍中为营，以虞其变。"瑊以非诏旨，固止之。元光与同进。瑊之营西去盟所二十余里，元光之营次之。其壕栅颇深固，瑊之壕栅可逾越焉。及瑊单骑奔归，未及其营，守将李朝彩不能整众，多已奔散，瑊至，空营而已，器械资粮悉弃之，赖元光之众阵于营中，瑊既入，贼追骑方退。元光乃先遣辎重，次与瑊俱申其号令，严其部伍而还。瑊复镇于奉天。

【译文】

当初，浑瑊与骆元光将要从泾州（今甘肃泾川）出发时，骆元光对浑瑊说："本来奉诏是在潘原堡（今甘肃平凉东南）安营，以便应援侍中。我认为潘原距离会盟之地有六七十里，吐蕃人多欺诈，侍中倘若有急难，我怎么能知道呢？请求挨着侍中安营，以防备吐蕃有变。”浑瑊以为不合诏书旨意，坚决制止他。骆元光与浑瑊同时进发。浑瑊的军营西面距会盟地点二十多里，下来是骆元光的军营。骆元光的壕沟栅栏又深又坚固，浑瑊的壕沟栅栏却可以逾越。等到浑瑊单骑逃回，还没有到达自己的军营，守将李朝彩不能整治部众，士兵大多已经逃散，浑瑊赶到，只有空营，器械资粮全部丢弃，幸亏骆元光的兵众在军营中列阵，浑瑊进入骆元光军营以后，敌追来的骑兵才撤退。于是骆元光先运回辎重，接着与浑瑊一道申明号令，整肃队伍返回。浑瑊又镇守在奉天（今陕西乾县）。

【注释】

① 潘原堡：即潘原县，唐天宝元年（742 年）改置，治今甘肃省平凉市东南。

六月，盐、夏二州吐蕃焚城门及庐舍，毁城壁而归。七月，诏曰：

乃者吐蕃犯塞，毒我生灵，俶[①]扰陇东，深入河曲。朕以兵戈粗定，伤夷未瘳[②]，务息战伐之谋，遂从通和之请。亦知戎丑，志在贪婪，重违修睦之辞，乃允寻盟之会。果为隐匿，变发壝[③]宫，纵犬羊凶狡之群，乘文武信诚之众，苍黄沦陷，深用恻然。此皆由朕之不明，致其至此。既无德于万众，亦有愧于四方，宵旰[④]贻忧，何嗟而及。今兵部尚书崔汉衡等，皆国之良士，朝之荩[⑤]臣，婴絷穷庐，眇然[⑥]殊域。念其家室，或未周于屡空[⑦]；录以息男[⑧]，庶或资于薄俸。汉衡宜与一子七品官，司勋员外郎郑叔矩、检校户部郎中路泌、殿中侍御史韩弇及大将孟日华、辛荣、李至言、范澄、王良贲、乐演明、阳昔、权交成等，各与一子八品官；试左金吾兵曹参军袁同直、榆次尉裴𬤊[⑨]及副兵马使以下，各与一子九品官。仍并与正员官。余将士各与一子官，仍委本使即具名衔闻奏。

于是遣决胜军使唐良臣以众六百人戍潘原堡，神策副将苏太平率其众五百人戍陇州。

【译文】

六月，驻扎在盐、夏二州的吐蕃兵众焚烧了城门及庐舍，毁坏城墙后返回。七月，皇上下诏说：

从前吐蕃侵犯边塞，祸害我百姓，扰乱陇东，深入河曲。朕因为战争刚刚平息，创伤没有治愈，只想熄灭挑起战争的预谋，于是答应了通和的请求。虽然也知道吐蕃丑类，本性贪婪，一再违背重归和睦的誓词，但还是应允重申前好的会盟。吐蕃果然包藏祸心，在设坛之处发动变乱，放纵像牲畜一样凶暴狡猾的兵众，袭击诚实可信的文武官员，仓促之间落入敌手，朕深感悲痛。这全是因为朕不能明察，以致如此。既无德于万众，也有愧于四方，日夜忧愁，又有何用？兵部尚书崔汉衡等人，全都是国家的贤士，朝廷的忠臣，如今被囚禁在毡帐，沦落在遥远的异域。考虑到他们的家庭，或许因未能及时救助而经常短缺；录用他们亲生之子，希望微薄的俸禄或可略有帮助。崔汉衡应授予一子七品官；司勋员外郎郑叔矩、检校户部郎中路泌、殿中侍御史韩弇及大将孟日华、辛荣、李至言、范澄、王良责、乐演明、阳昔、权交成等，各授予一子八品官；试左金吾卫兵曹参军袁同直、榆次尉裴𬤊及副兵马使以下，各授予一子九品官。赠官待遇（俸禄）与正员官相同。其余将士各授予一子官，并且委托本使立即开列姓名职衔奏知。

于是朝廷派遣决胜军使唐良臣带领兵众六百人驻守潘原堡

（今甘肃平凉东南），神策副将苏太平带领兵众五百人驻守陇州（今陕西陇县）。

【注释】

① 俶：读处，开始。

② 瘳：读抽，病愈。

③ 壝：读未，犹坛也。

④ 宵旰：旰，读赣，晚上。宵旰，即日夜。

⑤ 荩：读尽，忠诚之意。

⑥ 眇然：眇，同渺。眇然，遥远貌。

⑦ 未周于屡空：未周，未能周济。屡空，屡次短缺。因未能及时周济，而导致经常短缺。

⑧ 息男：亲生儿子。三国曹植《曹子建集》卷八封二子为公谢恩章："诏书封臣息男苗为高阳乡公，志为穆乡公，……流汗反侧，洪恩罔极。"

⑨ 颋：读挺。

八月，崔汉衡至自吐蕃。初，汉衡与同陷者并至河州，尚结赞令召汉衡与神策将孟日华、中官刘延邕，俱至石门而遣之。结赞令五十骑送至境上，且赍表请进。及潘原，李观使止曰："有诏不许更纳蕃使。"受其表而返其人。自是吐蕃率羌、浑之众犯塞，分屯于潘口及青石岭[①]。先是，吐蕃之众自潘口东分为三道：其一趋陇州，其一趋汧阳之东，其一趋钓竿原。是日，相次屯于所趋之地，连营数十里。其汧阳贼营，距凤翔四十里，京师震恐，士庶奔骇。贼遣羌、浑之众，衣汉戎服，伪称邢君牙[②]之众，奄至吴山[③]及宝鸡北界，焚烧庐舍，驱掠人畜，断吴山神之首，百姓丁壮者驱之以归，羸[④]老者咸杀之，或断手凿目，弃之而去。初，李晟在凤翔，令伐大木塞安化峡[⑤]，及是，贼并焚之。

【译文】

八月，崔汉衡从吐蕃归来。当初，崔汉衡与一同陷入吐蕃的人到达河州（今甘肃临夏），尚结赞命令召崔汉衡与神策将孟日华、宦官刘延邕，一起来到石门（原州界内七关之一）以后放回。尚结赞命令五十名骑兵把他们送到边境上，并且携带表章请求进上。到了潘原，李观派人阻止说："朝廷有诏不许再接纳吐蕃使臣。"于是接过吐蕃的上表而令吐蕃使臣返回。从此吐蕃率领羌、吐谷浑兵众侵犯边塞，分别驻扎于潘口及青石岭（今甘肃泾川西北）。在此之前，吐蕃的兵众从潘口东面分为三路：一路赴陇州（今陕西陇县），一路赴汧阳（今陕西千阳）以东，一路赴钓竿原。这一天，相继扎营在目的地，军营连绵数十里。汧阳敌营，距凤翔四十里，京师震惊，士人百姓全都惊慌逃亡。吐蕃派羌、吐谷浑的兵众，穿着唐军服装，谎称是邢君牙的部众，突然抵达吴山（今陕西陇县西南）及宝鸡北界，焚烧房舍，驱掠人畜，打断吴山神头，驱赶百姓中强壮的男子返回本国，而把瘦弱衰老的全部杀死，或者砍手挖眼，丢弃而去。当初，李晟在凤翔，命令砍伐大树堵塞安化峡，到这时，敌军全部焚烧掉。

【注释】

① 青石岭：在今甘肃省平凉市泾川县西北。

② 邢君牙（722—798）：唐将领。少从军于幽蓟、平卢，以战功充平卢兵马使。德宗奔奉天，李晟率君牙统所部兵，倍道兼程，以赴国难。及驻军咸阳，移营渭桥，军中之事，晟惟与君牙商

之，他人莫可得而闻也。收复宫阙，骤加御史大夫、检校常侍。既而晟为凤翔、泾源元帅，出军巡边，常令君牙掌知留后，军府安悦。787 年，晟以太尉、中书令归朝，君牙代为凤翔尹，寻迁右神策行营节度、凤翔陇州观察使，加检校工部尚书。吐蕃连岁犯边，君牙且耕且战，以为守备，西戎竟不能为大患。

③ 吴山：在今陕西省宝鸡市陇县西南，冈峦绵亘。

④ 羸：读雷，瘦弱。

⑤ 安化峡：当在汧阳县（今陕西省宝鸡市千阳县）境。《资治通鉴》卷二三三德宗贞元三年（787 年）胡三省注云：“陇州汧阳县有安化镇。”李晟伐大木塞隘口之安化峡当即指此地。

九月，诏神策军将石季章以众三千戍武功，召唐良臣自潘原戍百里城[①]。是月，吐蕃大掠汧阳、吴山、华亭[②]等界人庶男女万余口，悉送至安化峡西，将分隶羌、浑等，乃曰：“从尔辈东向哭辞乡国。”众遂大哭。其时一恸而绝者数百人，投崖谷死伤者千余人，闻者为之痛心焉。浑瑊遣其将任蒙主以众三千戍好畤。是月，吐蕃之众复至，分屯于丰义[③]及华亭。百僚入计以破吐蕃围。陇州刺史韩清沔与苏太平夜出兵伏于大像龛，及夜半，令城中及龛各举火相应，贼大惊，因袭其营，贼乃退散。时吐蕃攻陷华亭。初，贼之围华亭也，先绝其汲水道。其守将王仙鹤及镇兵百姓凡三千人，皆在围中。使人间道请救于陇州，刺史韩清沔令苏太平率一千五百人赴之。及中路，其游骑百余没于贼，太平素懦怯寡谋，遽引众退归。贼自是每日令游骑千余至陇州，州兵不敢复出。凡四日，围中绝水，援军不至，贼又积柴城下，将焚之，仙鹤遂降于贼。贼并焚庐舍，毁城壁，虏士众十三四，收丁壮弃老而去。北攻连云堡[④]，又陷。堡之三面颇峭峻，唯北面连原，以濠为固。贼自其北建抛楼七具，击堡中，堡中唯一井，投石俄而满焉。又飞梁架濠而过，苦攻之。堡将张明遂与其众男女千余口东向恸哭而降。泾州之西，唯有连云堡每侦候贼之进退，及是堡陷，泾州不敢启西门，西门外皆为贼境，樵苏[5]殆绝，收刈禾稼，必布阵于野而收获之。获既失时，所得多空穗，于是泾人有饥忧焉。吐蕃驱掠连云堡之众及邠、泾编户逃窜山谷者，并牛畜万计，悉其众送至弹筝峡。自是泾、陇、邠等贼之所至，俘掠殆尽。是秋，数州人无积聚者，边将唯遣使表贺贼退而已。

【译文】

九月，皇上下诏令神策军将石季章率领三千兵众驻守武功（今陕西武功），召唐良臣从潘原（今甘肃平凉东南）驻守百里城（今甘肃灵台西百里）。这一月，吐蕃大肆掳掠汧阳（今陕西千阳）、吴山（今陕西陇县西南）、华亭（今甘肃华亭）等地的男女百姓一万多人，全部送到安化峡西面，打算把他们分别赐予羌、吐谷浑等为奴，对他们说："你们可以面朝东方向故乡本国哭别。"众人于是大哭。当时痛哭气绝的有数百人，跳下崖谷而死伤的有一千多人，听说此事的人都为之痛心。浑瑊派遣部将任蒙主率领三千兵众驻守好畤（今陕西永寿西南）。这一月，吐蕃兵众再次来犯，分别屯驻在丰义（今甘肃镇原东南）及华亭（今甘肃华亭）。百官入朝计议如何打破吐蕃的包围。陇州刺史韩清沔与苏太平夜间出兵埋伏在大像龛，等到半夜，令城中军队与大像龛处的伏兵各自举火相应，敌军大为震惊，因而袭击敌营，敌军于是败退。当时吐蕃攻占了华亭。当初，敌军围攻华亭，先截断华亭的取水道路。华亭守将王仙鹤及镇兵百姓总共三千人，全都被包围在里面，他派人从小道到陇州（今陕西陇县）求救，刺史韩清沔命苏太平率一千五百人前去救援。到了半路上，搜索前进的骑兵一百多人被敌军抓获，苏太平一向怯懦少谋略，当即带领兵众撤回。敌军从此每天派遣一千多名游动骑兵到陇州，州兵不敢再出城。过了四天，被围困的华亭城中断水，援军没有来，敌军又在城下堆积柴草，将要放火烧城，王仙鹤于是向敌投降。敌军烧光房舍，毁坏城墙，掳掠十分之三四的士兵百姓，选出强壮男子而抛弃老弱者离去。吐蕃北攻连云堡（今甘肃泾川西界），又攻陷。连云堡的三面十分高峻陡峭，只有北面连接平原，用护城河作固守的工事。敌军在北面建造七具抛石车，抛石击打堡中，堡中仅有一口井，很快就被投来的石头填满。敌军又在护城河上凌空架设桥梁而越过护城河，竭力攻打。堡将张明遂与部众男女上千人向东痛哭后投降。泾州的西面，只有连云堡可时时侦察敌军的动向，到这时连云堡被敌军攻占，泾州不敢打开西门，西门以外全都变为敌境，无人敢去打柴割草，收割庄稼时，一定要在田野排列士兵保卫收获。由于不能按时收获，得到的多是空穗，于是泾州百姓开始为饥饿而忧愁。吐蕃驱赶掳掠连云堡的兵众及逃到山谷的邠、泾编户，还有数以万计的牛畜，把这些人全部送往弹筝峡。从此泾（今甘肃泾川）、陇（今陕西陇县）、邠（今陕西彬县）等敌军所到之处，百姓牲畜几乎全部被掳掠。这一年秋季，几州百姓没有积蓄的财物，边将只是派使者上表庆贺敌军撤退而已。

【注释】

① 百里城：今甘肃省平凉市灵台县西百里。唐广德元年（763年），原州地入吐蕃，置行原州于此。大历十年（775年），泾原节度使马璘在此破吐蕃。

② 华亭：华亭县，治今甘肃省平凉市华亭县。

③ 丰义：丰义县，唐武德二年（619 年）分彭原县置，治今甘肃省庆阳市镇原县东南，属彭州。贞观元年（627 年）废彭州，改属宁州。贞元三年（787 年）韩游瑰请筑丰义城以备吐蕃，即此。

④ 连云堡：在今甘肃省平凉市泾川县西界。

⑤ 樵苏：樵，取薪也；苏，取草也。樵苏，即打柴割草。

十月，吐蕃数千骑复至长武城[①]，韩全义率众御之。韩游瑰之将请以众助之，游瑰不许。及暮，贼退，全义亦引还。自是贼之骑常往来泾、邠之间，诸城西门莫敢启者。贼又修故原州城，其大众屯焉。

【译文】

十月，吐蕃数千名骑兵又来到长武城（今陕西长武），韩全义率领兵众抵御他们。韩游瑰的部将请求出兵援助长武，韩游瑰不允许。到了傍晚，敌兵撤退，韩全义也撤回。从此敌军骑兵经常往来于泾、邠之间，各城的西门都不敢打开。敌军又修故原州城（今宁夏固原），大队兵众驻守那里。

【注释】

① 长武城：在今陕西省咸阳市长武县西北。

四年[①]五月，吐蕃三万余骑犯塞，分入泾、邠、宁、庆、麟等州[②]，焚彭原县廨舍[③]，所至烧庐舍，人畜没者约二三万，计凡二旬方退。陈许[④]行营将韩全义自长武城率众抗之，无功而还。游瑰素无军政，且疾不能兴，闭城自守，莫敢御也。先是，吐蕃入寇，恒以秋冬，及春则多遇疾疫而退。是来也，方盛暑而无患。盖华人陷者，厚其资产，质其妻子，为戎虏所将而侵轶焉。九月，吐蕃将尚悉董星、论莽罗等寇宁州，节度使张献甫率众御之，斩首百余级，贼转寇麟、坊等州[5]，纵掠而去。

【译文】

贞元四年（公元788年）五月，吐蕃三万多骑兵侵犯边塞，分路进入泾（今甘肃泾川）、邠（今陕西彬县）、宁（今甘肃宁县）、庆（今甘肃庆阳）、鄜（今陕西富县）等州，焚烧彭原县（今甘肃庆阳境内）府衙，所到之处焚烧房舍，人畜被捉去的大约有两三万，前后共二十天才撤退。陈许行营（治今河南许昌）将韩全义从长武城（今陕西长武）率领兵众抵抗敌军，没能取胜便撤回。韩游瑰素来不懂军事，而且卧病不起，闭城自守，不敢抵御。在此以前，吐蕃进犯，常在秋冬两季，等到春季则因为经常发生疾疫而撤退。这次前来，正值盛夏而没有发生病害。这是因为被俘的唐人，得到吐蕃很多的财物，他们的妻子儿女被作为人质，在蕃将率领下侵袭的缘故。九月，吐蕃将领尚悉董星、论莽罗等侵犯宁州（今甘肃宁县），节度使张献甫率领兵众抵御他们，斩首一百多级，敌军转而侵犯鄜（今陕西富县）、坊（今陕西黄陵）等州，大肆掳掠后离去。

【注释】

①（贞元）四年：公元788年。

② 泾、邠、宁、庆、麟等州：庆州，治今甘肃省庆阳市，辖境相当于今甘肃省庆阳市庆城、环县、合水、华池及陕西省吴起等县地。“麟”，《新唐书·吐蕃传》作“鄜”，《资治通鉴》卷二三三德宗贞元四年五月条亦作“鄜”，以“鄜”为是。

③ 彭原县廨舍：彭原县，治今甘肃省庆阳市境内，唐属宁州。廨，读谢，官吏办公之处。

④ 陈许：唐贞元三年（787 年）置陈许节度使，治许州（今河南省许昌市），领陈（今河南省周口市淮阳县）、许二州。十年（794 年），号忠武军。

⑤ 转寇麟、坊等州：《新唐书·吐蕃传》作“尚悉董星、论莽罗等又寇宁州，张献甫拒斩裁百级，转剽鄜、坊乃去”。《资治通鉴》卷二三三贞元四年（788 年）九月条亦云：“吐蕃尚悉董星寇宁州，张献甫击却之，吐蕃转掠鄜、坊而去。”本传“麟”应为“鄜”之讹。鄜（治今陕西富县）、坊（治今陕西黄陵）二州均在宁州（治今甘肃宁县）东面不远处，而麟州（治今陕西神木）则距离遥远。

五年[①]十月，剑南节度使韦皋[②]遣将王有道等与东蛮两林苴那时、勿邓梦冲等帅兵于故巂州台登[③]北谷大破吐蕃青海、猎城二节度，杀其大兵马使乞藏遮遮[④]、悉多杨朱，斩首二千余级，其投崖谷赴水死者不可胜数，生擒笼官[⑤]四十五人，收获器械一万余事、马牛羊一万余头匹。遮遮者，吐蕃骁勇者也，或云尚结赞之子，频为边患。自其死也，官军所攻城栅，无不降下。蕃众日却，数年间，尽复巂州之境。

【译文】

贞元五年（公元 789 年）十月，剑南节度使韦皋派遣部将王有道等与东蛮两林苴那时、勿邓梦冲等统率兵众在故巂州（今四川西昌）台登（今四川冕宁东南）北谷大败吐蕃青海、猎城二节度，杀死吐蕃大兵马使乞藏遮遮、悉多杨朱，斩首两千多级，投崖谷赴水而死的不计其数，生擒笼官四十五人，缴获器械一万多件、马牛羊上万头匹。乞藏遮遮，是吐蕃的勇将，有人说他是尚结赞之子，经常侵扰边界。自从他死了以后，官军所攻打的城垒营栅，无不降服，吐蕃兵众一天天退却，几年之间，收复了嶲州的全部土地。

【注释】

①（贞元）五年：公元789年。

②韦皋（745—805）：783年朱泚反，遣使劝韦皋降，他迭斩来使，因功拜陇州刺史、奉义军节度使。785年，授成都尹、剑南西川节度使，联南诏，招东谢蛮，屡破吐蕃。西南西山羌女国、诃陵等八部酋长皆因请内附，以功兼云南安抚使。797年，收复嶲州。801年，又分路出击吐蕃，进围维州，破吐蕃兵十万，生擒其内大相，以功封南康郡王，德宗制碑褒之。顺宗立，遣使求尽领剑南、三川（西川、东川、山南西道）之地，未遂，即表请太子监国，诋毁革新派王叔文等，寻暴卒。史称，韦皋治蜀二十一年，凡破吐蕃四十八万，其功烈为西南剧。蜀人服其智谋而畏其威，当其时皆画像以为土神，家家祀之。

③台登：县名，治今四川省凉山州冕宁县东南泸沽，唐属嶲州。

④乞臧遮遮：《太平广记》卷四八〇引咸通录吐蕃条云：“（乞臧遮遮）或云是尚结藏男女。”又云：“吐蕃乃收其尸归，有百余人行哭随尸，威仪绝异。……若此异礼，必其国之贵臣也。”

⑤笼官：吐蕃职官译名，位在节度使、都督、城主之下。

六年[1]，吐蕃陷我北庭都护府[2]。初，北庭、安西，既假道于回纥朝奏，因附庸焉。蕃[3]性贪狠，征求无度。北庭近羌[4]，凡服用食物所资，必强取之，人不聊生矣。又有沙陀部[5]六千余帐，与北庭相依，亦属于回纥。回纥肆其抄夺，尤所厌苦。其葛禄部[6]及白服突厥[7]素与回纥通和，亦憾其夺掠，因吐蕃厚赂见诱，遂附之。于是吐蕃率葛禄、白服之众，去岁各来寇北庭，回纥大相颉干迦斯[⑧]率众援之，频战败绩，吐蕃攻围颇急。北庭之人既苦回纥，是岁乃举城降于吐蕃，沙陀部落亦降焉。北庭节度使杨袭古与麾下二千余人出奔西州[⑨]，颉干迦斯不利而还。七年[⑩]秋，又悉其丁壮五六万人，将复北庭，仍召袭古偕行，俄为吐蕃、葛禄等所击，大败，死者大半。颉干迦斯绐之曰："且与我同至牙帐，当送君归本朝也。"袭古从之，及牙帐，留而不遣，竟杀之。自是安西阻绝，莫知存否，唯西州之人，犹固守焉。颉干迦斯既败衄[⑪]，葛禄之众乘胜取回纥之浮图川[⑫]，回纥震恐，悉迁西北部落羊马于牙帐之南以避之。

【译文】

贞元六年（公元790年），吐蕃攻陷了我北庭都护府（今新疆吉木萨尔）。当初，北庭、安西（今新疆库车）需要向回纥借道入朝上奏，因此附属回纥。回纥生性贪婪狠毒，征敛索求没有限度，北庭靠近回纥，凡是需要的衣服食物，定要强行索取，民不聊生。又有沙陀部（西突厥别部）六千多帐，与北庭相互依赖，也附属回纥。回纥肆意抢夺，沙陀部更为厌倦困苦。葛禄部（突厥别种）及白服突厥（突厥别种）一向与回纥往来交好，也恨回纥掠夺，由于受吐蕃多给财物的引诱，便依附吐蕃。于是吐蕃率领葛禄、白服突厥的兵众，去年分别进犯北庭，回纥大相颉于迦斯率领兵众救援北庭，频频战败，吐蕃围攻十分猛烈。北庭的百姓既然受回纥之苦，这一年便全城投降吐蕃，沙陀部落也投降吐蕃。北庭节度使杨袭古与部下两千多人出奔西州（今新疆吐鲁番东南），颉于迦斯失利返回。贞元七年（公元791年）秋季，回纥又出动丁壮五六万人，想要收复北庭，并且召杨袭古一同前去，不久受到吐蕃、葛禄等攻打，大败，大半兵众死去。颉于迦斯欺骗杨袭古说：“暂且与我一同回到牙帐，我一定送君返回本朝。”杨袭古听信了他的话，但到了牙帐，杨袭古被扣留而没有被送还，最终被杀害。从此安西阻绝，不知存亡，只有西州（今新疆吐鲁番东南）的人还在坚守。颉于迦斯战败之后，葛禄兵众乘胜攻取回纥的浮图川（今新疆乌鲁木齐以东平原），回纥震惊，把西北部落的羊马全部迁往牙帐以南躲避。

【注释】

①（贞元）六年：公元790年。

② 北庭都护府：唐六都护府之一。长安二年（702年）分安西都护府北部置，治庭州（今新疆昌吉州吉木萨尔县北破城子），统天山北麓突厥诸部，辖境约当今阿尔泰山以西至咸海（一说里海），天山以北地区。安史乱后地陷回纥、葛逻禄。贞元六年（790年），府治亦陷于吐蕃，遂废。

③ 蕃：此“蕃”指回纥。

④ 羌：此“羌”亦指回纥。

⑤ 沙陀部：唐五代时部族名，西突厥别部处月之种。居金娑山（今新疆博格达山）之南，蒲类海（今新疆巴里坤湖）之东，境内有大碛，名沙陀，故号沙陀突厥。贞观中，从太宗讨高丽、薛延陀有功。高宗时，又从薛仁贵讨铁勒。先天初，避吐蕃徙部北庭。贞元中，举其族七千帐徙甘州，附吐蕃，吐蕃寇边，常以沙陀为前锋。元和三年（808年），背吐蕃附唐。

⑥ 葛禄部：又译葛逻禄部，古部族名，异姓突厥诸部之一。由三姓组成，一谋落，二炽俟，三踏实力。始游牧于北庭北、金山（今阿尔泰山）西。贞观二十三年（649年），其部皆归唐。657年，唐以谋落部置阴山州都督府，炽俟部置大漠州都督府，踏

实力部置玄池州都督府。后析大漠州为金附州都督府，西部隶北庭都护府。

⑦ 白服突厥：西突厥别种也，居地与葛禄部相近。唐贞元初，降于回纥，既而数为回纥所侵掠，因附吐蕃。部分西迁。

⑧ 颉干迦斯：按其原音应作“颉于迦斯”。唐时漠北回纥大相。建中二年（781 年）代可汗接见唐之册立使。常领兵在外，与吐蕃相持。贞元七年（791 年）约唐将杨袭古谋复北庭，败绩。

⑨ 西州：唐贞观十四年（640 年）灭高昌麹氏王朝，以其地置西昌州，不久改名西州。治高昌（今新疆吐鲁番市东南高昌故城），辖境相当于今新疆吐鲁番市及托克逊、鄯善等县地。地扼天山南北孔道，当中西交通要冲。贞元七年（791 年）为吐蕃占领。

⑩（贞元）七年：公元 791 年。

⑪ 衄：读女，四声，战败。

⑫ 浮图川：今新疆乌鲁木齐市以东的平原，一说指今新疆昌吉州吉木萨尔县附近的河流，因可汗浮图城（在今新疆昌吉州吉木萨尔县北破城子，唐北庭都护府治此）而得名。

八年[①]四月，吐蕃寇灵州，掠人畜，攻陷水口城，进围州城，塞水口及支渠以营田。诏河东、振武[②]分兵为援，又分神策六军[③]之卒三千余人戍于定远、怀远二城[④]，上御神武楼劳遣之。吐蕃引去。六月，吐蕃数千骑由青石岭寇泾州，掠田军千余人还，及连云堡，守捉使唐朝臣遣兵出战，大将王进用死之。九月，西川节度使韦皋攻吐蕃之维州，获大将论赞热及首领献于京师。十一月，山南西道节度严震击破吐蕃于芳州[⑤]及黑水堡[⑥]，焚其积聚，并献首虏[⑦]。

【译文】

贞元八年（公元792年）四月，吐蕃侵犯灵州（今宁夏灵武西南），掳掠人口牲畜，攻陷水口城，进军围攻州城，堵塞水口及屯田的支渠。皇上下诏令河东、振武分兵救援，又分神策六军三千多名士兵在定远（今宁夏平罗东南）、怀远（今宁夏银川）二城防守，皇上亲临神武楼慰劳送行。吐蕃撤走。六月，吐蕃数千名骑兵从青石岭（今甘肃泾川西北）侵犯泾州（今甘肃泾川），俘虏屯田士兵一千多人返回，到了连云堡（今甘肃泾川西界），守捉使唐朝臣派兵出战，大将王进用战死。九月，西川节度使韦皋攻打吐蕃的维州（今四川理县东北），俘获大将论赞热及首领献到京师。十一月，山南西道节度使严震在芳州（今甘肃迭部境）及黑水堡（今甘肃舟曲西南）打败吐蕃，焚烧吐蕃积聚的财物，并且进献敌人的首级。

【注释】

①（贞元）八年：公元792年。

② 河东、振武：唐五代方镇名。河东，开元十八年（730年）更太原府以北诸州军节度使为河东节度使，治太原府（今山西省太原市西南古城营），领天兵、大同、横野、岢岚四军，云中守捉及太原府和辽、石、岚、汾等十州。振武，大历十四年（779年）复置，治单于都护府（治今内蒙古呼和浩特市和林格尔县西北），领单于、镇北都护府及麟、胜、绥、银四州及东、中受降城。

③ 神策六军：唐朝后期主要禁军。天宝十三年（754年），陇右节度使哥舒翰在临洮郡设神策军。760年后，神策军遂由鱼朝恩控制。763年，吐蕃攻入长安，代宗出奔陕州，鱼朝恩率神策军迎驾，收复长安后，此军归于禁中，成为禁军。德宗为加强

禁军力量，分神策军为左右厢，以宦官充左右厢都知兵马使。神策军不仅宿卫，还担负出征、戍防任务，衣粮赏赐优于诸军，兵员增至十五万人。但此军逐渐腐化，战斗力日益衰败。

④ 定远、怀远二城：定远城，先天二年（713 年）由郭元振置，在今宁夏石嘴山市平罗县东南，属灵州。怀远城，指怀远县城，唐仪凤二年（677 年）移治今宁夏银川市，属灵州。

⑤ 芳州：唐武德元年（618 年）置，治常芬县（当在今甘肃省甘南州迭部县境），辖地相当于今甘肃省甘南州的玛曲、碌曲、迭部三县。（见任乃强《吐蕃传地名考释》）

⑥ 黑水堡：在今甘肃省甘南州舟曲县西南，西濒黑水。《资治通鉴》卷二三四贞元八年（792 年）十一月条胡三省注云："郦道元曰：黑水出羌中，西南逕黑水城西。其地盖在阴平西北，临洮西南，故沓中之地也。"阴平，治今甘肃省陇南市文县西北。

⑦ 首虏：所获敌人的首级。《荀子·儒效》："（周公）遂乘殷人而诛纣，盖杀者非周人因殷人也，故无首虏之获，无蹈难之赏。"

九年[①]二月，诏城盐州。是州先为吐蕃所毁，自此塞外无堡障，灵武势隔，西逼鄜坊[②]，甚为边患，故命城之，二旬而毕。又诏兼御史大夫纥干遂统兵五千与兼御史中丞杜彦光之众戍之。是役也，上念将士之劳，厚令度支供给。又诏泾原、剑南、山南诸军深讨吐蕃，以分其力。由是板筑[③]之际，虏无犯塞者。及毕，中外咸称贺焉。是月，西川韦皋献获吐蕃首虏、器械、旗帜、牛马于阙下。初，将城盐州，上命皋出师以分吐蕃之兵，皋遣大将董勔[④]、张芬出西山及南道，破峨和城、通鹤军[⑤]。吐蕃南道元帅论莽热率众来援，又破之，杀伤数千人，焚定廉故城[⑥]。凡平栅堡五十余所。

【译文】

贞元九年（公元793年）二月，皇上下诏修复盐州城（今陕西定边）。此州城先前被吐蕃毁坏，从此塞外没有城堡，灵武孤立无援，吐蕃在西边逼迫鄜坊（今陕西富县、黄陵），成为严重边患，所以皇上命令筑城，二十天就完工。又下诏兼御史大夫纥干遂统率五千士兵与兼御史中丞杜彦光的兵众戍守盐州城。这次劳役，皇上顾念将士辛苦，下令度支厚加供给。同时又下诏泾原、剑南、山南各军深入讨击吐蕃，以分散吐蕃兵力。因此在板筑盐州城的时候，没有敌军侵犯边塞。等到完工，朝廷内外全都道贺。这一月，西川韦皋把获取的吐蕃首级、器械、旗帜、牛马献到京师。当初，将要修筑盐州城时，皇上命韦皋出兵以便分散吐蕃兵力，韦皋派遣大将董勔、张芬从西山和南道出兵，攻破峨和城、通鹤军（今四川理县东北）。吐蕃南道元帅论莽热率领兵众前来救援，又被打败，杀伤数千人，焚烧定廉故城（今四川理县北）。总共攻取营栅堡垒五十多所。

【注释】

①（贞元）九年：公元793年。

② 鄜坊：唐五代方镇名。唐上元元年（760年）置渭北鄜坊节度使，简称渭北或鄜坊节度使，治坊州（治今陕西省延安市黄陵县东南），领鄜、坊、丹、延四州。建中四年（783年）徙治鄜州（治今陕西省延安市富县）。

③ 板筑：本指造泥墙的工具。板，夹墙板。筑，捣土的杵。此处代称修筑城垣。

④ 勔：读免。

⑤ 通鹤军：在今四川省阿坝州理县东北。唐设。垂拱二年（686年）没于吐蕃。

⑥ 定廉故城：即定廉县，唐武德七年（624 年）置，以县界定廉水为名，治今四川省阿坝州理县北。广德元年（763 年）没于吐蕃。

十年①，南诏蛮②蒙异牟寻③大破吐蕃于神川④，使来献捷，语在《南诏传》。十一年⑤八月，黄少卿⑥攻陷钦、横、浔、贵四州⑦，吐蕃渠帅论乞髯荡没藏悉诺律以其家属来降⑧，明年并以为归德将军⑨。十二年⑩九月，吐蕃寇庆州及华池县⑪，杀伤颇甚。十三年⑫正月，邢君牙奏请于陇州西七十里筑城以备西戎，名永信城。吐蕃赞普遣使农桑昔赍表请修和好，边将以闻。上以其豺狼之性，数负恩背约，不受表状，任其使却归。五月十七日，吐蕃于剑南山、马岭三处开路，分军下营，仅经一月，进军逼台登城。巂州刺史曹高任⑬率领诸军将士并东蛮子弟合势接战，自朝至午，大破之，生擒大笼官七人，阵上杀获三百人，余被刀箭者不可胜纪，收获马畜五百余头匹、器械二千余事。十四年⑭十月，夏州节度使韩全义破吐蕃于盐州西北。十六年⑮六月，盐州⑯破吐蕃于乌兰桥⑰下。

【译文】

贞元十年（公元 794 年），南诏蛮蒙异牟寻在神川（今金沙江入云南省段）大败吐蕃，使者前来献捷，此事在《南诏传》有记载。同年，吐蕃首领论乞髯荡没藏悉诺律带着家属前来投降，第二年正月朝廷授予他归德将军。贞元十一年（公元 795 年）八月，蛮酋黄少卿反叛，攻占了钦（今广西钦州东北）、横（今广西横县）、浔（今广西桂平）、贵（今广西贵港）四州。贞元十二年（公元 796 年）九月，吐蕃侵犯庆州（今甘肃庆阳）及华池县（今甘肃华池），杀伤很多。贞元十三年（公元797年）正月，邢君牙奏请在陇州（今陕西陇县）西面七十里筑城防备西戎，名叫永信城。吐蕃赞普派遣使者农桑昔携带表状请求重归和好，边将奏报。皇上因为吐蕃豺狼本性，多次辜负恩德背弃盟约，不接纳表状，听任吐蕃使者退回。五月十七日，吐蕃于剑南山、马岭三处开路，分军扎营，仅用了一个月时间，就进军逼近台登城（今四川冕宁东南）。巂州（今四川西昌）刺史曹高仕率领各军将士以及东蛮子弟联合应战，从早晨到中午，大败吐蕃，生擒大笼官七人，在战场上杀获三百人，其余中了刀箭的不计其数，缴获马畜五百多头匹、器械两千多件。贞元十四年（公元798年）十月，夏州（今陕西靖边北）节度使韩全义在盐州（今陕西定边）西北打败吐蕃。贞元十六年（公元800年）六月，灵州（今宁夏灵武西南）在乌兰桥（关外黄河上）下打败吐蕃。

【注释】

①（贞元）十年：公元794年。

② 南诏蛮：南诏，原为唐初滇西六诏之一，在今云南省大理州巍山南部，处五诏之南，故称南诏。居民为乌蛮。贞观二十三年（649年），首领细奴逻建“大蒙国”。开元时，诏主皮逻阁渐统一六诏，徙治太和城（今云南省大理市太和村）。二十六年（738年），唐封为云南王。其王多次遣王室子弟入长安、成都就学。境内使用汉文，佛教盛行。

③ 蒙异牟寻（754—808）：唐时南诏第六代王，779至808年在位。在位时，任用汉人郑回为清平官，健全制度。因不满吐蕃奴役，接受郑回建议，与唐联盟，击败吐蕃。贞元十年（794年），受唐册封为南诏王。从此连年献方物，并遣贵族子弟入成都学习诗、书、算，加强文化联系。

④ 神川：清人黄沛翘《西藏图考》引《一统志》称，金沙江，古名丽水，一名神川。则神川或为金沙江入今云南省迪庆州至丽江之间某段，约当迪庆州维西县境。

⑤（贞元）十一年：公元795年。

⑥ 黄少卿：钦州西原黄洞蛮首领。贞元十年（794年）四月反叛。十一年八月攻陷钦、横、浔、贵四州。

⑦ 钦、横、浔、贵四州：钦州，唐武德四年（621年）复置，治钦江县（今广西钦州市东北），辖境相当于今广西钦州、灵山二市县地，属岭南道。横州，唐贞观八年（634年）改南简州为横州，治宁蒲县（今广西南宁市横县），辖境相当于今横县东部地。浔州，唐贞观七年（633年）复置，因浔江为名，治桂平县（今广西贵港市桂平），辖境相当于今桂平市北部地，属岭南道。贵州，唐贞观九年（635年）改南伊州为贵州，治郁平县（今广西贵港市），辖境相当于今贵港市地，属岭南道。

⑧ 论乞髯荡没藏悉诺律以其家属来降：《新唐书·吐蕃传》《册府元龟》“荡”均作“汤”，“律”均作“硉”（读路）。《册府元龟》卷九七七外臣部降附载：“十年八月，吐蕃渠帅论乞髯汤没藏悉诺硉以其家属来降。”卷一七〇帝王部来远载：“十一年正月，以降吐蕃论乞髯汤没藏悉诺硉为归德将军，又于麟德殿召对论乞髯等。”本传记为“十一年八月”来降，“明年（即十二年）并以为归德将军”，误，当以《册府元龟》所记为确。

⑨ 归德将军：因有“归德”二字，是专门授予少数族首领的。

⑩（贞元）十二年：公元796年。

⑪ 华池县：治今甘肃省庆阳市华池县东，唐属庆州。

⑫（贞元）十三年：公元797年。

⑬ 巂州刺史曹高任：《新唐书·吐蕃传》作“巂州刺史曹高仕”，《资治通鉴》卷二三五贞元十三年（797年）亦云“巂州刺史曹高仕”。以“曹高仕”为是。

⑭（贞元）十四年：公元798年。

⑮（贞元）十六年：公元800年。

⑯盐州：《新唐书·吐蕃传》及《资治通鉴》卷二三五均作“灵州”。以“灵州”为是。

⑰乌兰桥：唐会州（治今甘肃省白银市会宁县）乌兰县有乌兰关，乌兰桥当在关外黄河上。

十七年[①]七月，吐蕃寇盐州，又陷麟州[②]，杀刺史郭锋[③]，毁城隍，大掠居人，驱党项部落而去。次盐州西九十里横槽烽顿军，呼延州[④]僧延素辈七人，称徐舍人召。其火队吐蕃没勒遽引延素等疾趋至帐前，皆马革梏手，毛绳缧[⑤]颈。见一吐蕃年少，身长六尺余，赤髭大目，乃徐舍人也。命解缚，坐帐中，曰：“师勿惧。余本汉人，司空英国公[⑥]五代孙也。属武后斫丧王室，高祖建义中泯，子孙流播绝域，今三代矣。虽代居职位，世掌兵要，思本之心无涯，顾血族无由自拔耳！此蕃、汉交境也，复九十里至安乐州[⑦]，师无由归东矣。”延素曰：“僧身孤亲老，恳祈全活。”悲不自胜。又曰：“余奉命率师备边，因求资食，遂涉汉疆，展转东进至麟州。城既无备，援兵又绝，是以拔之。知郭使君[⑧]是勋臣子孙，必将活之，不幸为乱兵所害。”适有飞鸟使[⑨]至，飞鸟，犹中国驿骑也，云：“术者上变[⑩]，召军亟还。”遂归之[⑪]。

【译文】

贞元十七年（公元801年）七月，吐蕃侵犯盐州（今陕西定边），又攻占麟州（今陕西神木），杀死刺史郭锋（郭子仪之孙），毁坏城墙壕沟，大肆掳掠居民，驱赶党项部落离去。吐蕃进抵盐州西面九十里的横槽烽停驻，叫延州（今陕西延安东北）僧人延素等七人，声称徐舍人召见。火队吐蕃没勒立即带领延素等人赶到帐前，把他们的手用马革绑起来，用毛绳系住脖颈。只见一位年轻的吐蕃人，身高六尺多，红胡子大眼睛，他便是徐舍人。徐舍人命令给他们松绑，他坐在帐中，说："师傅不要害怕。我本是汉人，是司空英国公（李勣，原名徐世勣）的第五代孙。适值武后毁灭王室，高祖创建的大业中衰，英国公的子孙流落到荒远地域，至今已经三代了。虽世代位居高官，执掌兵权，但思念故乡的心愿却无边无际，只是顾及亲属无由脱身。这里是吐蕃与唐交界的地方，再过九十里就到安乐州（今宁夏中宁鸣沙乡），在那里师傅就无法东归了。"延素说："僧孤身一人，父母年老，恳请能保全生命。"悲痛无法克制。徐舍人又说："我奉命率领军队守边，因为求取食物，所以到了唐朝境内，辗转东进到麟州（今陕西神木）。城中没有防备，援兵又断绝，所以攻取。知道郭使君是功臣的子孙，想要保住他的生命，却不幸被乱兵杀害。"这时有飞鸟使赶来，飞鸟，如同中原的驿骑，说："巫师向上密告有人谋反，王廷召军队迅速返回。"于是放回延素。

【注释】

①（贞元）十七年：公元801年。

② 麟州：唐开元十二年（724年）分胜州置，治新秦县（今陕西省榆林市神木市北）。十四年（726年）州、县俱废。天宝元年（742年）复置，同年改为新秦郡。乾元元年（758年）复为麟州。辖境相当于今神木市一带。

③ 郭锋：唐代名将郭子仪之孙。

④ 延州：武德元年（618年）改置，治肤施（今陕西省延安市东北），领肤施、延长、临真等九县，辖境相当于今陕西省延安、

延长、延川、安塞、志丹等县地。

⑤ 缧：读雷，捆绑。

⑥ 英国公：唐初名将李勣（594—669）。勣，读纪。本姓徐，名世勣，赐姓李，后改单名勣。武德初，继李密投唐，授黎州总管，右武侯大将军，封曹国公。武德四年（621 年），从李世民平窦建德、王世充。又从破刘黑闼、徐圆朗、辅公祏，皆有战功。太宗即位，任并州都督。贞观四年（630 年）与李靖平突厥颉利可汗。在并州十六年，令行禁止，塞垣安静，太宗比之长城。637 年，改封英国公，任兵部尚书，未赴京，为朔州道行军总管，破薛延陀，碛北悉定。俄同中书门下三品，图形凌烟阁。从攻高丽，任辽东道大总管，克盖牟、辽东、白崖数城。668 年，复发兵攻高丽，破平壤，俘其主而归。卒，陪葬昭陵。其为将，有谋善断，从善如流。胜则归功臣下，所得金帛悉散将士。故人皆效命，所向多捷。李勣长孙李敬业（又称徐敬业）于嗣圣元年（684 年）起兵反武后，败亡，家族遂遭武后迫害。

⑦ 安乐州：治今宁夏中卫市中宁县鸣沙乡，唐大中三年（849 年）改名威州。

⑧ 郭使君：郭锋。

⑨ 飞鸟使：唐代吐蕃传递紧急公文者。相当于唐朝驿骑或传骑。吐蕃遇有紧急情况需向下传达，或地方有急事需向赞普呈报时，使人骑马传送，日行数百里，使者上马如飞，故名。《新唐书·吐蕃传》云：“其举兵，以七寸金箭为契。百里一驿，有急兵，驿人臆前加银鹘，甚急，鹘益多。”似因驿人胸前挂飞鸟（鹘）而得名。又，敦煌发现藏文文书中有一件公文，上盖飞鸟展翅状的藏文红色方印。可能发送此等公文的使臣即称飞鸟使。

⑩ 术者上变：术者，即术士。上，即王廷，术士密告王廷。变，有变，有人谋反。

⑪ 归之：释放、放归延素等人。

时诏韦皋分遣偏将勒步骑合二万，出成都西山，南北九道并进，逼栖鸡、老翁、故维州、保州[①]、松州诸城，以纾[②]北边故也。

九月，韦皋大破吐蕃于维州。十八年[③]正月，韦皋擒吐蕃大首领论莽热来献，赐崇仁里宅以居之。莽热，吐蕃内大相也。先贞元十六年，韦皋累破吐蕃二万余众于黎州、巂州，吐蕃遂大搜阅[④]，筑垒造舟，潜谋寇边，皋悉挫之。于是吐蕃酋帅兼监统曩贡、腊城等九节度婴婴[⑤]、笼官马定德与其大将八十七人，举部落来降。定德有计画，婴婴习知兵法及山川地形，吐蕃每用兵，定德常乘驿计议，诸将禀其成算。至是自以边功不立，惧得罪而归心焉。其明年，吐蕃昆明城[⑥]管磨些蛮千余户又来降。吐蕃以其众外溃，遂北寇灵、朔，陷麟州。诏韦皋出兵成都西山以纾北边。皋遂命镇静军兵马使陈洎[⑦]等统兵万人出三奇路，威戎军使崔尧臣率兵一千出龙溪石门路南，维保二州兵马使仇冕、保霸两州[⑧]刺史董振等率兵二千进逼吐蕃维州城中，北路兵马使邢玭[⑨]并诸州刺史董怀愕等率兵四千进攻栖鸡、老翁等城，都将高倜、王英俊等率兵二千进逼故松州。陇东路兵马使元膺并诸将郝宗等复分兵八千出南道雅、邛、黎、巂等路。又令邛州[⑩]镇南军使、御史大夫韦良金发镇兵一千三百续进，雅州经略使路惟明与三部落主赵日进等率兵三千进攻逋租、偏松等城，黎州经略使王有道率三部落郝金信等二千过大渡河深入吐蕃界，巂州经略使陈孝阳与行营兵马使何大海、韦义等及磨些蛮三部落主苴那时率兵四千进攻昆明、诺济城。自八月至于十二月，累破十六万众，拔其七城、五军镇，受降三千余户，生擒六千余人，斩首一万余级，遂围维州。救军[⑪]再至，转战千余里，吐蕃连败，灵、朔之寇引众南下，于是赞普遣莽热以内大相兼东境五道节度兵马使、都统群牧大使率杂虏十万众来解维州之围。王师万余众，据险设伏以待之。先以千人挑战，莽热见我师之少也，悉众来追，入于伏中，诸将四面疾击，遂擒莽热，虏众大溃。

【译文】

当时皇上下诏令韦皋分派偏将带领步骑共两万人，从成都西山出兵，南北九路并进，逼近栖鸡、老翁、故维州（今四川理县东北）、保州（今四川理县北）、松州（今四川松潘）各城，目的是为了缓解北方边患。

九月，韦皋在维州（今四川理县东北）大败吐蕃。贞元十八年（公元802年）正月，韦皋擒获吐蕃大首领论莽热献给朝廷，朝廷赐给论莽热崇仁里宅第让他居住。论莽热，是吐蕃内大相。原先在贞元十六年（公元800年），韦皋在黎州（今四川汉源西北）、巂州（今四川西昌）屡次打败吐蕃两万多兵众，吐蕃于是大举征集兵丁物资，修筑工事制造舟船，暗中图谋侵犯边地，全都被韦皋挫败。于是吐蕃首领兼监统曩贡、腊城等九节度、笼官马定德与其大将八十七人，率领整个部落前来投降。马定德富于谋略，熟知兵法及山川地形，吐蕃每次用兵，马定德常是乘驿计议指挥，诸位将领都秉承他的决策。到这时因为自己没有在边地立功，惧怕获罪，便归附唐。第二年，吐蕃昆明城（今四川盐源东北）管辖下的磨些蛮一千多户又前来投降。吐蕃因为兵众在外面溃败，于是在北面侵犯灵（今宁夏灵武西南）、朔（今山西朔州），攻占了麟州（今陕西神木）。皇上下诏令韦皋从成都西山出兵以缓解北部边患。于是韦皋命令镇静军兵马使陈泊等统率一万人从三奇路出兵，威戎军使崔尧臣率领一千人从龙溪石门路南出兵，维保二州兵马使仇冕、保霸两州刺史董振等人率领两千兵众进逼吐蕃维州城（今四川理县东北），北路兵马使邢玼与各州刺史董怀愕等人率领四千兵众进攻栖鸡、老翁等城，都将高倜、王英俊等人率领两千兵众进逼故松州（今四川松潘），陇东路兵马使元膺与诸将郝宗等人又分出八千人从南道雅（今四川雅安）、邛（今四川邛崃）、黎（今四川汉源西北）、嶲（今四川西昌）等路出兵。又命令邛州镇南军使、御史大夫韦良金率领一千三百名镇兵跟进，雅州经略使路惟明与三部落主赵日进等人率领三千兵众进攻逋租、偏松等城，黎州经略使王有道率领三部落郝金信等两千兵众渡过大渡河深入吐蕃境内，嶲州经略使陈孝阳与行营兵马使何大海、韦义等人及磨些蛮三部落主苴那时率领四千兵众进攻昆明（今四川盐源东北）、诺济城。从八月到十二月，累计打败十六万吐蕃军队，攻下七座城、五个军镇，招纳降户三千多户，生擒六千多人，斩首一万多级，于是包围维州（今四川理县东北）。援军接着赶到，转战一千多里，吐蕃接连失败，灵（今宁夏灵武西南）、朔（今山西朔州）的敌人带领兵众南下，于是赞普派遣莽热任内大相兼东境五道节度兵马使、都统群牧大使，率领各种族十万兵众前来解救维州之围。官军一万多名士兵，占据险要地势设下埋伏等待吐蕃军队。先派一千人挑战，莽热见我军兵力少，便全军来追，等他们进入埋伏圈中，各位将领从四面猛攻，于是擒获莽热，敌军大败。

【注释】

① 保州：唐州名。开元二十八年（740 年）置奉州，治定廉县（今四川省阿坝州理县北）。天宝元年（742 年）改为云山郡。八年（749 年）移治天保军（今理县西北），改为天保郡。乾元元年（758 年）更名保州，领定廉、归顺、云山三县，辖境约

当今四川省阿坝州理县以北地区。

② 纾：读舒，解除、延缓意。

③（贞元）十八年：公元802年。

④ 大搜阅：或即大料兵、大调集。《新唐书·南诏传》云："至是大料兵，率三户出一卒，虏法为大调集。"在《敦煌本吐蕃历史文书》"大事纪年"中，大料兵、大调集之藏文全称为mkho sham chen po（pho，ma）。此法之内容大致包括：检阅军事实力，征集兵马，征集粮草，征集后备兵丁，并划定负担范围等。有点类似近代国家的总动员法。

⑤ 翌翌：此字不见字书，无可读音。《旧唐书·韦皋传》载："于是吐蕃酋帅兼监统曩贡、腊城等九节度婴、笼官马定德与其大将八十七人举部落来降。定德有计略，习知兵法及山川地形，吐蕃每用兵，定德常乘驿计事，蕃中诸将禀其成算；至是，自以扞边失律，惧得罪而归心焉。"本传"翌"字或从"婴"字变易而来，"翌翌习知兵法及山川地形"中"翌"字或从"習"（习）字衍生而来。《新唐书·吐蕃传》云："笼官马定德本虏之知兵有策虑者，周知山川险易，每用兵，常驰驿计议，授诸将以行。"则根本不提"翌翌"或"婴"。"翌翌"或为衍文。本传此段似可解读为：吐蕃酋帅兼监统曩贡、腊城等九节度、笼官马定德与其大将八十七人，举部落来降。定德有计画，习知兵法及山川地形，吐蕃每用兵，定德常乘驿计议，诸将禀其成算。至是自以边功不立，惧得罪而归心焉。见王忠《新唐书吐蕃传笺证》即持此种意见。

⑥ 吐蕃昆明城：即唐昆明县，在今四川省凉山州盐源县东北卫城。天宝后入吐蕃，称昆明城。居唐、吐蕃、南诏三方交界处，是当时的军事重镇，屡有争夺。贞元十一年（795年），南诏攻吐蕃昆明城，取之，后覆没于吐蕃。

⑦ 洎：读记。

⑧ 保霸两州：保州，见注释①。霸州，唐乾元元年（758 年）置，治安信县（今四川省阿坝州茂县西北），辖境相当于今茂县一带。广德后地入吐蕃。

⑨ 玼：读此。

⑩ 邛州：唐武德元年（618 年）分雅州复置，治依政县（今四川省成都市邛崃东南），辖境相当于今四川省成都市邛崃、蒲江、大邑等市县地。

⑪ 救军：从上下文看，此“救军”非吐蕃的救援军队，而应是唐的援军。

吐蕃牟尼赞普、赤德松赞、赤祖德赞、达玛，唐顺宗李诵、宪宗李纯、穆宗李恒及敬宗李湛、文宗李昂时期

十九年[①]五月，吐蕃使论颊热至。六月，以右龙武大将军[②]薛伾兼御史大夫，使于吐蕃。二十年[③]三月上旬，赞普卒[④]，废朝三日，命工部侍郎张荐吊祭之。赞普以贞元十三年四月卒，长子立；一岁卒，次子嗣立[⑤]。命文武三品以上官吊其使。四月，吐蕃使、臧河南观察使论乞冉及僧南拨特计波等五十四人来朝。十二月，遣使论袭热、郭志崇来朝。二十一年[⑥]二月，顺宗[⑦]命左金吾卫将军、兼御史中丞田景度持节告哀于吐蕃，以库部员外郎[⑧]、兼御史中丞熊执易为副使。七月，吐蕃使论悉诺等来朝。永贞元年[⑨]十月，赞普使论乞缕勃藏来贡，助德宗山陵[⑩]金银、衣服、牛马等。十一月，以卫尉少卿、兼御史中丞侯幼平充入蕃告册立等使。

【译文】

贞元十九年（公元803年）五月，吐蕃使者论颊热前来朝见。六月，朝廷任右龙武大将军薛伾兼御史大夫，出使吐蕃。贞元二十年（公元804年）三月上旬，得知吐蕃赞普去世消息，朝廷停止朝会三天，命工部侍郎张荐吊祭赞普。赞普（赤松德赞）于贞元十三年（公元797年）四月去世，长子（牟尼赞普）继立，他在位一年去世，赞普次子（赤德松赞）嗣立。朝廷命文武三品以上官员去向吐蕃使者表示吊唁。四月，吐蕃使者、臧河南观察使论乞冉及僧南拨特计波等五十四人前来朝见。十二月，吐蕃派遣使者论袭热、郭志崇前来朝见。贞元二十一年（公元805年）二月，顺宗命左金吾卫将军兼御史中丞田景度持符节到吐蕃告哀（德宗去世），任库部员外郎兼御史中丞熊执易为副使。七月，吐蕃使者论悉诺等人前来朝见。同年十月，赞普派论乞缕勃藏前来朝贡，为安葬德宗资助金银、衣服、牛马等。十一月，朝廷以卫尉少卿兼御史中丞侯幼平充任入蕃告册立等使。

【注释】

①（贞元）十九年：公元803年。

② 右龙武大将军：禁军将领，右龙武军主官。唐初，太宗置百骑以为翊卫，武后增至千骑，中宗增至万骑，并分为左右营。开元二十七年（739年）改为左右龙武军，与左右羽林军并称北门四军。各置大将军一人，正三品；将军二人，从三品。

③（贞元）二十年：公元804年。

④ 赞普卒：此处言，“二十年三月上旬，赞普卒”，是得到赞普去世的消息。此赞普应为在位一年即去世的牟尼赞普（汉译“足之煎”，797至798年在位），本传下文有说明。因吐蕃内部政

治不稳定，故匿丧数载，至 804 年始报丧于唐。命工部侍郎张荐吊祭的就是牟尼赞普。

⑤ 赞普以贞元十三年四月卒，长子立；一岁卒，次子嗣立：“赞普以贞元十三年（797 年）四月卒”，此赞普为赤松德赞，汉译又为“娑悉笼腊赞”，755 至 797 年在位。“长子立，一岁卒”，此为赤松德赞长子牟尼赞普，其藏文名为 mu ne btsan po，汉译作“足之煎”（将“牟尼赞”译作“足之煎”，似译音不太准确），797 至 798 年在位。牟尼赞普在即位前一年（796 年），秉承父王旨意，与庶母波雍妃洁莫尊成婚。据藏文史籍《贤者喜宴》记载，因牟尼赞普对波雍妃仁慈爱护，引发母后蔡邦妃的愤怒，即以毒食弑杀牟尼赞普。牟尼赞普执政仅一年九个月。“次子嗣立”，此为赤松德赞次子赤德松赞，其藏文名为 khri lde srong btsan，798 至 815 年在位。

⑥（贞元）二十一年：公元 805 年。

⑦ 顺宗：唐顺宗李诵（761—806），公元 805 年在位。德宗长子。为太子时，曾与王叔文议论宫市之弊及民间疾苦，筹划革新。即位后，大赦天下。任用王伾、王叔文等，宣布蠲免民间陈欠，罢进奉、宫市、五坊小儿等民之疾患，召陆贽、阳城、郑宗庆等还京，惩办贪污官吏。因患风疾、失音，行动不便，居宫中，以王伾通消息。在位仅八个月，为宦官俱文珍所迫退位，传位于太子李纯（宪宗），自称太上皇。次年病死，葬丰陵（在今陕西富平东），谥大圣大安皇帝。

⑧ 库部员外郎：库部，尚书省属曹，为兵部四司之一，掌军器、仪仗、卤簿、法式及乘舆等事。各曹司主官为郎中，次官为员外郎。

⑨ 永贞元年：贞元二十一年，公元 805 年。

⑩ 山陵：指皇帝陵墓。

元和元年[①]正月，福建道送到吐蕃生口十七人，诏给递乘放还蕃。六月，遣使论勃藏来朝。五年[②]五月，遣使论思耶热来朝，并归郑叔矩、路泌之柩及叔矩男文延等一十三人。叔矩、泌，平凉之盟陷焉，凡二十余年，竟不屈节，因没于蕃中，至是请和，故归之。六月，命宰相杜佑[③]等与吐蕃使议事中书令厅，且言归我秦、原、安乐州地。七月，遣鸿胪少卿、摄御史中丞李铦为入蕃使，丹王府长史、兼侍御史吴晕副之。六年至十年[④]，遣使朝贡不绝。十二年[⑤]四月，吐蕃以赞普卒来告[⑥]，以右卫将军乌重玘[⑦]兼御史中丞，充吊祭使，殿中侍御史段钧副之。

【译文】

元和元年（公元806年）正月，福建道送来吐蕃俘虏十七人，皇上下诏把他们从驿道递送回吐蕃。六月，吐蕃派遣使者论勃藏前来朝见。元和五年（公元810年）五月，吐蕃派遣使者论思耶热前来朝见，并且归还郑叔矩、路泌的灵柩以及郑叔矩之子郑文延等十三人。郑叔矩、路泌，在平凉会盟时身陷吐蕃，历时二十多年，始终没有投降，后来死于吐蕃，到这时吐蕃请求和好，因而送回他们的灵柩。六月，朝廷命宰相杜佑等人与吐蕃使者在中书令厅谈判，并提出要吐蕃归还我秦（今甘肃天水）、原（今宁夏固原）、安乐州（今宁夏中宁鸣沙乡）之地。七月，朝廷派遣鸿胪少卿代理御史中丞李铦任入蕃使，丹王府长史兼侍御史吴晕为副。元和六年至十年（公元811年至815年），朝廷和吐蕃交往不断。元和十二年（公元817年）四月，吐蕃因为赞普（赤德松赞）去世前来相告，朝廷以右卫将军乌重玘兼御史中丞充任吊祭使，殿中侍御史段钧为副使。

【注释】

① 元和元年：公元 806 年。此时宪宗已即位。唐宪宗李纯（778—820）公元 805 至 820 年在位。顺宗长子。贞元二十一年（805 年）四月，立为太子。八月，为宦官俱文珍等拥立。尽废顺宗朝政，贬王叔文、柳宗元等八人为远方司马。以杜黄裳、皇甫镈、李吉甫等人执政，停献祥瑞，修订律令，整顿科举，减省官员，加强财政管理，以求治理。又听杜黄裳之议，以法度制裁藩镇，先平西川刘辟、江东李锜，使魏博田弘正归顺。复平淮西强藩吴元济，大振威信，致使成德、横海、幽州等镇相继归附。至元和十四年（819 年），收复淄青十二州，代宗广德以来藩镇跋扈局面暂告段落，史称元和中兴。晚年迷信方士以求长生，服金丹，多躁怒，宦官往往有获罪被杀者，人人自危，终为宦官陈弘志等杀死。葬景陵（今陕西蒲城西北），谥章武皇帝。

②（元和）五年：公元 810 年。

③ 杜佑（735—812）：以门荫入仕。代宗时，历任工部郎中、抚州刺史、容管经略使。德宗初，杨炎为相，征入朝，任度支郎中兼和籴等使。时方军兴，馈运之务悉委之，迁户部侍郎、判度支。历任岭南、淮南等节度使。贞元十九年（803 年），入为检校司空、同平章事。王叔文进行改革时，充度支盐铁等使，主持财政。宪宗时，拜司徒、同平章事，封岐国公，甚受优礼。好学博闻，通历代制度沿革，尤精财政、吏治。以三十年左右时间，著《通典》二百卷，为我国第一部记述历代典章制度发展演变的通史著作。

④（元和）六年至十年：公元 811 至 815 年。

⑤（元和）十二年：公元 817 年。

⑥ 以赞普卒来告：此去世的赞普应为赤德松赞。815 年卒，817 年才报丧于唐。

⑦ 玘：读起。

十三年[①]十月，吐蕃围我宥州[②]、凤翔，上言遣使修好。是月，灵武于定远城破吐蕃二万人，杀戮二千人，生擒节度副使一人、判官长行三十九人，获羊马甚众。平凉镇遏使郝玼[③]破二万余众，收复原州城，获羊马不知其数。夏州节度田缙于灵武亦破三千余人。十一月，盐州上言：吐蕃入河曲，夏州破五万余人。灵武破长乐州罗城[④]，焚其屋宇器械。西川节度使王播攻拔峨和、栖鸡等城。

【译文】

元和十三年（公元818年）十月，吐蕃围攻我宥州（今内蒙古鄂托克旗南）、凤翔（今陕西凤翔），皇上提出派遣使者谈和。这一月，灵武在定远城（今宁夏平罗东南）打败吐蕃两万人，杀死两千人，生擒节度副使一人、判官长行三十九人，缴获很多羊马。平凉镇遏使郝玼打败吐蕃两万多兵众，收复原州城（今宁夏固原），缴获羊马不计其数。夏州节度使田缙在灵武也打败吐蕃三千多人。十一月，盐州（今陕西定边）上奏说：吐蕃进入河曲，夏州（今陕西靖边北）打败五万多人。灵武攻破吐蕃长乐州（今宁夏中宁鸣沙乡）的外城，焚烧房舍器械。西川节度使王播攻取峨和、栖鸡等城。

【注释】

①（元和）十三年：公元818年。

② 宥州：唐元和九年（814年）于旧宥州东北三百里置，仍置延恩县（今内蒙古鄂尔多斯市鄂托克旗南）为治所。

③ 郝玼：玼，读此。贞元中为临泾镇将，勇敢无敌，声震虏庭。

在边三十年，每战得蕃俘，必刳剔而归其尸，蕃人畏之如神。贞元十三年（818 年），检校左散骑常侍、渭州刺史、御史大夫，充泾原行营节度，平凉镇遏都知兵马使，封保定郡王。吐蕃畏其威，纲纪欲图之，朝廷虑失骁将，移授庆州刺史，竟终牖下。唐人沈亚之撰《临泾城碑》曰：边人无幼老，尽能诵郝玼之功。

④ 长乐州罗城：长乐州，又称安乐州，治今宁夏中卫市中宁县鸣沙乡。罗城，是为加强防守，在城墙外加建的凸出形小城圈，类似外城。

十四年[①]正月，敕曰："朕临御万邦，推布诚信，西戎纳款，积有岁时，中或亏违，亦尝苞贷[②]。我有殊德，宁不是思[③]，重译[④]贡珍，道途相继，申恩示礼，曾无阙焉。昨者蕃使奉章，又至京辇，将君长之命，陈和好之诚。临轩召见，馆饩[⑤]加厚，复以信币，谕之简书。亦既言旋，才及近甸[⑥]，遽闻蚁聚，来犯封陲，河曲之间，颇为暴扰。背惠弃约，斯谓无名，公议物情，咸请诛绝[⑦]。朕深惟德化之未被，岂虑夷俗之不宾，其国失信，其使何罪！释其维絷以遂性，示之弘覆以忘怀。予衷苟孚[⑧]，庶使知感。其蕃使论矩立藏等并后般来使，并宜放归本国。仍委凤翔节度使以此意晓喻。"

【译文】

元和十四年（公元 819 年）正月，皇上下诏说："朕统治天下，推诚布信，西戎投顺，年深月久，中间有时违背，也曾包容宽恕。我有异常的恩德，怎能不让人家记在心上，异域之人贡纳珍奇，道路上前后相继，申恩示礼，不曾缺漏。不久以前吐蕃使者奉上表章，又到京城，秉承君长的旨意，陈诉和好的诚意。朕到宫殿召见，停宿客馆待遇优厚，又给信物，用书信加以告谕。吐蕃使者刚刚启程返回，才到近郊，就听说大军聚集，前来侵犯我朝疆土，河曲之间，颇受侵凌骚扰。背恩弃约，毫无名目，舆论人心，都请求诛杀来使以绝交。朕惟恐德义教化不能遍布，怎会计较夷心尚未宾服，其国失信，使者有什么罪！放免他们听任回国，显示心胸宽广而不念小过。我诚心示以信任，希望他们知恩感念。吐蕃使者论矩立藏等人以及后来的使者，全都应当放归本国。并且委托凤翔节度使将此意晓谕。”

【注释】

①（元和）十四年：公元819年。

②苞贷：苞，通“包”，包容。《荀子·非十二子》：“恢然如天地之苞万物。”贷，宽免。

③宁不是思：宁，难道、岂能。《史记·陆贾传》：“居马上得之，宁可以马上治之乎？”是思，这样想。宁不是思，怎能不（让人家）记在心上。

④重译：为译使，亦泛指异域之人。唐吴兢《贞观政要·诚信》云：“绝域君长，皆来朝贡，九夷重译，相望于道。”

⑤馆饩：馆，住进客馆。饩，读戏，赠送食物。

⑥近甸：甸，古代指郊外的地方。近甸，即近郊。

⑦诛绝：诛杀来使以绝交。

⑧苟孚：苟，假如；孚，书面语，使人信服。

八月，吐蕃营于庆州方渠，大军至河州界。十月，吐蕃节度论三摩及宰相尚塔藏、中书令尚绮心儿①共领军约十五万众，围我盐州数重。党项首领亦发兵驱羊马以助。阅历三旬，贼以飞梯、鹅车、木驴等[2]四面齐攻，城欲陷者数四。刺史李文悦率兵士乘城力战，城穿坏不可守，撤屋版以御之，昼夜防拒，或潜兵斫营，开城出战，约杀贼万余众。诸道救兵无至者。凡二十七日，贼乃退。

【译文】

八月，吐蕃在庆州（今甘肃庆阳）方渠安营，大军抵达河州（今甘肃临夏）地界。十月，吐蕃节度论三摩及宰相尚塔藏、中书令尚绮心儿共率领大约十五万兵众，将我盐州（今陕西定边）重重包围，党项首领也派遣兵众驱赶羊马相助。历时近一个月，敌军用飞梯、鹅车、木驴等攻城器械从四面同时进攻，城池多次几乎陷落。刺史李文悦率领士兵登城力战，城墙毁坏不能防守，就拆下屋板用来抵御，昼夜防御，有时秘密出兵突袭敌营，有时开城出战，大约杀死敌兵一万多人。各道救兵都没有前来。总共二十七天，敌军才撤退。

【注释】

① 宰相尚塔藏、中书令尚绮心儿：《新唐书·吐蕃传》亦云，元和十四年（819 年），“吐蕃节度论三摩、宰相尚塔藏、中书令尚绮心儿总兵十五万围盐州”。敦煌古藏文写本《岱噶玉园会盟寺愿文》中记有“大论尚绮心儿”（blon chen po zhang khri sum rje）、“大尚塔藏”（zhang chen po lha bzang），可见，尚塔藏与尚绮心儿，确为不同的两个人。“尚塔藏”之“尚”，为头衔，表示其为外戚（即与王室联姻的氏族）。“尚绮心儿”之“尚”，则非头衔（头衔为“大论”），而是其名字的第一个音节。尚绮心儿，藏文全名为 zhang khri sun rje sbeg lha，汉译为“尚绮心儿贝罗”。810—836 年任吐蕃大相二十多年。其父为尚赞磨，

即本传前文所载，永泰元年（765 年）随吐蕃大将尚结息侵至奉天界的赞磨。由于尚绮心儿与尚塔藏过从甚密，故汉文史料有时将此二人相混淆。如，本传后文云："元鼎往来蕃中，并路经河州，见其都元帅、尚书令尚绮心儿云：'回纥，小国也。我以丙申年逾碛讨逐，去其城郭二日程，计到即破灭矣，会我闻本国有丧而还。回纥之弱如此，而唐国待之厚于我，何哉?'。"此处记的是尚绮心儿。《新唐书·吐蕃传》云："元鼎还，虏元帅尚塔藏馆客大夏川，……尚塔藏语元鼎曰：'回鹘小国，我尝讨之，距城三日危破，会国有丧乃还，非我敌也。唐何所畏，乃厚之?'"此处记的是尚塔藏，恐有误。《册府元龟》卷九八一外臣部盟誓则云："元鼎回过河州，元帅尚榻藏，即蕃相尚绮心儿也，馆元鼎于大夏川中。"此处索性称尚塔藏即尚绮心儿，把二人混同为一人。

② 飞梯、鹅车、木驴等：均为攻城器械。飞梯即登城用的长梯。鹅车是将洞屋（外蒙铁皮，下有轮）与云梯结合，形如鹅状，可兼顾防守与攻击。木驴是用于攻城的兵车。

十五年[①]二月，以秘书少监[②]兼御史中丞田洎入吐蕃告哀，并告册立[③]。三月，攻掠我青塞堡。七月，遣使来吊祭。十月，侵逼泾州。命右军中尉梁守谦充左右神策，京西、京北行营都监，统神策兵四千人，并发八镇全军往救援。以太府少卿、兼御史中丞邵同持节入吐蕃，充答请和好使，贬前入吐蕃使、秘书少监田洎郴州司户[④]。初，洎入蕃为吊祭使，蕃请于长武城下会盟，洎懦怯，恐不得还，唯唯而已。至是西戎入寇，且曰："田洎许我统兵马赴盟誓。"遂贬之。戎人实以边将扰之致忿，徒假洎为辞也。泾州上言："吐蕃大将并退。"于是罢神策行营兵。自田缙统夏州，以贪狠侵扰，党项苦之，屡引西戎犯塞。及是大兵入寇，边将郝玼数袭击蕃垒，杀戮甚众，邠州李光颜复以全师而至，戎人惧而退。盖田缙始生国患，而赖光颜、郝玼之驱戮也。十一月，夏州节度使李祐自领兵赴长泽镇，灵武节度使李听自领兵赴长乐州，并奉诏讨吐蕃也。十二月，吐蕃千余人围乌、白池⑤。

【译文】

元和十五年（公元820年）二月，朝廷派遣秘书少监兼御史中丞田洎前去吐蕃告哀（宪宗李纯去世），并且通报册立（穆宗李恒即位）事宜。三月，吐蕃侵犯我青塞堡。七月，吐蕃派遣使者前来吊祭宪宗。十月，侵逼泾州（今甘肃泾川）。朝廷命右军中尉梁守谦充任左右神策，京西、京北行营都监，统领神策军四千人，并调发八镇全军前去救援。朝廷又派遣太府少卿兼御史中丞邵同持符节前往吐蕃，充任答请和好使，将以前前往吐蕃的使者、秘书少监田洎贬为郴州司户。当初，田洎任吊祭使前去吐蕃，吐蕃请求在长武城（今陕西长武）下会盟，田洎怯懦，担心自己不能返回，就对吐蕃的请求唯唯诺诺。到这时吐蕃进犯，并且说："田洎答应我统率兵马前来盟誓。"因而贬降田洎。吐蕃其实是因为唐朝边将侵扰而被激怒，只是以田洎之事作为借口。泾州报告朝廷说："吐蕃大将全都撤退。"于是撤销神策行营兵。自从田缙统领夏州（今陕西靖边北），因为他贪婪狠毒侵逼骚扰，党项困苦，因此多次带领吐蕃侵犯边塞。到这时大兵进犯，边将郝玼多次袭击吐蕃营垒，杀戮甚多，邠州（今陕西彬县）李光颜又率领全军赶到，吐蕃恐惧因而撤退。这是田缙最初招致国患，而多亏了李光颜、郝玼的驱除杀戮。十一月，夏州（今陕西靖边北）节度使李祐亲自率领军队赶赴长泽镇，灵武节度使李听亲自率领军队赶赴长乐州（今宁夏中宁鸣沙乡），全都奉诏讨伐吐蕃。十二月，吐蕃一千多人围攻乌、白池（今宁夏盐池县境）。

【注释】

①（元和）十五年：公元820年。

② 秘书少监：秘书省副长官，从四品。秘书省掌经籍图书、国史实录等。

③ 告哀，并告册立：告哀，是告宪宗（805至820年在位）去世信息。并告册立，是告穆宗即位信息。唐穆宗李恒（795—824），公元820至824年在位。宪宗第三子。封建安郡王，进封遂王。元和七年（812年），立为太子。后为王守澄等拥立。即位后，耽于宴游，不以国事为意。亲信佞庸，疏远忠臣，削弱军力，法制无章。又加征两税与榷茶，增加百姓负担。朝中牛僧孺、李宗闵结党营私（史称"牛李党争"），排击所憎，朝外幽州、相州、镇州兵变继起，朱克融、王庭凑扰乱定、蔚、贝等州。河朔再失，藩镇割据加剧，府藏尽竭。长庆元年（821年），与吐蕃议和，立《长庆会盟碑》。次年，击毬致病，不理朝政。宦官王守澄与宰相李逢吉相勾结，专制国事，势倾朝野，政治更加腐败。后服金丹致死。葬光陵（今陕西蒲城北），谥文惠皇帝。

④ 司户：州县佐吏。掌户口、籍账、婚嫁、田宅、杂徭、道路之事。

⑤ 乌、白池：应在今宁夏吴忠市盐池县境，唐时属盐州。

长庆元年[①]六月，犯青塞堡，以我与回纥和亲[②]故也。盐州刺史李文悦发兵进击之。九月，吐蕃遣使请盟，上许之。宰相欲重其事，请告太庙，太常礼院[③]奏曰："谨按肃宗、代宗故事，与吐蕃会盟，并不告庙。唯德宗建中末，与吐蕃会盟于延平门，欲重其诚信，特令告庙。至贞元三年，会于平凉，亦无告庙之文。伏以事出一时，又非经制，求之典礼，亦无其文。今谨参详，恐不合告。”从之。乃命大理卿④、兼御史大夫刘元鼎充西蕃盟会使，以兵部郎中⑤、兼御史中丞刘师老为副，尚舍奉御⑥、兼监察御史李武、京兆府奉先县丞兼监察御史李公度为判官。十月十日，与吐蕃使盟，宰臣及右仆射、六曹尚书、中执法、太常、司农卿、京兆尹、金吾大将军⑦皆预焉。

【译文】

长庆元年（公元 821 年）六月，吐蕃侵犯青塞堡，是因为唐与回纥和亲的缘故。盐州（今陕西定边）刺史李文悦出兵攻打吐蕃。九月，吐蕃派遣使者请求会盟，皇上答应了。宰相打算郑重处理此事，请求祭告太庙，太常礼院上奏说：“谨按肃宗、代宗先例，与吐蕃会盟，都不祭告太庙。只有德宗建中末年，与吐蕃在延平门会盟，想要推重诚信，特令祭告太庙。到了贞元三年，在平凉会盟，也没有祭告太庙的记载。臣等认为此事出于一时，又不是常制，查考典章礼仪，也没有记载。如今谨参酌详审，恐怕不应当祭告。”皇上依从。于是命大理卿兼御史大夫刘元鼎充任西蕃盟会使，任兵部郎中兼御史中丞刘师老为副，尚舍奉御兼监察御史李武、京兆府奉先县丞兼监察御史李公度为判官。十月十日，与吐蕃使者会盟，宰相及右仆射、六曹尚书、中执法、太常、司农卿、京兆尹、金吾大将军全都参预。

【注释】

① 长庆元年：公元 821 年。

② 与回纥和亲：长庆元年（821 年），唐宪宗之女太和公主嫁回纥

崇德可汗，唐遣使护送，回纥发万骑出安西，出北庭，拒吐蕃而纳公主。入其境，自建牙帐。回纥败亡后，太和公主辗转归唐，改封定安公主，领长公主号。

③ 太常礼院：唐掌讨论礼制的机构，虽属太常寺而实与寺事不相涉。

④ 大理卿：大理寺长官，从三品。大理寺为中央最高审判机关。

⑤ 兵部郎中：兵部属官，从五品上。

⑥ 尚舍奉御：尚舍局长官，正五品。尚舍局，掌宫廷张设、汤沐、灯烛、洒扫的机构。

⑦ 金吾大将军：亦称金吾卫大将军。禁军将领。唐禁军十六卫中有左右金吾卫，各以大将军一人统之。

其词曰：

维唐承天，抚有八纮[①]，声教所臻，靡不来廷。兢业斋栗，惧其陨颠，缵武绍文[②]，叠庆重光，克彰浚哲[③]，罔忝[④]洪绪，十有二叶，二百有四载[⑤]。则我太祖，权明号而建不拔，铺鸿名而垂永久，类[⑥]上帝以答嘉应，享皇灵以酬景福，曷有怠已？越岁在癸丑冬十月癸酉[⑦]，文武孝德皇帝诏丞相臣植、臣播、臣元颖等[⑧]，与大将和蕃使礼部尚书论讷罗等，会盟于京师，坛于城之西郊，坎于坛北。凡读誓、刑牲、加书、复壤、陟降[⑨]、周旋之礼，动无违者，盖所以偃兵息人，崇姻继好，懋建远略，规恢长利故也。

原夫昊穹上临，黄祇[⑩]下载，茫茫蠢蠢之类，必资官司，为厥宰臣[⑪]，苟无统纪，则相灭绝。中夏见管，维唐是君；西裔一方，大蕃为主。自今而后，屏去兵革，宿忿旧恶，廓焉消除，追崇舅甥，曩昔结援。边堠撤警，戍烽韬烟[⑫]，患难相恤，暴掠不作，亭障瓯脱[⑬]，绝其交侵。襟带[⑭]要害，谨守如故，彼无此诈，此无彼虞。呜呼！爱人为仁，保境为信，畏天为智，事神为礼，有一不至，构灾于躬。塞山崇崇，河水汤汤，日吉辰良，奠其两疆，西为大蕃，东实巨唐。大臣执简，播告秋方。

大蕃赞普及宰相钵阐布[15]、尚绮心儿等，先寄盟文要节云："蕃、汉两邦，各守见管本界，彼此不得征，不得讨，不得相为寇仇，不得侵谋境上。若有所疑，或要捉生问事，便给衣粮放还。"今并依从，更无添改。

预盟之官十七人，皆列名焉。其刘元鼎等与论讷罗同赴吐蕃本国就盟，仍敕元鼎到彼，令宰相已下各于盟文后自书名。

【译文】

盟词写道：

唐承天道，据有天下，声威教化所到之处，无不来朝。谨慎恐惧，惟恐倾覆，继承文武，代代相传，彰显深邃的智慧，无愧宏大的业绩，已经十二世，二百零四年。我太祖，变通昌明的朝代建立牢固的基业，广布大名而留传永久。祭天地以报答吉兆，祀皇灵以酬谢大福，何曾懈怠？时在辛丑年冬季十月十日，文武孝德皇帝下诏丞相臣崔植、臣王播、臣杜元颖等，与大将和蕃使、礼部尚书论纳罗等在京师会盟，于城之西郊设坛，于坛北挖坎。凡读誓、刑牲、加书、复壤、升降、周旋的礼数，都不违背，这是因为要停战安民，推崇姻亲继续和好，高瞻远瞩，谋求长远利益的缘故。

苍天上临，大地下载，众多族类，定要依靠官府统治，以作为下民的主宰，假如没有纲纪，就会相互灭绝。中原现在的管理者，只有大唐君主；边远的西方，大蕃是主上。从今以后，摈弃战争，旧有怨恨，消除一空，恢复甥舅之谊，像从前一样结好。哨所撤除警戒，烽燧不再举火，患难相救，暴掠不生，边界亭障，杜绝相侵。险阻要害，防守如故，彼此不欺不诈。唉！爱人是仁，保境是信，敬天是智，事神是礼，有一样做不到，就会降灾于身。塞山高峻，河水流淌，吉日良辰，奠定两疆，西为大蕃，东实大唐。大臣执书，宣告各方。

大蕃赞普及宰相钵阐布、尚绮心儿等，先寄盟文要略称："蕃唐两邦，各守现辖本界，彼此不得征伐，不得进讨，不得交相为仇敌，不得图谋侵犯疆土。如果有所猜疑，有时要捉生问事，问明便给衣服、粮食放回。"如今一并依从，不再添改。

参加会盟的官员十七人，都在盟书上依次签署姓名。刘元鼎等人与论纳罗一同前往吐蕃本国会盟，诏敕刘元鼎到了那里，令吐蕃宰相以下都在盟文正文后面签名。

【注释】

① 八纮：纮，读宏。八纮，大地的极限，犹言八极。《淮南子·地形》："九州之外，乃有八殥。……八殥之外，而有八纮。"纮，维也。

② 缵武绍文：缵，读纂，书面语，继承意。绍，亦书面语，继承意。缵武绍文，即继承文德武功。

③ 浚哲：浚，深之意。浚哲，深邃的智慧。

④ 罔忝：罔，书面语，无、没有之意。忝，亦书面语，谦辞，表示辱没他人，自己有愧。罔忝，即没有辱没，无愧于他人。

⑤ 十有二叶，二百有四载：十有二叶，指自高祖至穆宗为十二帝。二百有四载，盖从武德元年（618 年），至长庆元年（821 年），计二百零四年也。

⑥ 类：通"禷"，祭天。《书·舜典》："肆类于上帝。"

⑦ 岁在癸丑冬十月癸酉：癸丑，误，应为辛丑，即长庆元年（821 年）。癸酉，查为旧历十日。辛丑冬十月癸酉，即长庆元年十月十日。

⑧ 臣植、臣播、臣元颖等：三人均为宰相。植，即崔植（772—829）。穆宗即位，拜中书侍郎、同平章事（即宰相）。劝励精图治，效法玄宗前期，躬行俭约。与同列杜元颖皆不知兵，未能妥善处置河朔三镇降兵，致生兵变，复失河朔。长庆二年（822年），罢知政事，守刑部尚书。播，即王播（759—830）。颇精吏治，善断刑狱。长庆元年（821年），召还拜相，并领盐铁转运使。然唯结权幸自保，无众望，出为淮南节度使，仍掌盐铁。元颖，即杜元颖（769—832）。穆宗即位，超拜中书舍人，寻同平章事（即宰相）。长庆三年（823年），节度西川。自高文雅，不晓军事，专务蓄积，巧索珍异进献以取宠。敛取苛重，戍卒冻馁，人人嗟怨。后被斥贬循州司马，卒于任所。

⑨ 陟降：陟，读至，登高。陟降，即升降。

⑩ 黄祇：地神。此处泛指大地。

⑪ 必资官司，为厥宰臣：资，依靠。官司，官府。厥，代词，他的。必须依靠官府，作为属民的主宰。

⑫ 戍烽韬烟：韬，比喻隐藏。戍烽韬烟，即烽火不举。

⑬ 瓯脱：匈奴语称边境屯戍或守望之处为"瓯脱"。《史记·匈奴列传》："（东胡）与匈奴间，中有弃地，莫居，千余里，各居其边为瓯脱。"此处泛指边境地带。

⑭ 襟带：如襟如带，比喻地势的回互萦带，有险要之意。

⑮ 钵阐布：藏文为dpal chen po，字义为"大德""大吉祥"，吐蕃首席掌政僧官名，《新唐书·吐蕃传》解释为"虏浮屠豫国事者也"。赤松德赞时，始设此官，位居宰相之首，参与一切军国大事，成为吐蕃政权中的决策人物。

灵武节度使李进诚于大石山下破吐蕃三千骑。

二年[①]二月，遣使来请定界。六月，复遣使来朝。盐州奏："吐蕃千余人入灵武界，遣兵逐便邀截。"又言："擒得与党项送书信吐蕃一百五十人。”是月刘元鼎自吐蕃使回，奏云：“去②四月二十四日到吐蕃牙帐，以五月六日会盟讫。”初，元鼎往来蕃中，并路经河州，见其都元帅、尚书令尚绮心儿云：“回纥，小国也。我以丙申年③逾碛讨逐，去其城郭二日程，计到即破灭矣，会我闻本国有丧而还。回纥之弱如此，而唐国待之厚于我，何哉?”元鼎云：“回纥于国家有救难之勋，而又不曾侵夺分寸土地，岂得不厚乎！”是时元鼎往来，渡黄河上流，在洪济桥④西南二千余里，其水极为浅狭，春可揭涉，秋夏则以船渡。其南三百余里有三山，山形如鏊⑤，河源在其间，水甚清冷，流经诸水，色遂赤，续为诸水所注，渐既黄浊。又其源西去蕃之列馆约四驿，每驿约二百余里。东北去莫贺延碛尾⑥，阔五十里，向南渐狭小，北自沙州⑦之西，乃南入吐浑国⑧，至此转微，故号碛尾。计其地理，当剑南之直西。元鼎初见赞普于闷惧卢川⑨，盖赞普夏衙之所，其川在逻娑川南百里，臧河⑩之所流也。时吐蕃遣使论悉诺息等随元鼎来谢，命太仆少卿杜载使以答之。

【译文】

灵武节度使李进诚在大石山下打败吐蕃三千名骑兵。

长庆二年（公元822年）二月，吐蕃派遣使者前来请求确定边界。六月，又派遣使者前来朝见。盐州（今陕西定边）上奏：“吐蕃一千多人进入灵武境内，派兵相机阻截。”又说：“擒获给党项送书信的吐蕃人一百五十名。”这个月（实际是八月），刘元鼎出使吐蕃返回，上奏说：“去时于四月二十四日到达吐蕃牙帐，于五月六日会盟完毕。”当初，刘元鼎往来蕃中，都路经河州（今甘肃临夏），见到吐蕃都元帅、尚书令尚绮心儿，尚绮心儿说：“回纥，是小国。我在丙申年（公元816年）

越过大漠征讨追击，距回纥城郭二日路程，估计一到达就能消灭它，适逢我听说本国有丧事便返回。回纥如此弱小，而唐国对待它要比对我好，这是为什么呢?”刘元鼎说：“回纥对朝廷有解救国难的大功劳，而且又不曾侵夺我朝分寸土地，怎么能不好呢!”当时刘元鼎往来，从黄河上游渡过，在洪济桥（今青海贵德西）西南两千多里，这里河水极为浅窄，春天可以步行涉水，夏秋两季便用船渡河。南面三百多里处有三座山，山的形状如同中间突起的饼铛，黄河之源就在山中，水非常清澈冰冷，流经各水，就变成红色，接着各水注入，逐渐变成浑浊的黄色。河源西距吐蕃的客馆大约四驿路程，每驿约有二百多里。东北到莫贺延碛尾（今新疆罗布泊一带），宽五十里，向南逐渐狭小，北面从沙州（今甘肃敦煌西）以西，再往南进入吐谷浑国，到这里沙碛逐渐缩减，所以叫做碛尾。估计这里的地理位置，大概在剑南正西面。刘元鼎初次见到赞普是在闷怛卢川（今西藏曲水县一带)，是赞普夏衙的所在地，此川在逻娑川（今西藏拉萨平原）南面百里，臧河流经那里。当时吐蕃派遣使者论悉诺息等人跟随刘元鼎前来朝见谢恩，朝廷命太仆少卿杜载出使回访吐蕃。

【注释】

①（长庆）二年：公元822年。

②去：去时。

③丙申年：元和十一年（816年）。

④洪济桥：当在吐蕃洪济城，今青海省海南州贵德县西。

⑤鏊：读傲，烙饼的器具，中心稍凸。

⑥莫贺延碛尾：即今库姆塔格沙漠，位于今新疆巴音郭楞州罗布泊一带。塔克拉玛干大沙漠面积辽阔，至此渐缩，易于通行，

故曰碛尾。其间只两线有泉水偶出，识其向者可以驼队通行。北线绝漠通伊州（今新疆哈密），南线缘山至若羌、且末。

⑦ 沙州：唐武德五年（622 年）改瓜州为西沙州，贞观七年（633 年）改名沙州，治敦煌（今甘肃省酒泉市敦煌西），辖境相当于今甘肃省敦煌市和肃北县、阿克塞县及新疆巴音郭楞州若羌、且末县地。

⑧ 吐浑国：吐谷浑，又作吐浑。

⑨ 闷惧卢川：本传下文称，“盖赞普夏衙之所，其川在逻娑川南百里，臧河之所流也。”由此路程推测，闷惧卢川尚在雅鲁藏布江北岸，或即今曲水县一带。

⑩ 臧河：即今雅鲁藏布江。

三年[①]正月，遣使论答热来朝贺。四年[②]九月，遣使求《五台山图》。十月，贡犛牛及银铸成犀牛、羊、鹿各一。宝历元年[③]三月，遣使尚绮立热来朝，且请和好。九月，遣光禄卿李锐为使以答之。大和五年至八年[④]，遣使朝贡不绝，我亦时遣使报之。开成元年、二年[⑤]，皆遣使来。会昌二年[⑥]，赞普卒[⑦]。十二月，遣论赞等来告哀，诏以将作少监[⑧]李璟吊祭之。大中三年[⑨]春，宰相尚恐热[⑩]杀东道节度使，以秦、原、安乐等三州并石门、木硖等七关[⑪]款塞，泾原节度使康季荣以闻，命太仆卿陆耽往劳焉。其年七月，河、陇耆老率长幼千余人赴阙，上御延喜楼观之，莫不欢呼忭舞，更相解辫，争冠带于康衢，然后命善地以处之，观者咸称万岁。

【译文】

长庆三年（公元 823 年）正月，吐蕃派遣使者论答热前来朝贺。长庆四年（公元 824 年）九月，派遣使者求取《五台山图》。十月，进贡牦牛及用银铸成的犀牛、羊、鹿各一具。宝历元年（公元825年）三月，吐蕃派遣使者尚绮立热前来朝见，并且请求和好。九月，朝廷派遣光禄卿李锐作为使者回访吐蕃。大和五年到八年（公元831至834年），吐蕃不断派遣使者入朝进贡，我朝也时常派遣使者回访。开成元年、二年（公元836、837年），吐蕃都派遣使者前来朝见。会昌二年（公元842年），赞普（达玛）去世。十二月，吐蕃派遣论赞等人前来告哀，皇上下诏派将作少监李璟吊祭。大中三年（公元849年）春季，吐蕃别将、落门川讨击使尚恐热杀死东道节度使，献出秦（今甘肃天水）、原（今宁夏固原）、安乐（今宁夏中宁鸣沙乡）等三州及石门、木硖等七关归顺，泾原节度使康季荣奏报朝廷，朝廷命太仆卿陆耽前去慰劳。这一年七月，河、陇的老人率领大人小孩一千多人来到京师，皇上到延喜楼看望他们。他们无不欢呼起舞，又互相解去发辫，在大路上争抢帽子腰带，此后皇上命选择良好的地方安置他们，围观的人全都高呼万岁。

【注释】

①（长庆）三年：公元823年。

②（长庆）四年：公元824年。

③ 宝历元年：公元825年。此时在位的是敬宗。唐敬宗李湛（809—827），公元824至827年在位。穆宗长子。初封景王。长庆二年（822年）立为太子。即位后日事游宴、击球、奏乐、角抵，大肆赏赐教坊乐官，亲昵群小，大臣罕得进见。是时河南两湖水旱频仍，民生困窘，朝政混乱。终为宦官刘克明等所杀。葬庄陵（在今陕西三原西北），谥昭愍皇帝。

④ 大和五年至八年：公元831至834年。年号“大和”又称“太

和”。此时在位的是文宗。唐文宗李昂（809—840），公元827至840年在位。穆宗第二子，敬宗弟。封江王。宝历二年底（827年初），敬宗死，王守澄、梁守谦等率禁军迎其即位。喜读《贞观政要》，即位后，勤于延见廷臣，以求治道。但“有帝王之道，而无帝王之才”。朝中牛僧孺、李宗闵结党营私，权震天下，攻击李德裕等，因慨叹“去河北贼非难，去此朋党实难”。宦官专权，更为严重。大和九年（835年），依靠权臣李训、郑注，谋诛宦官，事败，宦官仇士良诛杀宰相王涯等，族诛李训等十余家，史称甘露之变，以致政事皆取决于宦官。开成初，立《石壁九经》，以供诸儒校正讹谬。又配诸道缮写典籍，传播文化。卒葬章陵（在今陕西富平西北），谥昭献皇帝。

⑤ 开成元年、二年：公元836、837年。

⑥ 会昌二年：公元842年。此时在位的是武宗。唐武宗李炎（814—846），公元840至846年在位。穆宗第五子，文宗异母弟。初封颖王。文宗卒，宦官仇士良、鱼弘志矫诏废太子李成美，迎即位。在位期间，信赖宰相李德裕，内政外事俱有改善。会昌二年（842年），接受回鹘降将嗢没斯将吏二千六百余人至京师，授官有差。次年击败回鹘乌介可汗，迎太和公主归国。四年（844年），平昭义叛将刘稹，颇振朝廷声威。五年（845年），下令毁佛，命僧尼还俗，没收大批寺院土地和奴婢。但好田猎武戏，迷信方术神仙，召道士赵归真等入禁中设坛受法箓。终服方士金丹致死。葬端陵（在今陕西三原东），谥昭肃皇帝。

⑦ 赞普卒：此去世赞普当为达玛·邬东赞，藏文全名为 dar ma vu dum btsan，其中“达玛”意为“法”“佛经”，是具有佛教色彩的名号（现代藏文的 dar ma 一词意义已转为“壮年”，与原意不同），《新唐书·吐蕃传》译音为“达磨”。“邬东赞”有“小而坚稳”之意，是其本名。约836至841年在位。发哀至唐，已是会昌二年（842年）年末。

⑧ 将作少监：将作监，掌土木工程建筑的机构。长官亦称将作监，从三品。副长官称将作少监，从四品下。

⑨ 大中三年：公元849年。此时在位的是宣宗。唐宣宗李忱（810—859），公元846至859年在位。宪宗第十三子，武宗叔。初封光王。为宦官马元贽等所立。即位后，罢李德裕党，重用牛僧孺党。恢复佛寺，杀道士赵归真等人，增置州县官。一反武宗之政。任用裴休，改善漕运，注意安置边民，约束贪暴边将，修撰《大中刑法统类》。时回鹘势弱，吐蕃内争，张义潮以河湟十一州地归附。尚能采纳合理意见，不私近臣贵戚，不过分奢侈。大中八年（854年），与宰臣令狐绹谋去宦官，事泄，南衙北司关系益趋紧张，地方又不断发生兵变。晚年仍好神仙，服药致死。葬贞陵（在今陕西泾阳西北），谥献文皇帝。

⑩ 宰相尚恐热：称尚恐热为宰相，恐有误。《新唐书·吐蕃传》载："别将尚恐热为落门川讨击使，姓末，名农力，'热'犹中国号'郎'也。谲诡善幻，约三部得万骑，击鄯州节度使尚婢婢，略地至渭州，与宰相尚与思罗战薄寒山。"尚恐热事迹详见《新唐书·吐蕃传》。

⑪ 七关：《资治通鉴》卷二四八大中三年（849年）二月条胡三省注云："原州界有石门、驿藏、制胜、石峡、木靖、木峡、六盘七关。"

史臣曰：戎狄之为患也久矣！自秦、汉已还，载籍大备，可得而详也。但世罕小康，君无常圣，我衰则彼盛，我盛则彼衰，盛则侵我郊圻[①]，衰则服我声教。怀柔之道，备预之方，儒臣多议于和亲，武将唯期于战胜，此其大较[②]也。彼吐蕃者，西陲开国，积有岁年，蚕食邻蕃，以恢土宇。高宗朝，地方万里，与我抗衡，近代以来，莫之与盛。至如式遏[③]边境，命制出师，一彼一此，或胜或负，可谓劳矣。迨至幽陵盗起[④]，乘舆播迁，戍卒咸归，河、湟失守，此又天假之也。自兹密迩京邑，时纵寇掠，虽每遣行人，来修旧好，玉帛才至于上国，烽燧已及于近郊，背惠食言，不顾礼义，即可知也。夫要以神明，贵其诚信，平凉之会，畜其诈谋，此又不可以忠信而御也。孔子曰："夷狄之有君，不如诸夏之亡[⑤]也。"诚哉是言！

赞曰：西戎之地，吐蕃是强。蚕食邻国，鹰扬汉疆。乍叛乍服，或弛或张。礼义虽摄，其心豺狼。

【译文】

史臣评述说：

戎狄制造祸患为时已久了！自从秦、汉以来，书籍十分周备，从中可以详知。然而历史上很少出现小康，君主也不总是圣贤，我衰弱则它强盛，我强盛则它衰弱，它强盛了便侵犯我边界京畿，衰弱了则归服我声威教化。怀柔之道，预备之方，儒臣多议论和亲，武将只希望战胜，情况大概如此。至于吐蕃，在西部边陲建国，年深月久，蚕食邻近蕃国，以扩大疆土。高宗朝时，地方达万里，与我朝抗衡，近代以来，无比强盛。至于在边境防止肆虐，决策出兵，彼此进退，或胜或负，可谓劳苦了。等到幽陵安史之乱起，皇上流离迁徙，守边士兵全都撤回，河湟失陷，这又是天假其便了。从此在靠近京都之地，时时纵兵劫掠，虽则每每派遣使者，前来重归和好，但玉帛才到上国，烽火已达近郊，背恩食言，无视礼义，就可想而知了。以神明来约盟，是贵在诚信，平凉会盟，蓄谋欺骗，这又不能用忠信来对待。孔子说："夷狄虽有君主，还不如中原没有君主。"这话极对！

赞曰：

西戎之地，吐蕃盛强。蚕食邻国，侵掠唐疆。时叛时服，有弛有张。即使遵行礼义，本性仍是豺狼。

【注释】

① 圻：读齐，边界。

② 大较：概略、大旨之意。嵇康《声无哀乐论》：“古人知情不可恣，欲不可极，因其所用而为之节，使哀不至伤，乐不至淫，斯其大较也。”

③ 式遏：防卫、抵御、制止之意。《诗经·大雅·民劳》：“式遏寇虐，憯不畏明，柔远能迩，以定我王。”可译诗意为：制止烧杀抢，不畏权贵强，怀柔远近方，安定我周王。

④ 幽陵盗起：幽陵，即幽州。唐为方镇名。先天二年（713 年）置幽州节度经略镇守使。天宝元年（742 年）改为范阳节度使。治蓟县，辖境相当于今北京大部、天津海河以北和河北省保定市小部，属河北道。天宝十四年（755 年），平卢、范阳、河东三镇节度使安禄山伪称奉密诏讨杨国忠，率蕃、汉十五万军于范阳起兵叛乱，连败唐军，攻入洛阳。次年攻入长安，所至烧杀抢掠。至宝应二年（763 年）初，叛乱始平。安史之乱历时七年余，严重破坏社会生产，唐朝从此转盛而衰。

⑤ 亡：同“无”。

新唐书《吐蕃传》上

吐蕃本西羌属，盖百有五十种，散处河、湟、江、岷[①]间，有发羌、唐旄等，然未始与中国通。居析支[②]水西。祖曰鹘提勃悉野[③]，健武多智，稍并诸羌，据其地。蕃、发声近，故其子孙曰吐蕃，而姓勃窣野[④]。或曰南凉秃发利鹿孤之后，二子，曰樊尼，曰傉檀[⑤]。傉檀嗣，为乞佛炽盘所灭。樊尼挈残部臣沮渠蒙逊，以为临松太守。蒙逊灭，樊尼率兵西济河，逾积石，遂抚有群羌云。

【译文】

吐蕃，本来是西羌的族类，大约有一百五十个部族，散布在黄河、湟水、长江、岷江之间，有发羌、唐旄等，然而从来没有与中原交往。居住在析支水（今青海果洛一带）西面。祖先名叫鹘提悉勃野，威武而富于智谋，逐渐吞并了诸羌，占有了他们的土地。蕃、发声音接近，所以子孙称作吐蕃，而姓窣勃野。有人说是南凉秃发利鹿孤的后代，有个儿子，名叫樊尼。秃发利鹿孤之弟傉檀继嗣，被（西秦）乞佛炽盘消灭。樊尼率领残余部众臣属（北凉）沮渠蒙逊，被任命为临松太守。沮渠蒙逊灭亡，樊尼率领部众西渡黄河，翻越积石山（今青海阿尼玛卿山），于是统领了众羌。

【注释】

① 河、湟、江、岷：河即黄河，湟即湟水，江即长江，岷即岷江。

② 析支：即今青藏高原阿尼玛卿山与巴颜喀拉山两山脉间的青海省果洛州地。《后汉书·西羌传》作“赐支”，赐与析同音。古有锡字，无赐字，锡即赐予之义，大约是六朝以后“赐”“锡”才又别为两种发音的。（见任乃强《三苗、三危、赐支考辩》）

③ 鹘提勃悉野：鹘，读胡。鹘提勃悉野，《通典》卷一九〇边防六吐蕃条载：“始祖赞普自言天神所生，号鹘提悉补野，因以为姓。”其藏文为 vo lde spu rgyal。自对音考之，“鹘提勃悉野”当作“鹘提悉勃野”。（见王忠《新唐书吐蕃传笺证》）

④ 勃窣野：应为窣勃野。敦煌古藏文卷子多处提及“赞普悉补野氏”（btsan po spu rgyal），看来“悉补野”或“窣勃野”确是吐蕃王室的姓。据恰白·次旦平措先生考证，因为吐蕃第一代赞普聂赤赞普来自今西藏林芝市波密县的波沃地方，所以被称为“悉补野”，意即波沃之王。

⑤ 二子，曰樊尼，曰傉檀：误。《旧唐书·吐蕃传》云：“利鹿孤有子曰樊尼，及利鹿孤卒，樊尼尚幼，弟傉檀嗣位”。樊尼为秃发利鹿孤之子，傉檀为秃发利鹿孤之弟，二者为叔侄关系，非兄弟关系。

其俗谓强雄曰赞，丈夫曰普，故号君长曰赞普，赞普妻曰末蒙[①]。其官有大相曰论茝，副相曰论茝扈莽[②]，各一人，亦号大论、小论；都护一人，曰悉编掣逋[③]；又有内大相曰曩论掣逋[④]，亦曰论莽热，副相曰曩论觅零逋[⑤]，小相曰曩论充[⑥]，各一人；又有整事大相曰喻寒波掣逋[⑦]，副整事曰喻寒觅零逋[⑧]，小整事曰喻寒波充[⑨]：皆任国事，总号曰尚论掣逋突瞿[⑩]。地直京师西八千里，距鄯善[⑪]五百里，胜兵数十万。

【译文】

吐蕃习惯上把强雄称为赞，把丈夫称为普，因而把君长叫赞普，把赞普妻叫朱蒙（赞蒙）。吐蕃职官有大相叫论茝，副相叫论茝扈奔，各一人，也称为大论、小论；有都护一人，叫悉编掣逋；又有内大相叫曩论掣逋，也叫论莽热，内副相叫曩论觅零逋，小相叫曩论充，各一人；又有整事大相叫喻寒波掣逋，副整事叫喻寒觅零逋，小整事叫喻寒波充。全都掌管国家政事，总称为尚论掣逋突瞿（九大尚论）。地处京师之西近六千里，距离鄯善（此指今新疆罗布泊以南）五百里，善战的士兵有几十万。

【注释】

① 赞普妻曰末蒙：赞普妻在古藏文写本中皆作 btsan mo，当译作“赞蒙”。唐人李肇《国史补》：“西藏呼赞普之妻为朱蒙”。赞蒙、朱蒙近之。本传“末蒙”当为“朱蒙”，朱、末形近而讹。（见王尧《敦煌本吐蕃历史文书》）

② 大相曰论茝，副相曰论茝扈莽：大相曰论茝，即藏文 blon che。副相曰论茝扈莽，即藏文 blon che vog dpon，译音应为“论茝扈奔”，莽、奔形近而讹。“论茝扈奔”意译为“大相之下的官”，类于副相，不常置。

③ 都护一人，曰悉编掣逋：悉编掣逋，即藏文 spyan che po。《通典》卷三十二载：唐于沿边地区置安东、安南、安西、安北、单于、北庭六大都护府，其长官称都护或大都护，“掌所统诸蕃慰抚、征讨、斥堠，安辑蕃人及诸赏罚，叙录勋功，总判府事”。将吐蕃的“悉编掣逋”释为“都护”，或职能相近。

④ 内大相曰曩论掣逋：曩论掣逋，即藏文 nang blon chen po。唐制，以翰林学士专掌内命，以分割中书出令之权，因其居内参与大政谋划裁夺，有别于外廷宰相，别称内相。将吐蕃的“曩

论掣逋”释为“内大相”，或有总揽国内事务之意，应与唐之内相不同。

⑤ 副相曰囊论觅零逋：囊论觅零逋，即藏文 nang blon vbring po。直译为中内相。

⑥ 小相曰囊论充：囊论充，即藏文 nang blon chung。为小内相。

⑦ 整事大相曰喻寒波掣逋：喻寒波掣逋，即藏文 yo gal pa che po。“整事”非唐职官名称，或含“决断大事”之意。应为司法官，类似唐之刑部尚书。

⑧ 副整事曰喻寒觅零逋：喻寒觅零逋，即藏文 yo gal vbring po。

⑨ 小整事曰喻寒波充：喻寒波充，即藏文 yo gal pa chung。

⑩ 总号曰尚论掣逋突瞿：尚论掣逋突瞿，藏文为 zhang blon che po dgu，意为九大尚论。按本传上述记载，似可分成四个系统，其一为大相系统，其二为都护，其三为内相系统，其四为整事系统，共计九人。藏文史籍《贤者喜宴》则记载有恭论（gung blon）、囊论（nang blon）、喻寒波（bkav yo gal vchos pa）等三种，各有大、中、小（che，vbring，chung）三者，合计亦九人。是为九大臣或九大尚论。

⑪ 鄯善：指今新疆巴音郭楞州罗布泊以南地方，非指今新疆吐鲁番市鄯善县。（见王忠《新唐书吐蕃传笺证》）

国多霆、电、风、雹，积雪，盛夏如中国春时，山谷常冰。地有寒疠[①]，中人辄痞促[②]而不害。其赞普居跋布川[③]，或逻娑川[④]，有城郭庐舍不肯处，联毳帐[⑤]以居，号大拂庐，容数百人。其卫候严，而牙甚隘。部人处小拂庐，多老寿至百余岁者。衣率毡韦，以赭涂面为好。妇人辫发而萦之。其器屈木而韦底，或毡为槃，凝麨为碗，实羹酪并食之，手捧酒浆以饮。其官之章饰[⑥]，最上瑟瑟，金次之，金涂银又次之，银次之，最下至铜止，差大小，缀臂前以辨贵贱。屋皆平上，高至数丈。其稼有小麦、青稞麦、荞麦、豋豆。其兽，犛牛、名马、犬、羊、彘[⑦]，天鼠之皮可为裘，独峰驼日驰千里。其宝，金、银、锡、铜。其死，葬为冢，塈[⑧]涂之。其吏治，无文字，结绳齿木为约。其刑，虽小罪必抉目，或刖、劓[⑨]，以皮为鞭抶[⑩]之，从喜怒，无常算。其狱，窟地深数丈，内囚于中，二三岁乃出。其宴大宾客，必驱犛牛，使客自射，乃敢馈。其俗，重鬼右巫，事羱羝为大神。喜浮屠[⑪]法，习咒诅，国之政事，必以桑门[⑫]参决。多佩弓刀。饮酒不得及乱。妇人无及政。贵壮贱弱，母拜子，子倨父，出入前少而后老。重兵死，以累世战没为甲门，败懦者垂狐尾于首示辱，不得列于人。拜必手据地为犬号，再揖身止。居父母丧，断发、黛面、墨衣，既葬而吉。其举兵，以七寸金箭为契。百里一驿，有急兵，驿人臆前加银鹘[⑬]，甚急，鹘益多。告寇举烽。其畜牧，逐水草无常所。其铠胄精良，衣之周身，窍两目，劲弓利刃不能甚伤。其兵法严，而师无馈粮，以卤获为资[⑭]。每战，前队尽死，后队乃进。其四时，以麦熟为岁首。其戏，棋、六博。其乐，吹螺、击鼓。其君臣自为友，五六人曰共命。君死，皆自杀以殉，所服玩乘马皆瘗[⑮]，起大屋冢颠，树众木为祠所。赞普与其臣岁一小盟，用羊、犬、猴为牲；三岁一大盟，夜肴诸坛，用人、马、牛、闾为牲[⑯]。凡牲必折足裂肠陈于前，使巫告神曰："渝盟者有如牲。"

【译文】

吐蕃多有雷、电、风、雹、积雪，盛夏如同中原的春季，山谷中常年冰冻。这一地区有寒疫，中原人到了那里总是感到胸闷气短却没有妨害。赞普居住在跋布川（今西藏拉萨河附近），或逻娑川（今西藏拉萨），有城郭庐舍不肯居住，却住在联结起来的毡帐中，称为大拂庐，可以容纳数百人。警卫严密，不过牙帐极为狭窄。部民居住在小拂庐，有很多长寿甚至活到一百多岁的老人。衣服都是由毛及皮革制成，喜欢用赤褐色粉饰脸部。妇人头发编成发辫并盘绕起来。器皿用曲木皮底制成，或者用毡做盘，和炒面捏成碗，盛上汤汁奶酪一同吃下，用手捧着酒浆而饮下。吐蕃官员的章饰，最上等是碧玉，次等是金，再次等是金涂银，更次等是银，最下等到铜为止，缀在臂前用来分辨高低贵贱。房屋都是平顶，高达数丈。农作物有小麦、青稞麦、荞麦、野豆。牲畜有牦牛、名马、狗、羊、猪，天鼠的皮可用来制作皮衣，独峰驼每日奔走上千里。宝物，有金、银、锡、铜。吐蕃人死后，先掩埋尸体成坟墓，再用泥涂坟墓。官吏治理，没有文字，结绳刻木相互约定。刑法，就是犯了小罪也要挖眼，或者砍脚、割鼻，用皮鞭抽打，凭借喜怒，而没有固定的法规。监狱，是挖数丈深的地牢，把囚犯关在里面，两三年后才放出来。宴请尊贵的宾客，必定要驱赶牦牛，令宾客亲自射杀，然后才敢进献食物。吐蕃人的习俗，重鬼敬巫，把大角野山羊视为大神供奉。爱好佛法，通晓咒诅，国家的政事，一定要僧人参预决策（这是从赤德松赞时期开始的）。吐蕃人大多佩带弓刀。饮酒不得喝醉。妇人不参预政事。看重壮者贱视弱者，母向子行拜，子对父傲慢，出出进进年少者居前而年老者在后。推重战死，以累世阵亡的人家为头等高门，在怯懦败逃者头上悬挂狐尾以示羞辱，这样的人不能与常人平起平坐。行拜礼时必须双手按在地上发出狗叫声，再次揖身后停止。在父母丧期，剪去头发，涂黑脸面，穿黑衣服，入葬后则改穿吉服。吐蕃动用军队，以七寸金箭作为符契。一百里设一驿站，有紧急军情，驿者胸前加白色鹰隼羽毛，更加紧急，就增加羽毛数量。报告敌人侵犯则点燃烽火。放养牲畜，追逐水草居无常所。吐蕃的铠甲精良，披戴全身，只露出两个眼睛，虽强弓利刃不能伤害。吐蕃兵法严厉，但军队中不供给军粮，靠抢劫作为资助。每次交战，前队的士兵全都死光了，后队的士兵才接着前进。吐蕃的四季，把麦子成熟作为一年的开始。吐蕃人的游戏，有棋、赌博。吐蕃的音乐，有吹螺、击鼓。吐蕃的君臣自相交为朋友，五六个人称为共命，君主死，这些人全都自杀殉葬，服装器玩及所骑的马也一并埋葬，在坟墓的顶部建造大屋，种植许多树木作为祭祀的地方。赞普与他的臣下每年有一次小的结盟，用羊、狗、猴作为牺牲；每三年有一次大的结盟，夜间在祭坛上摆设供品，用狗、马、牛、驴作为牺牲。所有牺牲都要断脚剖肠陈列在前面，令巫者告祭神灵说："让违背盟誓的人就如同这些牺牲一样。"

【注释】

① 寒疠：疠，读力。寒疠，指所谓"瘴气"。

② 痞促：痞，病名，一种胸中懑闷结块的病。《通典》卷一九〇边防六吐蕃条云："地有冷瘴，令人气急，不甚为害。"痞促，即气急。

③ 跋布川：藏文为 bal po，音译为"跋布"。任乃强等认为，跋布川即孜唐河原，孜唐另作泽当，在今西藏自治区山南市琼结县。（见任乃强《吐蕃传地名考释》、王忠《新唐书吐蕃传笺证》）目前多数人则认为，跋布川不在琼结，而在拉萨河附近。

④ 逻娑川：即今西藏雅鲁藏布江支流拉萨河中下游的河谷平原，亦代指吐蕃首府逻些（拉萨）。

⑤ 毳帐：毳，读翠，鸟兽的细毛。毳帐，即毡帐。

⑥ 官之章饰：本传下文云，"最上瑟瑟，金次之，金涂银又次之，银次之，最下至铜止，差大小，缀臂前以辨贵贱。"《册府元

龟》卷九六一外臣部土风三载，“章饰有五等：一谓瑟瑟，二谓金，三谓金饰银上，四谓银，五谓熟铜。各以方圆三寸褐上装之，安膊前以别贵贱。”则本传“差大小”之语不确。按唐制，奏授补判之官，皆给以鱼符，谓之告身。吐蕃人学了这一制度，按官品与职司授予不同质地的章饰，实际是告身的另一种表现形式。瑟瑟，应即碧玉。

⑦ 彘：读志，即猪。

⑧ 塈：读既，涂泥，涂饰，涂冢顶。

⑨ 虽小罪必抉目，或刖、劓：抉目，即剜眼。刖，读月，即砍掉脚。劓，读义，即割掉鼻子。

⑩ 抶：读赤，鞭打。

⑪ 浮屠：佛陀。

⑫ 桑门：梵语“沙门”之另译，即僧人。此处所云“国之政事，必以桑门参决”，是从赤德松赞时期（798—815 年）开始的，于赤祖德赞时期（815—836 年）达到巅峰。

⑬ 银鹘：鹘，隼的旧称。银鹘，即白色的鹰隼羽毛。

⑭ 师无馈粮，以卤获为资：卤，通“掳”，掠夺。军队没有粮食储备，主要靠掠夺来解决军粮问题。《册府元龟》卷九六一外臣部土风三载：“出疆之费，亦无定给，而临阵所得，便为己有。”《旧唐书·李德裕传》亦云：“犬戎迟钝，土旷人稀，每欲乘秋犯边，皆须数岁就食。”

⑮ 瘗：读义，书面语，掩埋之意。

⑯ 用人、马、牛、闾为牲：闾，同驴。《旧唐书·吐蕃传》云，“一年一小盟，刑羊狗猕猴”，“三年一大盟，杀犬马牛驴以为牲”。本传“人、马、牛、闾”或为“犬、马、牛、驴”之误。

其后有君长曰瘕悉董摩[1]，董摩生佗土度[2]，佗土生揭利失若[3]，揭利生勃弄若[4]，勃弄生讵素若[5]，讵素生论赞索[6]，论赞生弃宗弄赞，亦名弃苏农，亦号弗夜氏[7]。其为人慷慨才雄，常驱野马、犛牛，驰刺之以为乐，西域诸国共臣之。

【译文】

后来有位君长名叫瘕悉董摩（即赤脱赞），瘕悉董摩生佗土度（即拉脱脱日年赞），佗土度生揭利失若（即赤聂松赞），揭利失若生勃弄若（即仲年岱乌），勃弄若生讵素若（即达日年赞），讵素若生论赞索（即囊日松赞），论赞索生弃宗弄赞（即松赞干布），也叫弃苏农，又称弗夜氏（即悉补野氏）。他为人慷慨大度，有雄才大略，经常追赶野马、牦牛，以驰马刺杀它们来取乐，西域各国全都臣属他。

【注释】

① 瘕悉董摩：对照《敦煌本吐蕃历史文书》赞普世系表，瘕悉董摩，应即赤脱赞。

② 佗土度：拉脱脱日年赞，又译拉脱杜年赞。“佗土度”与“拉脱杜”译音相近。

③ 揭利失若：赤聂松赞。

④ 勃弄若：仲年岱乌，又译没庐年岱如。译“没庐”为“勃”，“年岱如”为“弄若”，近之。

⑤ 讵素若：达日年塞，又译达布聂西。

⑥ 论赞索：囊日松赞，又译伦赞龙南木。译“伦赞龙”为“论赞索”，近之。

⑦ 弗夜氏：弗夜，又作“不野”，即“悉补野”之异译。据本传记载，在吐蕃与唐发生联系的赞普松赞干布之前，只能追溯到悉补野部落最后六代赞普的姓名，再往前就不得而知了。

吐蕃松赞干布、唐太宗李世民时期

太宗贞观八年[①]，始遣使者来朝，帝遣行人冯德遐下书临抚。弄赞[②]闻突厥、吐谷浑并得尚公主，乃遣使赍币求昏[③]，帝不许。使者还，妄语曰："天子遇我厚，几得公主，会吐谷浑王入朝，遂不许，殆[④]有以间我乎？"弄赞怒，率羊同共击吐谷浑，吐谷浑不能亢[⑤]，走青海之阴，尽取其赀畜[⑥]。又攻党项、白兰羌，破之。勒兵二十万入寇松州，命使者贡金甲，且言迎公主，谓左右曰："公主不至，我且深入。"都督韩威轻出觇贼，反为所败，属羌大扰，皆叛以应贼。乃诏吏部尚书侯君集为行军大总管，出当弥道，右领军大将军执失思力出白兰道，右武卫大将军[⑦]牛进达出阔水道，右领军将军刘兰出洮河道，并为行军总管，率步骑五万进讨。进达自松州夜鏖[⑧]其营，斩首千级。

【译文】

唐太宗贞观八年（公元 634 年），吐蕃开始派遣使者前来入朝，皇帝派遣使者冯德遐下诏书前去抚慰。弃宗弄赞听说突厥王、吐谷浑王都能够娶唐公主为妻，就派遣使者携带财物前来求婚，皇帝没有答应。使者返回吐蕃，胡乱说："天子待我优厚，几乎得到公主，碰上吐谷浑王入朝，天子才不允许，恐怕是因为他离间我们的缘故吧。"弃宗弄赞听后很愤怒，便率领羊同一道攻打吐谷浑，吐谷浑不能抵抗，就逃往青海湖南侧，吐蕃获取了吐谷浑的全部财物牲畜。接着攻打党项、白兰羌（在今青海东部、四川西部），打败了他们。带领二十万兵众进犯松州（今四川松潘），命令使者进贡黄金、铠甲，并且说要迎娶公主，对左右说："如果公主娶不到，我将带兵深入。"都督韩威轻骑出城察看敌情，反而被敌军击败，所属羌部大乱，全都反叛以接应敌军。朝廷于是下诏任命吏部尚书侯君集为行军大总管，从当弥道出兵；右领军大将军执失思力从白兰道出兵，左武卫将军牛进达从阔水道出兵，右领军将军刘兰从洮河道出兵，同任行军总管，率领步兵骑兵五万人进军讨伐。牛进达从松州夜袭敌营，斩首一千级。

【注释】

① 贞观八年：公元634年。

② 弄赞：弃宗弄赞，亦即松赞干布。

③ 昏：同婚。

④ 殆：大概，恐怕是。《史记·赵世家》："吾尝见一子于路，殆君之子也。"

⑤ 亢：同抗。

⑥ 赀畜：赀，同资。赀畜，即财物牲畜。

⑦ 右武卫大将军：《旧唐书·吐蕃传》作"左武卫将军牛进达"，《册府元龟》卷九七八外臣部和亲一亦作"左武卫将军牛进达"。当以"左武卫将军"为是。

⑧ 鏖：鏖战，激烈地战斗，苦战。

初东寇也，连岁不解，其大臣请返国，不听，自杀者八人[①]。至是弄赞始惧，引而去，以使者来谢罪，固请昏，许之。遣大论薛禄东赞[②]献黄金五千两，它宝称是，以为聘。

【译文】

当初赞普出兵向东侵犯，战争连年不息，他的大臣请求返回本国，赞普不听，自杀者有八位大臣。到这时弃宗弄赞才感到恐惧，便带兵撤退，派遣使者前来谢罪，并且再次求婚。皇上答应了他的请求。赞普派遣大论噶尔·禄东赞进献黄金五千两，别的珍宝也不少，作为聘礼。

【注释】

① 不听，自杀者八人：《资治通鉴》卷一九五贞观十二年条载："连兵不息，其大臣谏不听而自缢者凡八辈。"与本传所记相同。

② 薛禄东赞："薛"，《旧唐书·吐蕃传》作"葽"，《通典》作"薜"，《唐会要》作"筑"。任乃强认为，"葽"读音如"噶"，以译东赞之姓。王忠亦认为，"薜""筑"古音与"噶"相近。此两说为是。"薛"字误。

十五年[①]，妻以宗女文成公主，诏江夏王道宗持节护送，筑馆河源王之国。弄赞率兵次柏海亲迎，见道宗，执婿礼恭甚，见中国服饰之美，缩缩愧沮。归国，自以其先未有昏帝女者，乃为公主筑一城以夸后世，遂立宫室以居。公主恶国人赭面，弄赞下令国中禁之。自褫[②]毡罽，袭纨绡，为华风。遣诸豪子弟入国学，习《诗》《书》。又请儒者典书疏。

【译文】

贞观十五年（公元641年），太宗把宗室女文成公主许嫁给弃宗弄赞，下诏令江夏王李道宗持节护送，在河源王之国（原吐谷浑地面）修筑馆舍。弃宗弄赞率领军队抵达柏海（今青海东南部鄂陵湖、扎陵湖）亲迎。他见了李道宗，非常恭敬地行子婿之礼，看见中原服饰华美，颇感畏缩羞愧。回到国中，他又因为祖先从未有娶皇帝女为妻的，便为公主修筑一座城池以便向后世炫耀，并建立宫室用来安置公主。公主讨厌吐蕃国人把脸涂成赤褐色，弃宗弄赞就下令在国中禁止用赤褐色涂脸。他自己脱去毡裘，穿上丝绢，改行唐风。派遣众酋长子弟进入国学（即国子监），学习《诗》《书》。又邀请儒士掌管书疏。

【注释】

①（贞观）十五年：公元641年。

② 褫：读尺，脱去。

帝伐辽还，使禄东赞上书曰："陛下平定四方，日月所照，并臣治之。高丽恃远，弗率于礼，天子自将度辽，隳城陷阵，指日凯旋，虽雁飞于天，无是之速。夫鹅犹雁也，臣谨冶黄金为鹅以献。"其高七尺，中实酒三斛。二十二年[①]，右卫率府长史王玄策使西域，为中天竺所钞[②]，弄赞发精兵从玄策讨破之，来献俘。

【译文】

皇帝讨伐辽东回来，赞普派遣禄东赞上书说道："陛下平定四方，日月所照之地，全都纳为臣属加以统治。高丽（今朝鲜半岛北部）凭借地方遥远，不遵循礼节，天子亲自统兵渡过辽河，破城陷阵，指日凯旋，即使大雁在天空中飞翔，也没有如此快速。鹅犹如大雁，故臣谨用黄金铸成鹅前来进献。"金鹅高七尺，里面可装三斛（约十五斗）酒。贞观二十二年（公元648年），右卫率府长史王玄策出使西域，遭到中天竺（即中印度）的抢劫，弃宗弄赞派遣精兵跟随王玄策打败了中天竺，前来献俘。

【注释】

①（贞观）二十二年：公元648年。

② 钞：同抄，抄掠。

高宗即位，擢驸马都尉、西海郡王。弄赞以书诒[①]长孙无忌曰："天子初即位，下有不忠者，愿勒兵赴国共讨之。"并献金琲[②]十五种以荐昭陵。进封賨王，赐饷蕃渥[③]。又请蚕种、酒人与碾硙等诸工，诏许。永徽初[④]，死，遣使者吊祠。无子，立其孙，幼不事，故禄东赞相其国。

【译文】

高宗即位，升任赞普为驸马都尉、西海郡王。弃宗弄赞写信给长孙无忌（李世民内兄）说："天子刚即位，臣下如有不忠的，我愿带兵赴国中一道讨伐。"并且进献金串珠十五种以祭昭陵（太宗陵）。弃宗弄赞被进封为宝王，赐给丰厚。他又请求蚕种、酒人与碾磨等各类工匠，皇帝下诏准许。永徽初年（公元650年），弃宗弄赞死，皇帝派遣使者吊祭。弃宗弄赞的儿子比他死得早，便立他的孙子（芒松芒赞）为赞普，由于年幼不处理政事，因而禄东赞辅助治理国家。

【注释】

① 诒：同贻，赠送。

② 琲：读倍，成串的珠。

③ 蕃渥：丰厚之意。

④ 永徽初：永徽元年（650年）。

吐蕃芒松芒赞、都松芒波杰，唐高宗李治、武后时期

显庆三年[1]，献金盎[2]、金颇罗等，复请昏。未几，吐谷浑内附，禄东赞怨忿，率锐兵击之，而吐谷浑大臣素和贵奔吐蕃，惎[3]以虚实，故吐蕃能破其国。慕容诺曷钵与弘化公主引残落走凉州，诏凉州都督郑仁泰为青海道行军大总管，率将军独孤卿云等屯凉、鄯，左武侯大将军[4]苏定方[5]为安集大使，为诸将节度，以定其乱。吐蕃使论仲琮入朝，表吐谷浑罪，帝遣使者谯让[6]，乃使来请与吐谷浑平憾，求赤水[7]地牧马，不许。会禄东赞死。

【译文】

显庆三年（公元658年），吐蕃进献金盎、金颇罗等，再次求婚。没过多久，吐谷浑内附，禄东赞怨恨吐谷浑，便率领精锐兵众攻打它，而吐谷浑大臣素和贵投奔吐蕃，把吐谷浑的虚实情况告诉了吐蕃，所以吐蕃能够攻破吐谷浑国。吐谷浑王慕容诺曷钵与弘化公主带领残余部众逃往凉州（今甘肃武威）。皇上下诏凉州都督郑仁泰任青海道行军大总管，率领将军独孤卿云等人驻守凉州、鄯州（今青海乐都），左武卫大将军苏定方任安集大使，作为诸位将领的总指挥，以便平定这场变乱。吐蕃使者论仲琮入朝，上表罗列吐谷浑的罪状。皇帝派使者责备论仲琮，于是论仲琮前来请求与吐谷浑消除怨恨，并请求把赤水之地（在今青海兴海县境）划给吐蕃以便牧马，皇帝没有准许。适逢禄东赞死。

【注释】

① 显庆三年：公元658年。

② 盎：读昂，四声，一种腹大口小的器皿。

③ 惎：读记，指点。

④ 左武侯大将军：《资治通鉴》卷二〇一龙朔三年（663年）云："又以左武卫大将军苏定方为安集大使。"《册府元龟》卷一〇〇〇外臣部亦云："诏左武卫大将军苏定方为安置大使。"当以"左武卫大将军"为是。隋禁军十六卫中有左右武卫大将军，唐光宅年间改为鹰扬卫，神龙年间复为武卫，分左右，各由大将军一人分统。

⑤ 苏定方（592—667）：名烈，以字行。隋末在乡随父击起义军，后领兵破张金称、杨公卿。寻归窦建德。贞观初，为匡道府折冲。四年（630年），从李靖击突厥为前锋，袭破颉利牙帐。永徽六年（655年），以左卫中郎将从程知节征西突厥。后为伊丽道行军总管，代程知节为帅，显庆三年（658年）擒贺鲁还。于其地设州县，寻平定突厥别部策动的疏勒、朱俱波、葱岭三国叛乱。以功迁左骁卫大将军，封邢国公。五年（660年），统兵平百济，俘其王以归。官至左武卫大将军。

⑥ 谯让：谯，读窍，责备；让，亦责备。谯让意即谴责。

⑦ 赤水：城名，在今青海省海南州兴海县境。公元4世纪吐谷浑所筑。

东赞不知书而性明毅，用兵有节制，吐蕃倚之，遂为强国。始入朝，占对合旨，太宗擢拜右卫大将军，以琅邪公主[1]外孙妻之。禄东赞自言："先臣为聘妇，不敢奉诏。且赞普未谒公主，陪臣敢辞！"帝异其言，然欲怀以恩，不听也。有子曰钦陵、曰赞婆、曰悉多于、曰勃论。禄东赞死，而兄弟并当国。自是岁入边，尽破有诸羌羁縻十二州。

【译文】

禄东赞虽然识字不多，但天性聪明刚毅，用兵有节度规制，吐蕃依赖他，才成为强大的国家。禄东赞初次来到朝廷，对答合乎皇帝旨意，太宗升任他为右卫大将军，还把琅琊长公主（皇帝之胞姐）的外孙女许配给他。禄东赞自称："父母已经为臣娶了妻，所以不敢奉诏。而且赞普尚未谒见公主，陪臣冒昧辞谢！"皇帝听了他的话十分惊奇，然而想要加恩抚慰，所以没有听从。禄东赞有儿子名叫钦陵、赞婆、悉多于、勃论。禄东赞虽死，可这兄弟几人全都执掌国政。从此每年侵犯边境，攻破了所有羁縻的诸羌十二州。

【注释】

① 琅邪公主：《旧唐书·吐蕃传》作"琅邪长公主"。公主为帝王之女，长公主为帝王之姊妹。此处言"以琅邪公主外孙妻之"，当以"琅邪长公主"为是。

总章[①]中，议徙吐谷浑部于凉州旁南山[②]。帝刈[③]吐蕃之入，召宰相姜恪、阎立本[④]、将军契苾何力[⑤]等议先击吐蕃。立本曰："民饥未可以师。"何力曰："吐蕃介在西极，臣恐师到，兽窜山伏，捕讨无所得，至春复侵吐谷浑。臣请勿救，使疑吾力困而骄之，一举可灭也。"恪曰："不然，吐谷浑方衰，吐蕃负胜[⑥]，以衰气拒胜兵，战必不亢[⑦]，不救则灭。臣谓王师亟助之，使国幸存，后且徐图可也。"议不决，亦不克徙。

【译文】

总章年间（公元 668 至 670 年），朝廷商议把吐谷浑部落迁往凉州附近的南山（祁连山冷龙岭）。皇帝打算削弱吐蕃的入侵，召见宰相姜恪、阎立本及将军契苾何力等人商议预先攻打吐蕃一事。阎立本说：“老百姓面有饥色，不可以兴师动众。”契苾何力说：“吐蕃疆界位于极远的西方，臣担心我军抵达那里，他们会像野兽一样藏进山中，讨捕无所得，到了春天他们又来侵犯吐谷浑。臣请求不要出兵救援吐谷浑，让吐蕃误以为我军力量困乏而滋长骄傲情绪，这样我们就可以一举消灭吐蕃。”姜恪说：“我不这样认为。吐谷浑现在衰弱，吐蕃则兵强马壮，用衰弱的军队对抗善战的精兵，必然难以抵挡，不去救援吐谷浑就灭亡了。臣认为王师应当立即去救援吐谷浑，使吐谷浑能够存在，以后再慢慢谋取吐蕃，是可以的。”议而不决，吐谷浑也未能迁徙。

【注释】

① 总章：总章元年至三年，即公元668至670年。

② 南山：历史上整个祁连山都被称为南山。此处指祁连山冷龙岭，横亘凉州（今甘肃省武威市）之南。

③ 刈：读义，割断意，引申为削减。

④ 阎立本（约601—673）：父毗、兄立德均以绘画著称于时。太宗时，官主爵郎中。显庆时，以将作大匠代兄为工部尚书。总章元年（668年）为右相。咸亨元年（670年）任中书令。承家学，善绘画，时人号为“丹青神化”，为后世人物画家所师法。代表作有《步辇图》《历代帝王图》《职贡图》等，其中《步辇图》表现的即是唐太宗接见吐蕃使者禄东赞的情形。

⑤ 契苾何力（？—677）：唐铁勒部人，契苾部易勿真莫贺可汗孙。九岁丧父。贞观六年（632年），与母率部千余家至沙州（今甘肃敦煌）投唐。太宗置其部于甘、凉二州，封为左领军将军。九年（635年），从凉州都督李大亮讨吐谷浑，直入突沦川牙帐，俘其王妻子以归，迁北门宿卫。十四年（640年），从

侯君集平高昌，拜副大总管。十五年（641 年），省亲凉州，被部落劫至漠北，拒降薛延陀可汗。次年，归拜右骁卫大将军。二十一年（647 年），随阿史那社尔击龟兹（今新疆库车）。永徽二年（651 年），为弓月道行军大总管，平定西突厥处月、处蜜部，迁左骁卫大将军。龙朔元年（661 年），为辽东道大总管，渡鸭绿江，破莫支男生。乾封元年（666 年），佐李勣拔平壤城，掳其王归，授镇军大将军，封凉国公。卒后陪葬昭陵。

⑥ 负胜：负，依仗。《史记·魏其武安侯传》："武安负贵而好权。"负胜，依仗胜势。

⑦ 不亢：同不抗。

咸亨元年[①]，入残羁縻十八州，率于阗取龟兹、拨换城[②]，于是安西四镇并废。诏右威卫大将军薛仁贵为逻娑道行军大总管，左卫员外大将军阿史那道真、左卫将军[③]郭待封自副[④]，出讨吐蕃，并护吐谷浑还国。师凡十余万，至大非川，为钦陵所拒，王师败绩，遂灭吐谷浑而尽有其地。诏司戎太常伯[⑤]、同东西台三品姜恪为凉州道行军大总管出讨，会恪卒，班师。

【译文】

咸亨元年（公元 670 年），吐蕃入侵西域十八个羁縻州，率领于阗攻取了龟兹（今新疆库车）、拨换城（今新疆阿克苏），于是安西四镇（于阗、龟兹、疏勒、碎叶）全被废除。皇帝下诏任命右威卫大将军薛仁贵为逻娑道行军大总管，由左卫员外大将军阿史那道真、左卫将军郭待封辅助他，出兵讨伐吐蕃，并且护送吐谷浑回归本国旧地。兵众有十多万。到了大非川，遭到钦陵的抗拒，官军大败，于是吐蕃消灭了吐谷浑并占有了吐谷浑的全部领土。皇帝下诏任命司戎太常伯（即兵部尚书）、同东西台三品姜恪为凉州道行军大总管，出兵讨伐吐蕃，不巧姜恪去世，只好撤军。

【注释】

① 咸亨元年：公元670年。

② 拨换城：又称威戎城，即今新疆阿克苏市。唐初属龟兹国。贞观二十二年（648年），阿史那社尔攻龟兹，擒其王布失毕于此。其后城属龟兹都督府，隶安西都护府。咸亨元年（670年），吐蕃袭龟兹拨换城，陷之。

③ 左卫将军：禁军将领。职掌同右卫将军。

④ 自副：辅助自己。

⑤ 司戎太常伯：兵部尚书。唐龙朔二年（662年）改百官名，尚书改为太常伯，兵部改为司戎，兵部尚书改称司戎太常伯。咸亨元年（670年）复称兵部尚书。

吐蕃遣大臣仲琮入朝。仲琮少游太学，颇知书。帝召见问曰："赞普孰与其祖贤？"对曰："勇果善断不逮[①]也，然勤以治国，下无敢欺，令主[②]也。且吐蕃居寒露之野，物产寡薄，乌海之阴[③]，盛夏积雪，暑毼[④]冬裘。随水草以牧，寒则城处，施庐帐。器用不当中国万分一。但上下一力，议事自下，因人所利而行，是能久而强也。"帝曰："吐谷浑与吐蕃本甥舅国[⑤]，素和贵叛其主，吐蕃任之，夺其土地。薛仁贵等往定慕容氏，又伏击之，而寇我凉州，何邪？"仲琮顿首曰："臣奉命来献，它非所闻。"帝畦[⑥]其答。然以仲琮非用事臣，故杀其礼。

【译文】

吐蕃派遣大臣仲琮前来入朝。仲琮年轻时曾在太学学习，学识渊博。皇帝召见他问道："赞普与他的祖父，谁更有才能呢？"仲琮回答说："赞普虽不如他的祖父勇敢刚毅善于决断，但他勤于治理国政，臣下不敢欺骗他，是位圣贤的主上。况且吐蕃位于严寒的荒野，物产贫乏，乌海（今青海果洛冬给措纳湖）的南面，盛夏积雪，夏季身着毛布冬季则穿皮衣。追随水草放牧，天气寒冷了就居住在城里，城中设有庐帐。器具虽然不及中原的万分之一，但上下齐心协力，自下而上商议国事，根据老百姓的利益制定国策，因而能够立国长久并且强大。"皇帝说："吐谷浑与吐蕃本来是甥舅之国，素和贵背叛了本国主上，吐蕃却利用他，夺取了吐谷浑的土地。薛仁贵等人前去安定慕容氏，吐蕃又设下伏兵攻打他们，而且侵犯我凉州，这是为什么呢？"仲琮顿首说："臣奉命来朝进献，别的事就不知道了。"皇帝欣赏他的回答。然而因为仲琮本人不是掌权的大臣，所以减省了礼节。

【注释】

① 不逮：逮，读代，书面语，到、及之意。不逮，即不及、比不上。

② 令主：令，书面语，美好之意。如令德、令名。令主，即贤明的主上。

③ 乌海之阴：乌海，当指今青海省果洛州西北部的冬给措纳湖，位于西宁至玉树公路花石峡站之西北侧二十公里。《资治通鉴》卷一九四胡三省注："河源郡有乌海。"《旧唐书·薛仁贵传》云："军至大非川，将发乌海，仁贵谓待封曰：'乌海险远，车行艰涩，若引辎重，将失事机'……待封遂不从仁贵之命，领辎重继进，比至乌海，吐蕃二十余万悉众来救，邀击，待封败走趋山，军粮及辎重并为贼所掠。仁贵遂退军屯于大非川。吐

蕃又益众四十余万来拒战，官军大败。”阴，古代称山之南、水之北为阳，山之北、水之南为阴。乌海之阴，即乌海之南。

④ 毾：读合，一种毛织品。

⑤ 甥舅国：大抵唐时和亲之国，皆得称甥舅国。如吐蕃赞普尚唐公主，称唐帝为“阿舅”，自称“外甥”。据《敦煌本吐蕃历史文书》大事纪年载，689 年吐蕃公主墀邦（khri bangs）嫁给吐谷浑王为妻。唐高宗曰“吐谷浑与吐蕃本甥舅国”，或指此前吐蕃早以和亲方式与吐谷浑建立关系。

⑥ 韪：是、对之意。如，“冒天下之大不韪”。此处为同意，赞赏。

上元二年[①]，遣大臣论吐浑弥来请和，且求与吐谷浑修好，帝不听。明年，攻鄯、廓、河、芳四州，杀略吏及马牛万计。乃诏周王显[②]为洮州道行军元帅，率工部尚书刘审礼等十二总管，以相王轮[③]为凉州道行军元帅，率左卫大将军契苾何力、鸿胪卿萧嗣业等军讨之。二王不克行。吐蕃进攻叠州[④]，破密恭、丹岭二县[⑤]，又攻扶州，败守将。乃高选[⑥]尚书左仆射刘仁轨为洮河镇守使，久之，无功。

【译文】

上元二年（公元 675 年），吐蕃派遣大臣论吐浑弥前来请求和好，并且请求与吐谷浑重归于好，皇帝不准许。第二年（公元 676 年），吐蕃攻打鄯（今青海乐都）、廓（今青海尖扎北）、河（今甘肃临夏）、芳（今甘肃迭部境）四州，杀死抢走官吏及马牛数以万计。于是皇帝下诏任周王李显（即后来的中宗）为洮河道行军元帅，率领工部尚书刘审礼等十二位总管，任相王李轮（即后来的睿宗）为凉州道行军元帅，率领左卫大将军契苾何力、鸿胪卿萧嗣业等军讨伐吐蕃。周王、相王没有出征。吐蕃进攻叠州（今甘肃迭部），攻破密恭（今甘肃临潭）、丹岭（今甘肃甘南南部）二县，接着攻打扶州（今四川松潘东），击败了守将。于是朝廷用高标准选拔尚书左仆射刘仁轨任洮河镇守使，但很长时间没有战功。

【注释】

① 上元二年：公元675年。

② 周王显：高宗第七子，即后来的唐中宗李显，时年二十岁。

③ 相王轮：高宗第八子，即后来的唐睿宗李旦，初名李轮，时年十四岁。

④ 叠州：北周建德六年（577年）以吐谷浑地置，因群山重叠得名，治叠川县（今甘肃省甘南州迭部县境）。隋大业初废。唐武德二年（619年）复置，移治合川县（今迭部县西，后移今迭部县），辖境相当于今白龙江上游地区。广德以后地入吐蕃。

⑤ 密恭、丹岭二县：密恭县，在今甘肃省甘南州临潭县境，唐初曾改称为密恭，地近草原，故吐蕃早年侵及之。丹岭县，原芳州属县，在今甘肃省甘南州南部。所管百姓，皆是党项诸羌界内，虽立县名，无城郭居处。故最早没于吐蕃。

⑥ 高选：用高标准选择官吏。

吐蕃与西突厥连兵攻安西，复命中书令李敬玄为洮河道行军大总管、西河镇抚大使、鄯州都督，代仁轨。下诏募猛士，毋限籍役痕负[①]，帝自临遣。又敕益州长史李孝逸、巂州都督拓王奉益发剑南、山南士。先战龙支[②]，吐蕃败。敬玄率刘审礼击吐蕃青海上，审礼战没。敬玄顿承风岭，碍险不得纵，吐蕃压王师屯，左领军将军黑齿常之率死士五百，夜斧其营，虏惊，自相輣藉[③]而死者甚众，乃引去。敬玄仅脱。

【译文】

吐蕃与西突厥联合出兵攻打安西（今新疆库车），朝廷又任命中书令李敬玄为洮河道行军大总管、西河镇抚大使、鄯州都督，取代刘仁轨。皇帝下诏招募勇猛的士兵，无论是服役的平民还是以前的文武官吏都不限制，皇帝亲临送行。又敕令益州（今四川成都）长史李孝逸、嶲州（今四川西昌）都督拓王奉增调剑南、山南士兵。先在龙支城（今青海化隆东）交战，吐蕃战败。李敬玄率领刘审礼在青海湖旁攻打吐蕃军队，刘审礼战死。李敬玄停留在承风岭（今青海共和县境），被险要的地势所阻而不能出击，吐蕃进逼官军的驻地。左领军将军黑齿常之率领五百名敢死士兵，在夜间杀进敌营，敌军惊惶失措，因自相践踏而死的士兵很多，于是撤走。李敬玄这才脱身幸免。

【注释】

① 籍役痕负：籍役，登记在册的服役者。痕，留下的痕迹；负，曾担负的官职。痕负，指曾担负一定官职而留下痕迹者，即《旧唐书·吐蕃传》所云“尝任文武官者”。

② 龙支：龙支城，在今青海省海东市化隆县东（亦即今甘肃省临夏州永靖县之西），介于鄯州（治今青海省乐都区）、河州（治今甘肃省临夏市）之间。西魏废帝二年（553 年）改为龙支县，北周、隋属枹罕郡，唐属鄯州。上元后地入吐蕃。

③ 轥藉：轥，读蔺，车轮碾过。藉，书面语，践踏。

帝既儒仁无远略，见诸将数败，乃博咨近臣，求所以御之之术。帝曰：“朕未始擐甲[1]履军，往者灭高丽、百济[2]，比岁用师，中国骚然，朕至今悔之。今吐蕃内侵，盍[3]为我谋?”中书舍人刘祎之等具对，须家给人足可击也。或言贼险黠不可与和，或言营田严守便。惟中书侍郎薛元超谓："纵敌生患，不如料兵④击之。"帝顾黄门侍郎⑤来恒曰："自李勣亡，遂无善将。"恒即言："向洮河兵足以制敌，但诸将不用命，故无功。"帝殊不悟⑥，因罢议。

【译文】

皇帝既懦弱又没有远大的谋略，他见诸位将领屡次战败，便向左右征询意见，以求得抵御吐蕃的良策。皇帝说："朕不曾身穿铠甲奔赴疆场，以往消灭高丽（今朝鲜半岛北部）、百济（今朝鲜半岛西南部）二国，连年用兵，中原骚动，朕到现在还悔恨不已。而今吐蕃入侵，你们如何为我出谋划策呢?"中书舍人刘祎之等人回答说，必须等到百姓丰衣足食后才可以攻打吐蕃。有人说吐蕃阴险狡猾不可与之通和，有人说屯田严守有利。唯独中书侍郎薛元超认为："与其放纵敌人生出祸患，还不如调集军队攻打它。"皇帝望着黄门侍郎来恒叹息道："自从李勣去世以后，就再也没有良将了。"来恒马上说："昔日洮河的兵力足以制服敌人，只是诸位将领不听从命令，因此没有战功。"皇帝完全没有醒悟，因而停止商议此事。

【注释】

① 擐甲：擐，读换，穿戴。擐甲，穿戴盔甲。

② 百济：古国名，故地在今朝鲜半岛西南部。公元4世纪后逐渐强大，与高丽、新罗鼎足争雄。隋初，遣使通好于隋，文帝册封其王余昌为上开府、带方郡公、百济王。唐武德四年（621年），其王扶余璋遣使至唐献方物。七年（624年）又奉表朝贺，并受唐册封为带方郡王、百济王。显庆五年（660年）为唐军所灭。唐分其地置熊津等五都督府，各统州县，以其渠率

为都督、刺史、县令。后其地并于新罗。

③ 盍：疑问代词，怎么样。

④ 料兵：料，估计其数多少。《国语》楚上：“楚师可料也。”料兵，征集相当数量的军队。

⑤ 黄门侍郎：隋唐门下省属官。其官给事于宫殿黄门之内，故曰黄门侍郎。

⑥ 不悟：不理解、不领会、不觉醒之意。

仪凤四年①，赞普死，子器弩悉弄立，钦陵复擅政，使大臣来告丧，帝遣使者往会葬。明年②，赞婆、素和贵率兵三万攻河源③，屯良非川，敬玄与战湟川④，败绩。左武卫将军黑齿常之以精骑三千夜捣其营，赞婆惧，引去。遂擢常之为河源军经略大使。乃严烽逻，开屯田，虏谋稍折。

【译文】

仪凤四年（公元679年），赞普去世（芒松芒赞，实676年卒），他的儿子器弩悉弄（即都松芒波杰）继立，钦陵再次独揽大权，派遣大臣前来告丧，皇帝派遣使者前往吐蕃会葬。第二年（公元680年），赞婆、素和贵率领三万兵众攻打河源军（驻今青海西宁），驻守良非川（今青海湟源西），李敬玄与他们在湟川（今青海乐都附近湟水大平原）交战，结果大败。左武卫将军黑齿常之率三千名精骑在夜间杀进敌营，赞婆恐惧，便撤走军队（此事发生在678年，与前面已述实为一事，记载有误且重复）。于是升任黑齿常之为河源军经略大使。黑齿常之便严加警戒，开垦屯田，敌人的图谋稍受挫折。

【注释】

① 仪凤四年：公元679年。

② 明年：永隆元年（680年）。本传称："明年，赞婆、素和贵率兵三万攻河源，屯良非川，敬玄与战湟川，败绩。左武卫将军黑齿常之以精骑三千夜捣其营，赞婆惧，引去。"《旧唐书·吐蕃传》另载："（仪凤三年，即678年）其年秋，敬玄与工部尚书刘审礼率兵与吐蕃战于青海，官军败绩，审礼没于阵，敬玄按军不敢救。俄而收军却出，顿于承风岭，阻泥沟不能动，贼屯于高冈以压之。偏将左领军员外将军黑齿常之率敢死之士五百人，夜斫贼营，贼遂溃乱，自相蹂践，死者三百余人。敬玄遂拥众鄯州，坐改为衡州刺史。"以上新、旧唐书所载，似为一事，但纪年相差两年。《旧唐书·李敬玄传》载敬玄仅一败，无再败。或以《旧唐书·吐蕃传》所载为是。本传后文又云，永隆元年（680年），"赞婆复入良非川，常之击走之"。仍为同一年之事。可见记载重复。

③ 河源：指河源军，驻鄯城县（今青海省西宁市东南）。

④ 湟川：当是鄯州（治今青海省海东市乐都区）附近的湟水大平原的名称。其时惟鄯州有城。李敬玄自承风岭败后，退守于此。城外尽是垦军与农民耕种之地，蕃军来犯，自必出兵卫垦。蕃骑轻锐，利于野战，故官军败绩。蕃骑胜而肆掠，本营空虚，仅留老弱看守家畜，故黑齿常之能大破之。（见任乃强《吐蕃传地名考释》）

初，剑南度茂州之西筑安戎城，以迮①其鄙。俄为生羌导虏取之以守，因并西洱河②诸蛮，尽臣羊同、党项诸羌。其地东与松、茂、巂接，南极婆罗门，西取四镇，北抵突厥，幅圆余万③里，汉、魏诸戎所无也。

【译文】

当初，剑南越过茂州（今四川茂县）的西面修筑了安戎城，用来威逼吐蕃边邑。可是时间不久就被生羌带领的吐蕃军队攻破并加以驻守，吐蕃还顺势吞并了西洱河（今云南大理洱海）诸蛮，使得羊同、党项诸羌统统臣属。这样吐蕃的领土东面与松（今四川松潘）、茂（今四川茂县）、巂（今四川西昌）相接，南面到了婆罗门（今印度），西面占领了四镇，北面抵达突厥，地域上万里，如此强盛在汉、魏诸戎中是没有的。

【注释】

① 迮：读则，狭窄、压迫、威逼意。

② 西洱河：今云南省大理州洱海。洱，谓湖水狭长而附丽于点苍山，似人耳。汉字特加三点水。洱海，至隋时，南人已称为“西洱河”，又称滇池为“东洱河”，均见《新唐书·南蛮传》与《太宗本纪》。盖爨语及南诏语皆呼湖为河。所谓“西洱河诸蛮”，包括洱海附近诸昆弥部落（有磨些、邓赕等诏）。（见任乃强《吐蕃传地名考释》）隋开皇十七年（597年），史万岁率兵入南中，渡西洱河，击南宁州夷帅爨翫。唐天宝十年（751年），剑南节度使鲜于仲通进攻南诏，为南诏王阁罗凤战败于此。

③ 余万：应为“万余”。《旧唐书·吐蕃传》云：“东与凉、松、茂、巂等州相接，南至婆罗门，西又攻陷龟兹、疏勒等四镇，北抵突厥，地方万余里，自汉、魏已来，西戎之盛，未之有也。”

永隆元年①，文成公主薨，遣使者吊祠，又归我陈行焉之丧。初，行焉使虏，论钦陵欲拜己②，临以兵，不为屈，留之十年。及是丧还，赠睦州③刺史。赞婆复入良非川，常之击走之④。

【译文】

永隆元年（公元680年），文成公主去世，朝廷派遣使者吊祭，吐蕃又归还我朝陈行焉的灵柩。当初，陈行焉出使吐蕃，论钦陵逼迫他拜伏赞普，并陈列军队加以威胁，陈行焉没有屈服，竟然被滞留了十年之久。到这时他的灵柩返回故土，朝廷追赠他为睦州（今浙江淳安）刺史。赞婆进驻良非川，黑齿常之把他击溃（此事又重复记载）。

【注释】

① 永隆元年：公元680年。

② 欲拜己：《册府元龟》卷六六一奉使部守节条载："陈行焉为吉州长史，往使吐蕃。吐蕃大臣钦陵使行焉拜伏，行焉拥节不屈，临之以兵，竟不从，因被拘留十余年而卒。至永隆二年丧还，高宗深嘉叹之，赠睦州刺史。""拜伏"疑指拜赞普而言，本传改为"拜己"，当时钦陵未为大相，一大将逼敌国使臣拜己，甚无意义。疑当时两国交恶，钦陵欲争敌国礼，故逼行焉拜赞普。（见王忠《新唐书吐蕃传笺证》）

③ 睦州：唐武德四年（621年）复置，治今浙江省杭州市淳安县，697年移治今杭州市建德（市）东北，辖境相当于今浙江省杭州市建德、淳安、桐庐等市县地。

④ 赞婆复入良非川，常之击走之：此事前文已详细叙述，这里又重复，有误。

武后时，与蛮夷同朝贺。永昌元年①，诏文昌右相韦待价为安息道大总管，安西大都护阎温古副之，以讨吐蕃，兵逗留，坐死、徙。明年，复诏文昌右相岑长倩为武威道行军大总管讨之，兵半道罢。

【译文】

武后时，吐蕃与蛮夷一同来朝道贺。永昌元年（公元 689 年），朝廷下诏任文昌右相韦待价为安息道大总管，安西大都护阎温古为副，以讨伐吐蕃。由于军队逗留不进，他们二人分别获罪判死刑、徙刑。第二年（即天授元年，公元 690 年），又下诏任文昌右相岑长倩为武威道行军大总管，前去讨伐吐蕃，军队行进到半道而取消了这次行动。

【注释】

① 永昌元年：公元 689 年。

又明年[①]，大首领曷苏率贵川部与党项种三十万降，后以右玉钤卫将军[②]张玄遇为安抚使，率兵二万迎之，次大度水[③]，吐蕃禽曷苏去。而它酋昝插[④]又率羌、蛮八千自来，玄遇即其部置叶州[⑤]，用昝插为刺史，刻石大度山[⑥]以纪功。

【译文】

如意元年（公元 692 年），吐蕃大首领曷苏率领贵川部落与党项三十万人投降，武后任右玉钤卫将军张玄遇为安抚使，让他率领二万士兵前去迎接他们。到了大渡河，吐蕃把曷苏抓走。而另一位酋长昝捶又率领羌、蛮八千人主动前来，张玄遇便在该部落设置叶川州，任用昝捶为刺史，在大度西山上刻石纪功。

【注释】

① 又明年：应为如意元年（692 年）。《旧唐书·吐蕃传》云：“如意元年，吐蕃大首领曷苏率其所属并贵川部落请降，则天令右玉钤卫大将军张玄遇率精卒二万充安抚使以纳之。”

② 右玉钤卫将军：《旧唐书·吐蕃传》作“右玉钤卫大将军”。本传“右玉钤卫将军”为是。

③ 大度水：为大渡水，亦即今大渡河。

④ 昝插：《旧唐书·吐蕃传》作“昝捶”。《资治通鉴》亦作“昝捶”。插、捶形近而讹。

⑤ 叶州：《旧唐书·吐蕃传》作“叶川州”。

⑥ 大度山：《旧唐书·吐蕃传》作“大度西山”，或即大渡河西面之山。

是岁，又诏右鹰扬卫将军[1]王孝杰为武威道行军总管，率西州都督唐休璟、左武卫大将军[2]阿史那忠节击吐蕃，大破其众，复取四镇，更置安西都护府于龟兹，以兵镇守。议者请废四镇勿有也，右史崔融[3]献议曰：“戎狄为中国患尚[4]矣，五帝、三王所不臣。汉以百万众困平城[5]，其后武帝[6]赫然发愤，甘心四夷[7]，张骞[8]始通西域，列四郡，据两关[9]，断匈奴右臂[10]，稍稍度河、湟，筑令居[11]，以绝南羌。于是亭候亭燧[12]出长城数千里，倾府库，殚士马，行人使者岁月不绝，至作皮币[13]，算缗法[14]，税舟车，榷酒酤[15]。夫岂不怀，为长久计然也！匈奴于是孤特远窜，遂开西域，置使者领护。光武[16]中兴，皆复内属，至于延光[17]，三绝三通。太宗文皇帝践汉旧迹，并南山抵葱岭[18]，剖裂府镇，烟火相望，吐蕃不敢内侮。高宗时，有司无状[19]，弃四镇不能有，而吐蕃遂张，入焉耆之西，长鼓右驱[20]，逾高昌，历车师，钞常乐，绝莫贺延碛，以临敦煌。今孝杰一举而取四镇，还先帝旧封，若又弃之，是自毁成功而破完策也。夫四镇无守，胡兵必临西域，西域震则威憺南羌[21]，南羌连衡，河西必危。且莫贺延碛袤二千里，无水草，若北接虏，唐兵不可度而北，则伊西、北庭、安西诸蕃悉亡。”议乃格[22]。

【译文】

同一年，朝廷又下诏任命右鹰扬卫将军王孝杰为武威道行军总管，他率领西州（今新疆吐鲁番东南）都督唐休璟、左鹰扬卫大将军阿史那忠节攻打吐蕃，大败吐蕃兵众，重新攻取了四镇，将安西都护府改置在龟兹，派兵驻守。有人请求废弃四镇而不要重新设置，右史崔融献策说：“戎狄成为中原的祸患由来已久，五帝、三王时他们并未臣属。汉朝因为匈奴百万兵众围困平城（今山西大同东北），此后武帝发愤图强，情愿通好四夷，张骞开始与西域各国交往，设置了四郡，依据两关（玉门关、阳关），砍断匈奴右臂，渐渐跨越黄河、湟水，修筑令居县（今甘肃永登西北），以便断绝南羌。于是要塞烽火延伸到长城以外数千里的地方，竭尽国库所有，动用全部兵马，行人使者连年不断，以至于用白鹿皮制作货币，实行算缗法，征收舟车税，规定酒类由官府专卖。这难道是不爱惜百姓？是作长远打算的结果！于是匈奴孤立无援只好逃往远方，从而开通了西域，设置使者统领守护。光武中兴，全部内属。到了延光年间（公元 122 至 125 年），三次阻绝三次开通。太宗文皇帝追踪汉朝往日的业绩，从南山（祁连山）到葱岭，分别设置府镇，烽火前后相望，吐蕃不敢前来侵犯。高宗时，有关官员未尽职责没有功状，废弃四镇而不能够占有，于是吐蕃便猖狂起来，出兵进入焉耆以西，大张旗鼓地长驱直入，越过高昌

（今新疆吐鲁番东南），途径车师（今新疆吉木萨尔），抄掠常乐（今甘肃瓜州），穿越莫贺延碛，以至逼近敦煌。如今王孝杰一举攻取四镇，恢复了先帝旧日的封疆，如果再度放弃四镇，无疑是自己葬送已取得的功业而破坏周密完备的长远计策。四镇若无守备，胡兵必然进逼西域，西域各国震慑则吐蕃就会畏惧，与吐蕃联结，河西必然告急。况且莫贺延碛南北长达两千里，没有水草，如果北面与虏相连接，唐兵就无法穿越大漠往北，那么必将失去伊西（今新疆哈密）、北庭（今新疆吉木萨尔）、安西（今新疆库车）各蕃国。”请废四镇的议论终于被阻遏。

【注释】

① 右鹰扬卫将军：禁军将领。隋禁军十六卫中有左右武卫大将军，唐光宅年间（684 年）改为鹰扬卫，神龙元年（705 年）复为武卫，分左右，各由大将军一人分统。右鹰扬卫将军，位在大将军之下。

② 左武卫大将军：禁军将领。收复安西四镇，事在长寿元年（692 年）。此时左右武卫已改为左右鹰扬卫，左武卫大将军即左鹰扬卫大将军。不可称王孝杰为“右鹰扬卫将军”，同时又以旧官名称阿史那忠节为“左武卫大将军”。此为史官记述之误。

③ 右史崔融：右史，史官名，隶中书省，秩从六品上，掌修记言之史，记录制诰德音，每季末汇总以授国史馆。崔融（653—706），文辞超群，中宗为太子时，充侍读。以撰《启母庙碑》为武后赏识，累迁凤阁舍人兼修国史。曾上书谏罢税关市，武后纳之。中宗时，贬为袁州刺史，寻入为国子司业，监修国史。参预修《武则天实录》。

④ 尚：久远。《吕氏春秋》古乐：“故乐之所由来者尚矣，非独为一世之所造也。”

⑤ 平城：即平城县，秦置，治今山西省大同市东北。《史记·高祖本纪》载，七年（公元前 200 年），高祖“遂至平城。匈奴围我平城，七日而后罢去”，即此。秦、汉属雁门郡，西汉又为东部都尉治。

⑥ 武帝：汉武帝刘彻（前 156—前 87），西汉皇帝，公元前 140 至前 87 年在位。统治期间接受董仲舒建议，“独尊儒术”，作为巩固政权的工具。颁行“推恩令”，使诸侯王多分封子弟为侯，以削弱割据势力。设置十三部刺史，以加强对地方的控制。征收商人资产税，打击富商大贾。又采桑弘羊建议，把冶铁、煮盐、铸钱收归官营；设置平准官、均输官，由官府经营运输和贸易。同时兴修水利，移民西北屯田，实行“代田法”。曾派张骞两次至西域，加强了对西域的统治，发展了经济文化交流。并用卫青、霍去病为将，进击匈奴贵族，解除匈奴威胁，保障了北方经济文化的发展。

⑦ 甘心四夷：意为情愿与四夷通好。

⑧ 张骞（？—前 114）：官大行（掌接待宾客），封博望侯。建元二年（公元前 139 年），奉汉武帝命出使大月氏，相约共同夹攻匈奴。他越过葱岭，亲历大宛、康居和大月氏、大夏等地，元朔三年（公元前 126 年）方归汉，在外共十三年。途中曾被匈奴扣留，前后达十一年。元狩四年（公元前 119 年）又奉命出使乌孙，并派副使出使大宛、康居、大夏、安息等地。他两次出使，加强了中原和西域各族的联系，促进了经济文化的交流和发展。

⑨ 据两关：两关当指玉门关、阳关。玉门关，西汉武帝置。因西域输入玉石取道于此得名。故址在今甘肃省敦煌市西北小方盘城。阳关，亦西汉置，故址在今甘肃省敦煌市西南古董滩附近。因在玉门关之南，故名阳关。两关同为对西域交通的门户：出玉门关为北道，出阳关为南道。

⑩ 右臂：古时常以左右表示方位，东方称左，西方称右，如江东称江左，山西称山右。但右臂并非指西侧、右翼。人习惯于用右手做事，故以右臂比喻事物之要害部分。《战国策》赵二："齐献鱼盐之地，此断赵之右臂也。"

⑪ 令居：令居县。西汉武帝置，治今甘肃省兰州市永登县西北。地当湟水流域通向河西走廊的冲要。汉武帝时，筑塞、通渠，置田官，吏卒于此。两汉属金城郡，皆曾为护羌校尉治所。

⑫ 鄣候亭燧：鄣，屏障，即设置要塞。候，土堡，边境伺望侦察的设置。亭，指边地岗亭。燧，告警的烽火。

⑬ 皮币：以兽皮制成的货币。汉武帝时，因"铸钱者多，故钱轻，轻亦贱也"。"钱益多而轻，物益少而贵。"有司建言制作皮币。因帝之禁苑多白鹿，"乃以白鹿皮方尺，缘以藻绘，为皮币，直四十万。王侯宗室朝觐聘享，必以皮币荐璧，然后得行"。（《史记》卷三十平准书第八）皮币即汉代用白鹿皮制成的货币，发行于汉武帝元狩四年（公元前 119 年），是一种信用货币，为汉武帝加强中央集权、改革经济管理权力之一种。

⑭ 算缗法：缗，读民，指串铜钱的绳子，一缗为一千钱。算，为计征单位，一算为一百二十钱。算缗法是汉代所行税法之一。汉武帝元狩四年（公元前 119 年）颁布算缗令，对商人及高利贷者，按交易额或贷款额征税，每二缗（二千钱）征一算（一百二十钱），税率 6%；对手工业者，按其出售产品的价值征税，每四缗（四千钱）征一算（一百二十钱），税率 3%。

⑮ 榷酒酤：榷，读确，专卖之意。酤，读估，指酒的买卖。汉武帝天汉三年（公元前 98 年）初榷酒酤，将酒的酿造和贩卖收归官府专营，以增加收入。

⑯ 光武：汉光武帝刘秀（公元前 5 年—公元 57 年），西汉皇族，东汉王朝的建立者。公元 25 至 57 年在位。称帝后，镇压赤眉起义军，削平各地割据势力，统一全国。在位期间，多次发布

释放奴婢和禁止残害奴婢的命令，减轻赋税，废止地方兵役制，兴修水利，裁并了四百多个县，精简官吏，并在中央加重尚书职权，在地方废除掌握军权的都尉，以加强中央集权的政治体制。

⑰ 延光：指东汉延光年间，即延光元年（公元 122 年）至四年（公元 125 年）。

⑱ 并南山抵葱岭：南山，即祁连山。葱岭，古代对今帕米尔高原及昆仑山、喀喇昆仑山西部诸山的统称，为古代东方和西方陆路交通的要道。并南山抵葱岭，概言西域全境。

⑲ 有司无状：有司，指官吏。状，报功状。有司无状，即官吏无功状报来，亦即官吏尽不到职责。

⑳ 长鼓右驱：长鼓，大张旗鼓。右驱，即西驱。此指吐蕃占有焉耆之后，“入焉耆之西”，再占有龟兹、疏勒、于阗等镇。后文所述“逾高昌，历车师，钞常乐，绝莫贺延碛，以临敦煌”，则非西驱（右驱），而是东驱（左驱）了。

㉑ 威憺南羌：憺，读旦，通惮，使人畏惧。威憺即威慑。南羌，指吐蕃，认为吐蕃由羌之南支发展而成。

㉒ 议乃格：格，被阻遏，止也。议乃格，请废四镇的议论于是被阻止。

于是首领勃论赞与突厥伪可汗阿史那俀子[①]南侵，与孝杰战冷泉[②]，败走。碎叶镇守使韩思忠破泥熟没斯城[③]。证圣元年[④]，钦陵、赞婆攻临洮[⑤]，孝杰以肃边道大总管战素罗汗山，虏败还[⑥]。又攻凉州，杀都督[⑦]。遣使者请和，约罢四镇兵，求分十姓地。武后诏通泉尉郭元振[⑧]往使，道与钦陵遇。元振曰：“东赞事朝廷，誓好无穷，今猥自绝，岁扰边，父通之，子绝之，孝乎？父事之，子叛之，忠乎？”钦陵曰：“然！然天子许和，得罢二国戍，使十姓突厥、四镇各建君长，俾其国自守若何?”元振曰:“唐以十姓、四镇抚西土,为列国主,道非有它,且诸部与吐蕃异,久为唐编人矣。”钦陵曰:“使者意我规削诸部为唐边患邪?我若贪土地财赋,彼青海、湟川近矣,今舍不争何哉?突厥诸部碛漠广莽,去中国远甚,安有争地万里外邪?且四夷唐皆臣并之,虽海外地际,靡不磨灭,吐蕃适独在者,徒以兄弟小心,得相保耳。十姓五咄陆[⑨]近安西,于吐蕃远,俟斤[⑩]距我裁一碛,骑士腾突,不易旬至[⑪],是以为忧也。乌海、黄河,关源阻奥,多疠毒,唐必不能入;则弱甲孱[⑫]将易以为蕃患,故我欲得之,非窥诸部也。甘、凉距积石道二千里,其广不数百,狭才百里,我若出张掖、玉门,使大国春不耕,秋不获,不五六年,可断其右。今弃不为,亦无虞于我矣。青海之役,黄仁素约和,边守不戒,崔知辩径俟斤掠我牛羊万计,是以求之。”使使者固请,元振固言不可许[⑬],后从之。

【译文】

于是吐蕃首领勃论赞与突厥伪可汗阿史那俀子南下入侵,他们与王孝杰在冷泉(今祁连山西段)交战,战败逃离。碎叶(今吉尔吉斯斯坦北部阿克贝希姆废墟)镇守使韩思忠攻克了泥熟没斯城(碎叶地区西部)。万岁通天元年(公元696年),钦陵、赞婆攻打临洮(今甘肃岷县),王孝杰以肃边道大总管的身份与他们在素罗汗山(今甘肃碌曲一个山口)展开激战,唐兵大败(王孝杰获罪免为庶人)。突厥军队攻打凉州(今甘肃武威),杀死都督。吐蕃派遣使者前来请求和好,提出罢除四镇的守军,请求分得十姓突厥之地的条件。武后下诏令通泉尉郭元振出使吐蕃,途中与钦陵相遇。郭元振说:“禄东赞奉事朝廷,起誓要世代和好,现在你自己却随随便便地断交,连年侵扰我边疆地区。父交往通好，子妄自断交，这能称得上孝吗？父奉事，子背叛，这难道是忠诚吗?”钦陵说：“你说得对！然而天子要答应和好，就必须罢除两国边境的守兵，让十姓突厥、四镇各自设立君长，依靠这些国家自己守卫，怎么样呢?”郭元振说：“唐朝凭借十姓、四镇抚慰西部疆土上的百姓，成为各国的君主，没有其他的道理，况且各部与吐蕃不一样，他们早就是唐朝的编民了。”钦陵说：“使者认为我企图分割各部要造成唐的边患吗？我如果是贪图土地财赋，那青海、湟川离我很近，如今我舍弃那里而不争夺，又是因为什么呢？突厥各部地处茫茫大漠之中，距离中原很远，哪里有在万里之外争夺土地的呢？况且四夷全都被唐臣服吞并，即使是在海外地边，也无不被消灭，吐蕃之所以能够独自存在，是因为兄弟小心，才得以保全。十姓突厥中的五咄陆靠近安西，距离吐蕃很远，而五俟斤与我仅隔一大漠，骑兵快马奔驰，要不了十天即可到达，这才是让唐担忧的。乌海（今青海果洛冬给措纳湖)、黄河，关源阻隔，多有疫病，唐兵根本无法进入；就是那些残兵弱将容易成为蕃患，因而我要占据那里，并不是企图窥伺各部。甘（今甘肃张掖)、凉（今甘肃武威）距离积石山(今青海阿尼玛卿山）有两千里路，宽的地方不超过数百里，狭窄的地方仅有百里，如果我从张掖、玉门出兵，则可使大国春季无法耕种，秋季不能收获，要不了五六年，即可断绝这里的接济。如今舍弃不予经营，就不必戒备我了。青海之役中，黄仁素约定和好，我方守边的将士解除了戒备，而崔知辩却经俟斤统辖地区抢走了我数以万计的牛羊，所以我前来求取。”吐蕃派遣使者一再请求，郭元振极力主张不可答应，武后听从了他的意见。

【注释】

① 阿史那俀子：俀，读推。阿史那俀子，唐时吐蕃扶立之西突厥可汗。阿史那元庆长子，阿史那献兄。长寿元年（692 年），其父为来俊臣诬害，他出奔吐蕃。二年（693 年），吐蕃立之，联兵犯唐。三年（694 年），武威道行军总管王孝杰破其众于冷泉、大岭，吐蕃勃论赞率军驰援，亦败绩，其势遂衰。

② 冷泉：其地当在河西走廊之南山（祁连山），大约是酒泉至敦煌山段。

③ 泥熟没斯城：应在葱岭之碎叶地区西部。

④ 证圣元年：公元 695 年。

⑤ 临洮：指临洮县，非指临洮军。秦置临洮县，以地临洮水而名，治今甘肃省定西市南端岷县，属陇西郡。秦始皇筑长城起临洮，即此。汉为陇西南部都尉治。隋仍为临洮县，属临洮郡。唐临洮县（今岷县）为岷州治所。下文“孝杰以肃边道大总管战素罗汗山”，素罗汗山在今甘肃岷县之西碌曲县附近。

⑥ 战素罗汗山，虏败还：《资治通鉴》卷二〇五万岁通天元年（696 年）三月条载：“王孝杰、娄师德与吐蕃将论钦陵、赞婆战于素罗汗山，唐兵大败；孝杰坐免为庶人，师德贬原州员外司马。”《旧唐书·吐蕃传》所载与《资治通鉴》同。本传将时间记为“证圣元年”（695 年），一误；将唐兵大败记为“虏败还”，再误。

⑦ 攻凉州，杀都督：凉州杀都督事，系突厥所为，与吐蕃无涉。《旧唐书·吐蕃传》之注释中已作说明。

⑧ 郭元振（656—713）：名震，以字行。少有大志，咸亨进士。武则天擢为右武卫铠曹参军，出使吐蕃。大足元年（701 年），任凉州都督、陇右诸军州大使。拓边筑塞，开置屯田，尽水陆之利，连年丰稔。神龙中，迁左骁卫将军，兼检校安西大都护，镇守疏勒（今新疆喀什），力保安西四镇与西域交通。景云二年

（711年），进同中书门下三品，迁吏部尚书。次年，任朔方大总管，筑定远城（今宁夏平罗南），以为行军计集之所。后玄宗讲武骊山，坐军容不整罪，流放新州（治今广州新兴），旋改饶州司马，病死途中。

⑨ 十姓五咄陆：隋开皇二年（582年），突厥汗国分裂为东、西突厥。西突厥尽得乌孙故地，下分十部，号称十姓。左厢五部总称五咄陆，居碎叶东北，其长皆称啜，有五啜：突骑施·贺逻施啜（地在今新疆伊犁河流域），胡禄屋·阙啜（地在今新疆玛纳斯河下游一带），处木昆·律啜（地在今新疆塔城市一带），鼠尼施·处半啜（地在今新疆焉耆西北裕勒都斯河流域），摄舍提·暾啜（地在今新疆博尔塔拉蒙古族自治州一带）。

⑩ 俟斤：西突厥右厢五部总称五弩失毕，居碎叶西南，其长皆称俟斤，有五俟斤：阿悉结·阙俟斤（地在碎叶与怛逻斯之间），阿悉结·泥熟俟斤（地在怛逻斯附近），拔塞干·暾俟斤（地在热海即伊塞克湖一带），哥舒·处半俟斤，哥舒·阙俟斤（两个哥舒部或在葱岭东麓至新疆于阗南山一带）。高宗与武后时，俟斤五部与五咄陆部离立，五咄陆部附后突厥默啜可汗，而俟斤五部附唐之碎叶都督，倚安西都护府援。

⑪ 不易旬至：从上下文看，“不易”当为“不难”，即要不了十天即可到达。

⑫ 孱：读缠，软弱。

⑬ 元振固言不可许：《旧唐书·郭元振传》载元振与钦陵交涉后所上之疏略云：“今宜报钦陵云，‘（若吐蕃）实无东侵意，则还汉吐浑诸部及青海故地，即俟斤部落亦还吐蕃。’如此，则足塞钦陵之口，而事未全绝也。如钦陵小有乖，则曲在彼矣。又西边诸国，款附岁久，论其情义，岂可与吐蕃同日而言。今未知其利害，未审其情实，遥有分裂，亦恐伤彼诸国之意，非制驭

之长算也。”

钦陵专国久，常居中制事，诸弟皆领方面兵，而赞婆专东境几三十年，为边患。兄弟皆才略沈雄，众惮之。器弩悉弄既长，欲自得国，渐不平，乃与大臣论岩等图去之。钦陵方提兵居外，赞普托言猎，即勒兵执其亲党二千余人杀之，发使者召钦陵、赞婆，钦陵不受命，赞普自讨之。未战，钦陵兵溃，乃自杀，左右殉而死者百余人。赞婆以所部及兄子莽布支等款塞，遣羽林飞骑迎劳，擢赞婆特进、辅国大将军、归德郡王，莽布支左羽林大将军[①]、安国公，皆赐铁券[②]，礼尉[③]良厚。赞婆即领部兵戍河源，死，赠安西大都护。

【译文】

钦陵长期独揽国家大权，常常在朝内当政，诸弟各统领一方军队，而赞婆专掌吐蕃东境近三十年，成为唐之边患。他们兄弟都富有才能谋略且沉毅雄健，众人十分畏惧他们。器弩悉弄（都松芒波杰）长大成人后，想要亲自执掌国政，逐渐对钦陵兄弟不满，于是与大臣论岩等人谋划除去他们。当时钦陵正在外面带兵，赞普声称要打猎，便率领军队捕捉并杀死了钦陵的亲党两千多人，派遣使者召回钦陵、赞婆。钦陵不听从赞普的命令，赞普就亲自讨伐他。还未交战，钦陵的军队即溃散，他于是自杀，左右殉而死者一百多人。赞婆率领所属部众及钦陵之子莽布支等人前来投唐。朝廷派遣羽林飞骑迎接慰劳他们，升任赞婆为特进、辅国大将军、归德郡王，莽布支为左羽林大将军、安国公，都赐给铁券，礼遇慰藉十分优厚。赞婆就统领自己的兵众守卫河源，死，赠安西大都护。

【注释】

① 左羽林大将军：禁军将领。唐龙朔二年（662 年），袭用汉羽林骑名，置左右羽林军，大将军各一员，正三品下；将军各二员，从三品下。羽林将军统领北衙禁兵之法令，而督摄左右厢飞骑之仪仗。

② 铁券：一作铁契。古代君王赐给功臣的一种信券，上镌誓文，用以表示君臣同心，如铁石之坚。得此券者，有罪可以减免。常以朱红书写，故亦称作丹书铁券。

③ 尉：同慰。

又遣左肃政台[①]御史大夫魏元忠[②]为陇右诸军大总管，率陇右诸军大使唐休璟出讨。方虏攻凉州，休璟击之，斩首二千级。于是论弥萨来朝请和。赞普自将万骑攻悉州，都督陈大慈四战皆克。明年，乃献马、黄金求昏。而虏南属帐皆叛，赞普自讨，死于军。

【译文】

朝廷又派遣左肃政台御史大夫魏元忠为陇右诸军大总管，率领陇右诸军大使唐休璟出兵讨伐吐蕃。当时敌军正在攻打凉州（今甘肃武威），唐休璟迎击，斩首两千级。于是论弥萨前来朝见请求和好。赞普亲自统领一万骑兵攻打悉州（今四川西昌），都督陈大慈先后四次交战全都取胜。第二年，赞普便派人进献马、黄金，用来求婚。而吐蕃南部属帐全都反叛，赞普亲自讨伐，死在军中（事在 704 年）。

【注释】

① 左肃政台：唐初承隋制，置御史台，龙朔二年（662 年）改为

宪台，文明元年（684 年）又改称肃政台，分为左、右肃政台。左台掌知百司，监军旅之事；右台巡察州县，观省风俗之事。景云三年（712 年）废右台，并其事于左台。

② 魏元忠（？—707）：初为太学生，累年不调不以为意，学设险用兵之道。仪凤中，吐蕃屡扰边塞，上书言命将用兵要领，高宗称许，授秘书省正字，除监察御史。684 年，监李孝逸军平李敬业。为酷吏周兴、来俊臣等所陷，三次配流。699 年，任凤阁侍郎、同凤阁鸾台平章事，迁左肃政台御史大夫。时突厥与吐蕃数犯塞，皆为行军大总管以拒之。因奏请清除张易之兄弟，易之等恨怒，诬谋不轨，贬端州高要尉。中宗复位，以卫尉卿同中书门下三品。谏止立安乐公主为皇太女，寻迁左仆射。707 年，被宗楚客等诬与太子通谋，遭贬，卒于途，年七十余。

吐蕃赤德祖赞，唐中宗李显、睿宗李旦、玄宗李隆基时期

诸子争立，国人立弃隶蹜赞为赞普，始七岁，使者来告丧，且求盟。又使大臣悉董热固求昏，未报。会监察御史李知古建讨姚州蛮，削吐蕃向导，诏发剑南募士击之。蛮酋以情输虏，杀知古，尸以祭天，进攻蜀汉。诏灵武监军右台御史唐九征为姚巂道讨击使，率兵击之①。虏以铁絙②梁漾、濞二水③，通西洱蛮，筑城戍之。九征毁絙夷城，建铁柱于滇池以勒功。

【译文】

诸子争夺赞普位，国人拥立弃隶蹜赞（即赤德祖赞）为赞普，年仅七岁，使者前来告丧，并且请求会盟。又派遣大臣悉董热前来执意求婚，朝廷没有给他答复。适逢监察御史李知古

建议讨伐姚州（今云南姚安）蛮，以削除吐蕃的向导，朝廷下诏调发剑南募兵攻打姚州蛮。该蛮酋长把这一消息告诉了吐蕃，于是吐蕃杀死李知古，然后用他的尸体祭祀上天，向蜀汉发动进攻（此为710年事）。朝廷下诏任命灵武监军右台御史唐九征为姚巂道讨击使，率领军队攻打吐蕃。吐蕃用铁索在漾、濞二水之上架设桥梁，通往西洱蛮，修筑城堡并在那里戍守。唐九征拆掉铁索桥、夷平城堡，在滇池树立铁柱记载功劳（此为707年事）。

【注释】

① 唐九征为姚巂道讨击使，率兵击之：《资治通鉴》卷二一〇睿宗景云元年（710年）载："姚州群蛮，先附吐蕃，摄监察御史李知古请发兵击之；既降，又请筑城，列置州县，重税之。……群蛮怨怒，蛮酋傍名引吐蕃攻知古，杀之，以其尸祭天，由是姚、巂路绝，连年不通。"《旧唐书·吐蕃传》亦云："睿宗即位（710年），摄监察御史李知古上言：'姚州诸蛮，先属吐蕃，请发兵击之。'遂令知古征剑南兵募往经略之。蛮酋傍名乃引吐蕃攻知古，杀之，仍断其尸以祭天。"李知古被杀为710年事。《旧唐书》卷七中宗纪神龙三年（707年）六月条载："姚巂道讨击使、侍御史唐九征击姚州叛蛮，破之，俘虏三千计，遂于其处勒石纪功焉。"此为707年事。唐九征击姚州蛮既在李知古被杀之前，二者当无因果关系。本传述为李知古被杀，导致唐九征击姚州蛮，误。

② 铁絙：絙，同緪，读庚，绳索。铁絙，即铁索桥。

③ 漾、濞二水：漾，读样。濞，读必。漾水、濞水，均应在云南。

中宗景龙二年[①]，还其昏使。或言彼来逆[②]公主，且习闻华言，宜勿遣，帝以中国当以信结夷狄，不许。明年[③]，吐蕃更遣使者纳贡，祖母可敦又遣宗俄请昏。帝以雍王守礼女为金城公主妻之，吐蕃遣尚赞咄、名悉腊等逆公主。帝念主幼，赐锦缯别数万，杂伎诸工悉从，给龟兹乐。诏左卫大将军杨矩持节送。帝为幸始平，帐饮，引群臣及虏使者宴，酒所，帝悲涕嘘欷，为赦始平县，罪死皆免，赐民傜赋一年，改县为金城，乡曰凤池，里曰怆别。公主至吐蕃，自筑城以居。拜矩鄯州都督。吐蕃外虽和而阴衔怒，即厚饷矩，请河西九曲为公主汤沐，矩表与其地。九曲者，水甘草良，宜畜牧，近与唐接。自是虏益张雄，易入寇。

【译文】

中宗景龙二年（公元 708 年），把吐蕃求婚的使者放回本国。有人说使者前来迎娶公主，而且通晓华语，不应当放他回去，皇帝则认为中原应当以诚信交结夷狄，所以没有同意这种建议。第二年（公元 709 年），吐蕃再次派遣使者前来进贡，赞普的祖母又派遣宗俄前来求婚。皇帝便把雍王李守礼的女儿册封为金城公主许配给赞普，于是吐蕃派遣尚赞咄（赞普祖母之弟）、名悉腊等人前来迎接公主。皇帝考虑到公主年幼（十三四岁），特意赐给数万锦缯，令杂伎诸工全都跟着公主前去，又送给龟兹音乐。下诏左卫大将军杨矩持节护送。皇帝为送别公主来到始平（今陕西兴平），设帐宴饮，带领群臣及吐蕃使者聚宴。在酒宴间，皇帝伤心地哭了起来，因而在始平县实行大赦，死罪全部免除，赐百姓免除一年的徭役赋税，把始平县改为金城县，乡名改叫凤池，里名改叫怆别。公主到达吐蕃后，赞普专门为她修建城池让她居住。朝廷任杨矩为鄯州（今青海乐都）都督。吐蕃虽然在表面上与唐和好但暗中却怀有怨恨，于是对杨矩厚予馈赠，请求把河西九曲（今青海西宁西南、黄河以北一带）作为金城公主的封地。杨矩得到好处便上表将九曲之地划归吐蕃。九曲之地，水甘草良，适宜畜牧，与唐边境毗邻。从此吐蕃日益张狂，轻易进犯唐境。

【注释】

① 景龙二年：公元 708 年。

② 逆：书面语，迎接之意。

③ 明年：景龙三年（709 年）。

玄宗开元二年[①]，其相坌达延上书宰相，请载盟文，定境于河源，丐[②]左散骑常侍解琬涖盟。帝令姚崇[③]等报书，命琬持神龙誓[④]往。吐蕃亦遣尚钦藏、御史名悉腊献载辞。未及定，坌达延将兵十万寇临洮[⑤]，入攻兰、渭，掠监马[⑥]。杨矩惧，自杀。有诏薛讷为陇右防御使，与王晙等并力击。帝怒，下诏自将讨之。会晙等战武阶，斩首万七千，获马羊无虑二十万[⑦]。又战长子，丰安军使王海宾战死。乘之，虏大败，众奔突不能去，相枕藉死，洮水为不流。帝乃罢行。诏紫微舍人倪若水临按军实战功，且吊祭战亡士，敕州县并瘗吐蕃露胔[⑧]。

【译文】

玄宗开元二年（公元 714 年），吐蕃大相坌达延上书唐宰相，请求订立盟文，在河源议定边界，并乞求左散骑常侍解琬前去会盟。皇帝命令姚崇等人回信答复，又令解琬持神龙年间的盟誓前往。吐蕃也派遣尚钦藏、御史名悉腊献来盟书条文。还没有商定，坌达延就已经率领十万兵众侵犯临洮军（驻今青海乐都），进攻兰（今甘肃兰州）、渭（今甘肃陇西），掠夺监牧掌管的马匹。杨矩十分恐惧，畏罪自杀。皇帝下诏任命薛讷

（薛仁贵之子）为陇右防御使，让他与王晙等人合力迎击吐蕃。皇帝对吐蕃的行为非常恼怒，下诏要亲自统率大军讨伐吐蕃。适逢王晙等人在武阶驿（今甘肃渭源境）与吐蕃军队交战，斩首一万零七十级，缴获马、羊不下十二万。又在长子交战，丰安军使王海宾战死。官军乘机出击，吐蕃军队大败，兵众四处冲击却无法逃离，死尸纵横相叠，洮水因被阻塞而不流。皇帝于是取消了亲征。下诏令紫微舍人倪若水前去查验战绩，并吊祭阵亡士兵，下敕州县把吐蕃士兵的遗骸也一同埋掉。

【注释】

① 开元二年：公元 714 年。

② 丐：书面语，乞求。

③ 姚崇（650—721）：本名元崇，崇元之。武则天时，因与突厥叱剌同名，以字行。累迁夏官郎中。698 年，以夏官侍郎同平章事。因得罪权臣张易之兄弟，充使灵武道大总管。705 年，参与杀张易之兄弟之谋，迎中宗复位，出为亳、许等州刺史。睿宗立，再迁兵部尚书、同中书门下三品，寻迁中书令。与宋璟奏请太平公主往就东都，出诸王为刺史，以防干扰国政。公主怒，贬申州刺史，转扬、同等州，为政简肃。713 年，三为宰相，兼兵部尚书。因避开元讳，改名为崇。时玄宗初即位，励精求治，宰相卢怀慎、源乾曜等唯诺从事，独其当重任，尽心辅佐，直言敢谏。请抑权幸，任贤才，省刑罚，却贡献，沙汰僧尼等，皆被采纳。715 年，荐宋璟自代，成开元之治，并称“姚宋”。

④ 持神龙誓：指携带神龙年间的盟誓。

⑤ 寇临洮：《旧唐书·吐蕃传》云：“开元二年秋，吐蕃大将坌达焉、乞力徐等率众十余万寇临洮军。”本传“临洮”当从《旧唐书·吐蕃传》作“临洮军”。因临洮军在兰、渭之西，而临洮县在兰、渭之南，首当其冲的是临洮军。

⑥ 监马：唐官署监牧掌管的牧场所放养的马。

⑦ 斩首万七千，获马羊无虑二十万：《旧唐书》卷八玄宗纪开元二年十月条云："薛讷破吐蕃于渭川西界武阶驿，斩首一万七十级，马七万七（千）匹，牛羊四万头。"本传"斩首万七千"应作"斩首万七十"，"马羊无虑二十万"应作"马羊无虑十二万"。（见王忠《新唐书吐蕃传笺证》）

⑧ 瘗吐蕃露胔：瘗，读义，掩埋。胔，读自，腐烂的肉。瘗吐蕃露胔，即掩埋吐蕃人的尸体。

宰相建言："吐蕃本以河为境，以公主故，乃桥河筑城，置独山、九曲二军，距积石[①]二百里。今既负约，请毁桥，复守河如约。"诏可。遣左骁卫郎将尉迟瑰使吐蕃，慰安公主。然小小入犯边无闲岁，于是郭知运、王君㚟相继节度陇右、河西，一以扞[②]之。吐蕃遣宗俄因子到洮水祭战死士，且请和。然恃盛强，求与天子敌国[③]，语悖傲。使者至临洮，诏不内。金城公主上书求听修好，且言赞普君臣欲与天子共署誓刻。吐蕃又遣使者上书言："孝和皇帝[④]尝赐盟，是时唐宰相豆卢钦望、魏元忠、李峤、纪处讷等凡二十二人及吐蕃君臣同誓。孝和皇帝崩，太上皇[⑤]嗣位，修睦如旧。然唐宰相在誓刻者皆殁，今宰相不及前约，故须再盟。比使论乞力等前后七辈往，未蒙开许，且张玄表、李知古将兵侵暴甥国，故违誓而战。今舅许湔贷[⑥]前恶，归于大和，甥既坚定，然不重盟为未信，要待新誓也。甥自总国事，不牵于下[⑦]，欲使百姓久安。舅虽及和[⑧]，而意不专，于言何益？"又言："舅责乞力徐集兵，且兵以新故相代，非集也。往者疆埸自白水[⑨]皆为闲壤，昨郭将军[⑩]屯兵而城之，故甥亦城。假令二国和，以迎送；有如不通，因以守境。又疑与突厥骨咄禄[⑪]善者，旧与通聘，即日舅甥如初，不与交矣。因奉宝瓶、杯以献。”帝谓昔已和亲，有成言，寻前盟可矣，不许复誓。礼其使而遣，且厚赐赞普，自是岁朝贡不犯边。

【译文】

宰相建议说：“吐蕃本来以黄河为疆界，因为公主的缘故，才在黄河上架设桥梁修筑城池，设置独山、九曲两个军，距离积石峡二百里。如今吐蕃既然背弃了盟约，请求拆毁桥梁，重新按照盟约守卫黄河。”皇帝下诏许可。朝廷派遣左骁卫郎将尉迟瓌出使吐蕃，安慰公主。然而吐蕃小规模进犯边塞的事连年不断，于是郭知运、王君㚟相继任陇右、河西节度使，都是为了抵御吐蕃。吐蕃派遣宗俄因子前往洮水吊祭本国阵亡士兵，同时请求和好，却依仗国力强盛，要求与天子平起平坐，言语傲慢不逊。吐蕃使者到达临洮，皇帝下诏不予接纳。金城公主上书请求皇帝同意重归和好一事，并且说明赞普君臣想要与天子共同签署盟约。吐蕃再次派遣使者上书说：“孝和皇帝（中宗）曾经赏赐会盟，当时唐宰相豆卢钦望、魏元忠、李峤、纪处讷等共二十二人与吐蕃君臣一道盟誓。孝和皇帝驾崩，太上皇（睿宗）继位，二国和好如故。然而在盟文上签名的唐宰相全都去世，现在的宰相没有参与以前的盟约，所以需要再次会盟。近来派遣论乞力等前后七次前往，全都没有准许，而且张玄表、李知古率领军队侵凌甥国，所以才背弃盟誓而交战。如今舅答应宽恕甥从前的过失，同意重归太平，甥已经下定决心，然而不重新立盟则没有信义，有必要再次盟誓。甥自己现在总揽国政，不受制于任何人，想让老百姓长期过上安定的日子。舅虽然允许和好，然而还是举棋不定，这有什么好处呢?”又说：“舅责问乞力徐集结军队一事，这不过是用新兵取代旧兵，不是什么集结军队。以往二国的边界从白水军（驻今青海西宁西一百二十里）起全都是空地，前不久郭（知运）将军在这些空地上驻军并修筑城垒，因而甥也修筑了城垒。假若二国和好，则可以用来迎送；假若没有通好，也可以用来守卫边境。舅还怀疑我与突骑施部友善，这是因为以往与它通问修好，如果舅甥马上和好如初，甥就与它断绝往来。因而奉献宝瓶、杯。”皇帝认为以前已经和亲，并且订有成约，依照从前的盟约就可以了，便不允许重新订立盟约。不过以礼接待了吐蕃使者，然后把他们遣送回国，并且对赞普大加赏赐，从这一年起吐蕃恢复了朝贡而不再侵犯边地。

【注释】

① 积石：此积石应指积石峡，在今青海东部循化县境黄河沿岸。

② 扞：同捍。

③ 与天子敌国：敌国，即持敌国礼。与天子敌国，也就是与天子平起平坐。

④ 孝和皇帝：当即唐中宗李显，初谥孝和帝。

⑤ 太上皇：指唐睿宗李旦，为玄宗李隆基之父。

⑥ 湔贷：湔，读兼，洗濯、除去之意。贷，饶恕意，如“严惩不贷”。湔贷，此处为改过赎罪意。

⑦ 不牵于下：不受制于属下。

⑧ 舅虽及和：“及”字或为“允”字之讹。

⑨ 白水：指白水军，在鄯城（今青海省西宁市）西一百二十里，开元五年（717 年）郭知运置白水军。

⑩ 郭将军：指郭知运。

⑪ 突厥骨咄禄：原指后突厥（亦称后东突厥）汗国创立者骨咄禄，公元 682 至 691 年在位，姓阿史那氏，颉利可汗之疏属。调露元年（679 年）阿史那泥孰匍起兵反唐，得他响应。次年，突厥兵败，他率人出走，匿总材山，收集亡散，渐至五千余人。

永淳元年（682 年）自立为颉跌利施可汗，以弟默啜为设，咄悉匐为叶护，阿史德元珍为谋主，乃北破九姓回鹘，东败契丹，复雄漠北。至开元年间，骨咄禄已死去多年。《册府元龟》卷九八一外臣部盟誓载有赞普书全文，云“又以北突厥骨吐禄共吐蕃交通者”，“骨吐禄”即本传“骨咄禄”。王忠认为，此“北突厥”“骨咄禄”当指西突厥五咄陆之一的突骑施部，因册命突骑施可汗皆有“骨咄禄毗伽”等字样（见王忠《新唐书吐蕃传笺证》）。所见极是。吐蕃人或将突骑施可汗“苏禄”误读为“骨禄”“骨吐禄”。

十年[①]，攻小勃律国[②]，其王没谨忙诒书北庭节度使张孝嵩曰：“勃律，唐西门。失之，则西方诸国皆堕吐蕃，都护图之。”孝嵩听许，遣疏勒副使张思礼以步骑四千昼夜驰，与谨忙兵夹击吐蕃，死者数万，多取铠仗、马羊，复九城故地。始勃律王来朝，父事帝。还国，置绥远军以扞吐蕃，故岁常战。吐蕃每曰：“我非利若国，我假道攻四镇尔。”及是，累岁不出兵。

【译文】

开元十年（公元 722 年），吐蕃攻打小勃律国（今克什米尔北部吉尔吉特），小勃律国王没谨忙写信给北庭节度使张孝嵩说：“勃律国，是唐的西门。失去勃律国，西方各国就会全部沦陷吐蕃，因此请求都护设法对付吐蕃。”张孝嵩答应了他的请求，派遣疏勒副使张思礼率领步兵骑兵四千人日夜兼程赶往前线，与没谨忙的军队夹击吐蕃，杀死吐蕃数万士兵，缴获许多铠甲兵器马羊，收复九城故地。小勃律王当初来朝，像奉事父辈一样奉事皇帝。他返回本国，设置了绥远军用来抵御吐蕃，因而连年战事不断。吐蕃时常对勃律说："我并不是图谋你的国家，只是要借路攻打四镇。"到这时，好多年都不敢出兵。

【注释】

①（开元）十年：公元722年。

② 小勃律国：在大勃律西北，即今克什米尔北部吉尔吉特。开元初，小勃律王入唐，玄宗以其地为绥远军。吐蕃夺小勃律九城，唐军败之，复九城，封其王没谨忙为小勃律王。后其王苏失利再附吐蕃。天宝六年（747年），唐将高仙芝攻吐蕃，执苏失利归京师，玄宗赦之，授右威卫将军，以其地置归仁军。

于是陇右节度使王君㚟请深入取偿。十二年①，破吐蕃，献俘。后二年②，悉诺逻兵入大斗拔谷，遂攻甘州，火乡聚③。王君㚟勒兵避其锐，不战。会大雪，吐蕃皲冻如积④，乃逾积石军趋西道以归。君㚟豫遣谍出塞，烧野草皆尽，悉诺逻顿大非川，无所牧，马死过半。君㚟率秦州都督张景顺约赍⑤穷蹑，出青海西，方冰合，师乘而度。于时虏已逾大非山，留辎重疲弱滨海，君㚟纵兵俘以旋。时中书令张说以吐蕃出入数十年，胜负略相当，甘、凉、河、鄯之人奉调发困甚，愿听其和。帝方宠君㚟，不听。

【译文】

于是陇右节度使王君㚟请求深入吐蕃境内以求取补偿。开元十二年（公元724年），打败吐蕃，进献俘虏。此后二年（公元726年）冬，吐蕃大将悉诺逻率兵进入大斗拔谷（今甘肃民乐东南扁都口），进而攻打甘州（今甘肃张掖），焚烧村落。王君㚟率部躲避敌军锐气，不与敌军交战。适逢天降大雪，被冻死的吐蕃士兵堆积如山，于是吐蕃军队越过积石军（今青海贵德）从西路撤退。王君㚟预先派间谍越过边界线，把吐蕃退路上的野草全都烧光了。悉诺逻的军队停宿在大非川（今青海湖南部大草原），因为没有地方牧马，马死了大半。王君㚟率领秦州都督张景顺轻装追击，在经过青海湖西面时，正值封冻，部队从冰上渡过青海湖。此时敌军已经越过了大非川，他们把辎重以及老弱士兵全部留在青海湖边，王君㚟纵兵出击大获全胜。当时中书令张说认为吐蕃军队出入边境达数十年之久，双方的胜负大体相当，甘（今甘肃张掖）、凉（今甘肃武威）、河（今甘肃临夏）、鄯（今青海乐都）的百姓因为奉命调发而疲惫不堪，希望皇帝能够答应吐蕃求和的请求。这时皇帝正宠信王君㚟，因而没有听从张说的意见。

【注释】

①（开元）十二年：公元724年。

② 后二年：开元十四年（726年）。

③ 火乡聚：焚烧村落。

④ 皲冻如积：皲，读军，皮肤因寒冷而开裂。皲冻如积，即被冻死的士兵堆积如山。

⑤ 约赍：约，简约。赍，携带。约赍，即轻装。

未几，悉诺逻恭禄、烛龙莽布支入陷瓜州，毁其城，执刺史田元献及君㚟父，遂攻玉门军，围常乐，不能拔，回寇安西，副都护赵颐贞击却之。会君㚟为回纥所杀，功不遂。帝乃用萧嵩为河西节度使，左金吾将军张守珪瓜州刺史，复城之。嵩纵反间，杀悉诺逻恭禄。明年[1]，大将悉末朗攻瓜州，守珪击走之；鄯州都督张志亮[2]又战青海西，破大莫门城，焚橐它[3]桥；陇右节度使杜宾客[4]以强弩四千射虏，破之祁连城下，斩副将一，上级五千首。虏败，恸而走山。又明年[5]，守珪率伊、沙等州兵破虏大同军[6]；又信安王祎出陇西，拔石堡城，即之置振武军，献俘于庙。帝以书赐将军裴旻曰："敢有掩战功不及赏者，士自陈，将吏皆斩。战有逗留，举队如军法。能禽其王者，授大将军。"于是士益奋。

【译文】

没过多久（公元727年秋），吐蕃大将悉诺逻恭禄、烛龙莽布支攻陷瓜州（今甘肃瓜州县），他们毁坏瓜州城，抓获刺史田元献以及王君㚟之父，进而攻打玉门军（今甘肃玉门西北），包围常乐（瓜州属县），因为没有攻克，便回兵侵犯安西（今新疆库车），结果被副都护赵颐贞打退。遇上王君㚟被回纥杀死，因而没有完成深入讨击吐蕃的功业。于是皇帝任用萧嵩为河西节度使，左金吾将军张守珪为瓜州（今甘肃瓜州县）刺史，重新修复城池。萧嵩对吐蕃施行反间计，吐蕃杀死了悉诺逻恭禄。第二年（公元728年），吐蕃大将悉末朗攻打瓜州，被张守珪击退。陇右节度使、鄯州（今青海乐都）都督张忠亮在青海湖西南与吐蕃军队交战，攻破了大莫门城（今青海共和东南），焚毁骆驼桥。萧嵩副将杜宾客率领强弩手四千人射击吐蕃军队，在祁连城（今甘肃民乐县）下打败他们，斩敌副将一人，进献五千首级。敌军失败，放声大哭逃往山中。下一年（公元729年），张守珪率领伊（今新疆哈密）、沙（今甘肃敦煌）等州的士兵打败了吐蕃大同军。此外信安王李祎从陇西出兵，攻克了石堡城（今青海湟源石城山），在这里设置振武军，把俘虏进献到太庙。皇帝在赐给将军裴旻的书信中说道："如果有胆敢隐瞒战功而不进行奖赏的，士兵可以自己陈诉，这样的将吏要全部斩首。如果在进军途中有逗留不进的，对该队全都依照军法处置。能够擒获吐蕃王的，授大将军。”于是士兵更加奋勇。

【注释】

① 明年：应为开元十六年（728 年）。

② 张志亮：《旧唐书·吐蕃传》云：“陇右节度使、鄯州都督张忠亮引兵至青海西南渴波谷，与吐蕃接战，大破之。”《资治通鉴》亦作“张忠亮”。“张志亮”当为“张忠亮”，“志”“忠”形近而讹。

③ 橐它：橐，此处读洛。橐它，即骆驼。亦写成“橐佗”“橐驼”“橐駞”。

④ 陇右节度使杜宾客：《旧唐书·吐蕃传》云：“萧嵩又遣副将杜宾客率弩手四千人与吐蕃战于祁连城下。”《旧唐书·萧嵩传》亦以杜宾客为萧嵩副将，而陇右节度使时为张忠亮。本传称“陇右节度使杜宾客”，误。

⑤ 又明年：应为开元十七年（729 年）。

⑥ 大同军：应为吐蕃之大同军。唐之大同军，大足元年（701 年）置，驻今山西朔州东北。

吐蕃令曩骨委书塞下，言：“论莽热、论泣热皆万人将，以赞普命，谢[①]都督刺史：二国有舅甥好，昨弥、不弄羌[②]、党项交构二国，故失欢，此不听，唐亦不应听。”都督遣腹心吏与曩骨还议盟事。曩骨，犹千牛官也。于是忠王友皇甫惟明并言约和便。帝曰：“赞普向上书悖慢，朕必灭之，毋议和！”惟明曰：“昔赞普幼，是必边将好功之人为之，以激怒陛下。且二国交恶必兴师，师兴则隐盗财利，诈功级，希陛下过赏，以甘心焉。今河西、陇右赀耗力穷，陛下幸诏金城公主许赞普约，以纾边患，息民之上策也。”帝采其言，敕惟明及中人[3]张元方往聘，以书赐公主。惟明见赞普言天子意，赞普大喜，因悉出贞观以来书诏示惟明，厚馈献。使名悉腊随使者入朝，奉表言：“甥，先帝舅显亲也。曩为张玄表、李知古交斗，遂成大衅。甥以文成、金城公主，敢失礼乎？特以冲幼，枉为边将谗乱。如蒙澄亮，死且万足，千万岁不敢先负盟。”且献怪宝。使者至，帝御前殿，列羽林仗内之。悉腊略通华文，既宴与语，礼甚厚，赐紫服、金鱼。悉腊受服辞鱼，曰：“国无是，不敢当。”帝遣御史大夫崔琳报聘。

【译文】

吐蕃派遣曩骨把书信送到边关，信中说：“论莽热、论泣热都是万人将，他们奉赞普之命，向都督刺史谢罪：两国有舅甥姻好，以前白兰羌、党项羌挑拨我们两国的关系，因此失和，现在我国已经不听信他们了，唐也不应当再听信他们。”都督派遣心腹官员与曩骨一道回朝廷商议会盟事宜。曩骨，犹如千牛官。于是忠王友皇甫惟明也说与吐蕃约和对国家有利。皇帝说：“以前赞普上书傲慢不逊，朕一定要把他消灭掉，不能与他议和！”皇甫惟明说：“以前赞普年幼，一定是边将中想要获取功名的人伪造的，以便激怒陛下。而两国相互敌视的结果必然导致兴师交战，兴师就可以暗中窃取财利，谎报功绩，希冀得到陛下的厚赏，以便满足心愿。如今河西、陇右的财力都已耗尽，望陛下下诏给金城公主，准许赞普约和，以缓解边患，这是安定百姓的上策。”皇帝采纳了他的意见，下诏令皇甫惟明以及宦官张元方前去通问致意，赐书给公主。皇甫惟明见到赞普后传达了天子的旨意，赞普大为高兴，便拿出贞观以来所有诏书让皇甫惟明看，并且厚加馈赠。赞普派遣名悉腊跟随使者来朝，上表说："甥，是先帝舅显要的亲戚。过去因为张玄表、李知古挑起事端，于是结下仇恨。甥因为文成公主、金城公主的缘故，怎敢失礼呢？只是年幼，枉受边将欺骗而起争斗。如能原谅，甥死而无憾，千万年不敢先违背盟约。"同时进献奇珍异宝。使者到来，皇帝亲临前殿，陈列羽林仪仗接纳他们。名悉腊略通华文，进入宴席后皇帝和他交谈，对他礼遇极厚，赐给紫服、金鱼袋。名悉腊收下紫服而不收金鱼袋，说："本国没有这个，所以不敢接受。"皇帝派遣御史大夫崔琳回访吐蕃。

【注释】

① 谢：谢罪、请罪。

② 昨弥、不弄羌：有人认为，昨弥或即多弥。多弥，本西羌族，号"难磨"，滨犁牛河（今金沙江上游通天河一带）而居。唐贞观六年（623年）遣使朝贡。后役属吐蕃。不弄羌，或即白兰羌。王尧《吐蕃简牍综录》编号175简文："白兰王悉诺桑曲"，其中"白兰"，藏文作sphrom（不弄）。另据顾颉刚考证，白兰应即巴颜喀拉的缩音，巴颜为"白"，喀拉为"兰"，因此，白兰羌应在巴颜喀拉山一带，此山又称白兰山。（见顾颉刚《史林杂识初编》）也有人认为，"昨弥不弄羌"不应断句，"昨"为时间介词，是"此前"的意思，"弥"应后属读"弥不弄羌"。敦煌古藏文写本《岱噶玉园会盟寺愿文》中的藏文vbrom khong一词，就是唐代"弥不弄羌"或"白兰羌"的对音，按安多方言，vbrom应读作mbrom，将其逐字音译成汉文就是"弥（m）不（b）弄（rom）"，khong则译为"羌"。（见杨铭《吐蕃统治敦煌与吐蕃文书研究》）

③ 中人：宦官、太监。

吐蕃又请交马[①]于赤岭，互市于甘松岭[②]。宰相裴光庭[③]曰："甘松中国阻，不如许赤岭。"乃听以赤岭为界，表以大碑，刻约其上。又请《五经》，敕秘书写赐，并遣工部尚书李暠往聘，赐物万计。吐蕃遣使谢，且言："唐、吐蕃皆大国，今约和为久长计，恐边吏有妄意者，请以使人对相晓敕，令昭然具知。"帝又令金吾将军李佺监赤岭树碑，诏张守珪与将军李行祎、吐蕃使者莽布支分谕剑南、河西州县曰："自今二国和好，无相侵暴。"乃使悉诺渤海纳贡，并以币器遍遗执政[④]。明年[⑤]，上宝器数百具，制冶诡殊，诏置提象门示群臣。

【译文】

吐蕃又请求在赤岭（今青海湟源日月山）换马（使者入对方国境，马匹即由对方供应），在甘松岭（今四川松潘县境）互市。宰相裴光庭说："甘松岭是中原的险要地区，不如答应在赤岭交易。"于是答应以赤岭为疆界，立大碑作为标记，并且把盟约刻在碑上。吐蕃又请求《五经》，皇帝敕令秘书省抄写后赐给吐蕃，并且派遣工部尚书李暠前往吐蕃回访，赐给赞普数以万计的礼物。吐蕃派遣使者谢恩，并且说："唐、吐蕃都是大国，如今约和是从长远计议，恐怕边吏有非分的想法，请求派遣使者相对宣敕，令边吏完全明白。"皇帝又命令金吾将军李佺监督在赤岭立碑，下诏令张守珪与将军李行祎、吐蕃使者莽布支分别晓谕剑南、河西州县道："从今二国和好，不得互相侵凌。"吐蕃派遣悉诺渤海进贡，同时用财物器玩遍赠众宰相。第二年（公元736年），进献宝器数百件，这些宝器制作奇异，下诏陈列在提象门令群臣观看。

【注释】

① 交马：即换马。使臣入对方国境，马匹即由对方供应。《卫藏通志》卷六附载穆宗长庆二年唐蕃会盟碑云："西路汉蕃使臣以将军谷交马，其洮岷之东，大唐供应；清水县之西，大蕃供应。"

② 甘松岭：以产甘松得名。在今四川省阿坝州松潘县境。

③ 裴光庭（676—733）：唐名臣裴行俭之子。武则天时，累授太常丞。开元初，擢兵部郎中。十七年（729 年），为中书侍郎、同平章事。寻进侍中，兼吏部尚书。尝主选事，不论才智，循资用人，称"循资格"。及卒后，凡所引进者尽出为外职。

④ 执政：执政大臣即宰相。唐制，宰相不止一人，三省（尚书省、中书省、门下省）长官同为宰相；左右仆射若加"同中书门下三品"或"同中书门下平章事"名号，则为宰相；其他官员若加"参预朝政""参加政事""知政事"等名号，亦成为宰相。

⑤ 明年：此指开元二十四年（736 年）。

其后吐蕃西击勃律，勃律告急，帝谕令罢兵，不听，卒残其国。于是崔希逸为河西节度使，镇凉州，故时疆畔皆树壁守捉，希逸谓虏戍将乞力徐曰："两国约好，而守备不废，云何？请皆罢，以便人。"乞力徐曰："公忠诚，无不可，恐朝廷未皆信，脱[①]掩吾不备，其可悔？"希逸固邀，乃许。即共刑白犬盟，而后悉彻[②]障壁，虏畜牧被野。

【译文】

此后吐蕃在西面攻打勃律，勃律告急，皇帝晓谕吐蕃停止出击，吐蕃没有听取，攻破了勃律国。于是任崔希逸为河西节度使，镇守凉州（今甘肃武威）。以往疆界都修筑军垒设置守捉，崔希逸对吐蕃守将乞力徐说："两国约定和好，但是守备却不废除，这算什么呢？请求统统废除，以便利百姓。"乞力徐说："公为忠厚人，原无不可，恐怕朝廷未必相信，倘若乘我不防备而袭击，后悔能来得及吗？"崔希逸再三请求，乞力徐才答应了。于是一同杀白狗盟誓，此后统统拆除屏障军垒，吐蕃畜牧遍及田野。

【注释】

① 脱：书面语，倘若。

② 彻：同撤。

明年[①]，傔史孙诲奏事，妄言"虏无备，可取也"。帝采之，诏内竖[②]赵惠琮共往按状。小人欲徼幸[③]，至凉州，因共矫诏，诏希逸发兵袭破吐蕃青海上，斩获不赀[④]，乞力徐遁走。吐蕃恚[⑤]，不朝。二十六年[⑥]，大入河西，希逸拒破之。鄯州都督杜希望又拔新城，更号威戎军。希逸顾失信，悒悒怅恨，召拜河南尹。既而与惠琮俱见犬祟，疑而死，诲亦及它诛。

【译文】

第二年（公元737年），崔希逸傔人（侍从武官）孙诲入朝奏事，胡说"吐蕃没有防备，可以攻取"。皇帝采纳了他的建议，诏令宦官赵惠琮与孙诲一道前去查验情况。这些小人想要侥幸取功，到了凉州，一同谎称诏命，命崔希逸出兵在青海湖旁袭击吐蕃，斩获极多，乞力徐逃走。吐蕃因此怨恨，不来朝贡。开元二十六年（公元738年），吐蕃大举入侵河西，被崔希逸打败。鄯州（今青海乐都）都督杜希望又攻取了新城（今青海门源），在新城设置威戎军。崔希逸因为失信，闷闷不乐，朝廷召崔希逸任河南尹。不久他与赵惠琮都看见狗作祟，疑惧而死，孙诲也因其他事被杀。

【注释】

① 明年：开元二十五年（公元737年）。

② 内竖：宦官之别名。

③ 徼幸：同侥幸。

④ 不赀：赀，计算。不赀，即无法计算。

⑤ 恚：读汇，怨恨。

⑥（开元）二十六年：公元738年。

萧炅代为河西节度留后，杜希望陇右节度留后，王昱剑南节度使，分道经略，碎赤岭碑。希望发鄯州兵夺虏河桥，并河筑盐泉城，号镇西军，破吐蕃兵三万。昱以剑南兵入攻安戎城，筑二少垒左右之，兵次蓬婆岭，输剑南粟馈军。吐蕃悉锐来救，昱大败，少垒皆没，士死凡数万。昱贪妄，非将选，故败，贬死高要。明年[①]，吐蕃攻白草[②]、安人军，诏临洮、朔方分援。虏绝临洮道，白水军使高東于拒守，虏引去。炅遣将追尾，有云出军上，白兔舞，大破吐蕃。昱之败，以张宥代节度剑南，以章仇兼琼为益州司马。宥，文吏，不知兵，委事兼琼。兼琼因得入奏，天子果其议，拔兼琼代宥节度。兼琼谍诱吐蕃安戎城主为应，导官军入，尽杀虏戍，以监察御史许远守之。吐蕃围安戎，绝水泉，会石裂泉涌，虏惊引去。复攻维州，不得志。诏乃改安戎曰平戎云。

【译文】

萧炅代任河西节度使留后，杜希望任陇右节度使留后，王昱任剑南节度使，他们分道经略，捣毁了赤岭界碑。杜希望调发鄯州士兵夺取了吐蕃在河上架设的桥梁，并在河边修筑盐泉城（今甘肃临夏），设置镇西军，打败吐蕃军队三万人。王昱率领剑南兵众进攻安戎城（今四川茂县西南），先在安戎城左右筑两座小城作为攻守之所，军队驻扎在蓬婆岭，运送剑南粮食供给军队。吐蕃尽其精锐前来救援，王昱大败，小城全部陷落，士兵死亡数万人。王昱贪婪狂妄，不是将帅之材，因而失败，他被贬到高要（今广东高要）死去。第二年（公元739年），吐蕃攻打白水军、安人军，下诏临洮、朔方分兵救援。吐蕃截断临洮道，白水军使高朿于抵御守卫，吐蕃军队撤走。萧炅派遣将领从后面追击，有云彩从军队上空飘过，白兔跳舞，大败吐蕃军队。王昱失败后，由张宥代剑南节度使，章仇兼琼为益州（今四川成都）司马。张宥是文官，不懂军事，便把军事托付给章仇兼琼。章仇兼琼因此可以进奏，天子赞同他的建议，提拔章仇兼琼取代张宥任节度使。章仇兼琼派间谍引诱吐蕃安戎城主作为内应，带领官军进入城中，杀死吐蕃的全部守军，令监察御史许远镇守这座城。吐蕃包围安戎城，切断水源，这时石头迸裂泉水涌出，敌军惊恐撤走。又攻打维州（今四川理县东北），未能如愿。朝廷下诏把安戎城改名叫平戎城。

【注释】

① 明年：开元二十七年（739 年）。

② 白草：疑“白草”当作“白水”。《资治通鉴》卷二一四胡三省注云：“白草军在蔚茹水之西，又鄯州星宿川之西有安人军。”蔚茹水在原州（治今宁夏固原县）萧关县（今宁夏吴忠市同心县东南、清水河东），此时吐蕃兵不能至。

是岁，金城公主薨[①]。明年，为发哀[②]，吐蕃使者朝，因请和，不许。虏乃悉众四十万攻承风堡，抵河源军，西入长宁桥、安仁军，浑崖烽骑将臧希液以锐兵五千破之[③]。吐蕃又袭廓州，败一县，屠吏人。攻振武军石堡城，盖嘉运不能守。

【译文】

这一年（公元740年），金城公主去世（实卒于739年冬）。第二年（公元741年）春，朝廷为她发哀。吐蕃使者来朝，因而请求和好，皇帝没有答应。于是吐蕃出动四十万兵众攻打承风堡（今青海共和境），到了河源军（驻今青海西宁东南），向西进入长宁桥，安人军（驻今青海湟源西北）浑崖烽骑将臧希液率领精兵五千人打败吐蕃军队。吐蕃又袭击廓州（今青海尖扎北），攻克了一个县，屠杀官吏百姓。吐蕃攻打振武军石堡城（今青海湟源石城山），盖嘉运不能守卫。

【注释】

① 是岁，金城公主薨：《资治通鉴》卷二一四玄宗开元二十八年（740年）十二月条载："金城公主薨；吐蕃告丧，且请和，上不许。"开元二十八年（740年）十二月，记录的是告丧时间。

② 明年，为发哀："明年"应指开元二十九年（741年）春，是为金城公主举哀时间。

③ 抵河源军，西入长宁桥、安仁军，浑崖烽骑将臧希液以锐兵五千破之："安仁军"当作"安人军"。此句或当断句为"抵河源军，西入长宁桥，安人军浑崖烽骑将臧希液以锐兵五千破之"。从河源军、白水军、安人军所处位置来看，河源军驻鄯城县（今青海省西宁市东南）；白水军驻今青海省湟源县，即河源军西面一百二十里；安人军驻星宿川（今青海省湟源县西北，近青海湖），更靠西。吐蕃军抵河源军，西入，必先至白水军。臧希液之出击，乃配合河源军迎击，非吐蕃已犯安人军而始抵抗。（见王忠《新唐书吐蕃传笺证》）

天宝元年[①]，陇右节度使皇甫惟明破虏大岭军；战青海，破莽布支，斩首三万级[②]。明年[③]，破洪济城，战石堡，不克[④]，副将诸葛詡死之。又明年[⑤]，惟明破虏，献俘京师[⑥]。帝以哥舒翰节度陇右，翰攻拔石堡，更号神武军。又禽其相兀论样郭。

【译文】

天宝元年（公元742年），陇右节度使皇甫惟明在大岭军打败吐蕃军队；在青海交战，打败莽布支三万余人。第二年（公元743年），攻克了洪济城（今青海贵德境）。又在石堡城（今青海湟源石城山）交战，没有取胜，副将诸葛詡战死（此为745年事）。又过几年（公元749年），皇帝任哥舒翰为陇右节度使，哥舒翰攻克了石堡城，在此设置神武军。又擒获吐蕃相兀论样郭。

【注释】

① 天宝元年：公元742年。

② 战青海，破莽布支，斩首三万级：《资治通鉴》卷二一五天宝元年（742年）十二月条云："陇右节度使皇甫惟明奏破吐蕃大岭等军；戊戌，又奏破青海道莽布支营三万余众，斩获五千余级。"本传"斩首三万级"之说不确。

③ 明年：天宝二年（743年）。

④ 破洪济城，战石堡，不克：《资治通鉴》卷二一五天宝二年（743年）四月条云："皇甫惟明引军出西平击吐蕃，行千余里，攻洪济城拔之。"破洪济城确为天宝二年事。《旧唐书》卷九玄宗纪天宝四年（745年）九月条云："陇右节度使皇甫惟明与吐

蕃战于石堡城，官军不利。”战石堡不克应为天宝四年事，本传却置于天宝二年，误。

⑤ 又明年：当为天宝五年（746年）。

⑥ 惟明破虏，献俘京师：《旧唐书》卷九玄宗纪天宝五年（746年）正月条云：“陇右节度使皇甫惟明贬播州太守，寻决死于黔中。”是本传之说无据。且上年皇甫惟明与吐蕃战，败于石堡城，何能遽献俘于京师？（见王忠《新唐书吐蕃传笺证》）

十载①，安西节度使高仙芝②俘大酋以献③。是时，吐蕃与蛮阁罗凤④联兵攻泸南⑤，剑南节度使杨国忠⑥方以奸罔上，自言：“破蛮众六万于云南，拔故洪州等三城，献俘口。”哥舒翰破洪济、大莫门诸城，收九曲故地，列郡县，实天宝十二载⑦。于是置神策军于临洮西、浇河郡⑧于积石⑨西，及宛秀军以实河曲。后二年⑩，苏毗⑪子悉诺逻来降⑫，封怀义王，赐李氏。苏毗，强部也。是岁，赞普乞黎苏笼腊赞死，子挲悉笼腊赞嗣⑬，遣使者修好，诏京兆少尹崔光远持节赍册吊祠。还而安禄山乱，哥舒翰悉河、陇兵东守潼关，而诸将各以所镇兵讨难，始号行营，边候⑭空虚，故吐蕃得乘隙暴掠。

【译文】

天宝十年（公元751年），安西节度使高仙芝俘获突骑施可汗、吐蕃酋长等来献。这时，吐蕃与蛮阁罗凤联合出兵攻打泸南（今云南楚雄北部），而剑南节度使杨国忠正用奸计欺骗皇上。他自称：“在云南打败六万蛮兵，攻克故洪州等三座城，进献战俘。”天宝十二年（公元753年），哥舒翰攻下洪济（今青海贵德境）、大莫门（今青海共和东南）等城，收复九曲旧地，设置郡县。于是在临洮西面设置神策军，在积石峡西面设置浇河郡（今青海贵德），以及宛秀军，用来加强河曲。此后过了两年（公元755年），苏毗王子悉诺逻前来投降，被封为怀义王，赐姓李。苏毗，是一个强大的部落。

这一年，吐蕃赞普乞黎苏笼腊赞（赤德祖赞，另译弃隶蹜赞）去世，他的儿子挲悉笼腊赞（赤松德赞）嗣位，派遣使者重修和好，皇上下诏命京兆少尹崔光远持符节带册书前去吊祭。等到崔光远返回时，安禄山已经叛乱，哥舒翰调发河西、陇西的全部兵力到东面守卫潼关，同时众将领各以所辖镇兵平定祸乱，开始称为行营。边塞空虚，吐蕃能够乘机掳掠。

【注释】

①（天宝）十载：公元751年。

② 高仙芝（？—756）：唐时高丽人。善骑射，年二十余随父至安西（今新疆库车），以父功补游击将军。后为安西副都护、四镇都知兵马使。时吐蕃控制西域小勃律等二十余国。天宝六年（747年），率军逾葱岭讨平小勃律，威震西域诸国，玄宗擢为四镇节度使。九年（750年），攻石国（今乌兹别克斯坦塔什干），执其王以献京师，并掠取石国珍宝，西域诸国不满。次年（751年），在怛逻斯城（今哈萨克斯坦江布尔）被大食兵击败，被俘唐军将士中有造纸工匠，造纸术由此传入西方。十四年（755年），安禄山反，他拜天下兵马副元帅进讨，因封常清兵败，屯潼关以保长安。监军边令诚强行督战，并诬以军败弃地，盗减军粮，斩于军中。

③ 俘大酋以献：《资治通鉴》卷二一五天宝六年（747年）云：“八月，仙芝虏小勃律王及吐蕃公主而还。”同书卷二一六天宝十年（751年）正月条云：“安西节度使高仙芝入朝，献所擒突骑施可汗、吐蕃酋长、石国王、朅师王。”本传之“十载”为献俘时间。

④ 阁罗凤（712—779）：唐时南诏第五代王，公元748至779年在位。皮逻阁之子。父死继位，继续发展势力，消灭东爨、西爨，控制滇东。天宝九年（750年），因受云南太守张虔陀凌辱，起兵反唐，杀虔陀。次年，归附吐蕃，称赞普钟（王弟），号东帝，多次击败唐军。后乘安史之乱，扩大领土，控制今云南全境及四川西南、贵州西北部。并建制度，修道路，设城邑，吸取汉文化，南诏强盛于一时。曾于永泰二年（766年）立碑于太和城，叙其不得已反唐事，史称《南诏德化碑》。

⑤ 泸南：即泸水之南。泸水，指今四川雅砻江下游和金沙江会合雅砻江以后一段。武后垂拱元年（685年）于泸南置长城县，属姚州（治今云南省楚雄州姚安县北），天宝初更名泸南县。

⑥ 杨国忠（？—756）：本名钊。杨贵妃堂兄。少年嗜赌好酒，不齿于亲族。天宝初，因贵妃有宠，由金吾卫兵曹参军累迁监察御史、御史中丞，赐今名。与李林甫相勾结，连起大狱，诛逐贵臣，权倾内外。两次发动对南诏战争，丧师二十万。十一年（752年），李林甫死，代为右相兼吏部尚书，先后兼领四十余使，仍判度支、领节度，封卫国公。与其妹虢国、韩国、秦国三夫人及其兄杨铦五家，豪富已极，王侯莫比。又一意谄媚玄宗，结党营私，贿赂公行，选任官吏均于私第暗定。十四年（755年），安禄山以“讨国忠”为名发动叛乱，随玄宗奔蜀，于马嵬驿（今陕西兴平西）被士兵杀死。

⑦ 天宝十二载：公元753年。

⑧ 浇河郡：十六国时期后凉吕光所置，治浇河城（今青海省海南州黄河南岸贵德县境），辖境约当今青海省海南州贵德，黄南州尖扎、同仁及甘肃省临夏州夏河等县一带。唐武德初改为廓州。

⑨ 积石：指今青海省东部循化县积石峡。

⑩ 后二年：天宝十四年（755年）。

⑪ 苏毗：隋唐时西南部族名，西羌别支，分布于今西藏北部及青

海西南部，即唐古拉山南北两侧。居民三万户，以农牧业为生。隋时以女为王，故又称女国。唐初，因内乱，为吐蕃赞普囊日松赞兼并。划其地为苏毗如，改称孙波，辖十一千户，征供军用粮食、马匹。天宝中，其王没陵赞欲举国附唐，为吐蕃所杀。其子悉诺逻率众归唐，受封怀义王。

⑫ 悉诺逻来降：《册府元龟》卷九七七外臣部降附天宝十四载（755 年）正月条云：“苏毗王子悉诺逻率其首领数十人来降。陇右节度使哥舒翰奏曰：‘苏毗一蕃，最近河北吐浑部落，数倍居人。盖是吐蕃举国强援，军粮兵马，半出其中。自没凌替送款事彰，家族遇害二千余人，悉其种落，皆为猜阻。今此王子又复归降，临行事泄，还遭掩袭，一千余人，悉被诛夷，犹独与左右苦战获免。’”

⑬ 赞普乞黎苏笼腊赞死，子挲悉笼腊赞嗣：乞黎苏笼腊赞，译音不准确，当指赤德祖赞（khri lde gtsug btsan），704 至 755 年在位。原译“弃隶蹜赞”。挲悉笼猎赞，即赤松德赞（khri srong lde btsan），755 至 797 年在位。“赤”为加衔，“松德赞”为本名。此处译“松”为“挲悉笼”，译“德赞”为“腊赞”，故称“挲悉笼腊赞”。

⑭ 边候：候，同堠。边候，即边境地带。

吐蕃赤松德赞，唐肃宗李亨、代宗李豫时期

至德初[①]，取嶲州及威武[②]等诸城，入屯石堡。其明年[③]，使使来请讨贼且修好。肃宗遣给事中南巨川报聘。然岁内侵，取廓、霸、岷等州及河源、莫门军[④]。使数来请和，帝虽审其谲，姑务纾患，乃诏宰相郭子仪、萧华、裴遵庆等与盟。

【译文】

至德初年（公元756年），吐蕃攻取了巂州（今四川西昌）及威戎军（今青海门源）等各城，进驻石堡城（今青海湟源石城山）。第二年（公元757年），吐蕃派遣使者前来请求讨伐叛贼并重修和好。于是肃宗派遣给事中南巨川回访吐蕃。然而吐蕃连年入侵，攻占了廓（今青海尖扎北）、霸（今四川茂县西北）、岷（今甘肃岷县）等州以及河源军（今青海西宁东南）、莫门军（今青海共和东南）。吐蕃使者多次前来请求和好，皇帝虽然明知吐蕃欺诈，然而姑且致力于解除祸患，于是诏令宰相郭子仪、萧华、裴遵庆等人与吐蕃结盟。

【注释】

① 至德初：至德元年，即公元756年。

② 威武：《资治通鉴》卷二一九至德元载云："吐蕃陷威戎、神威、定戎、宣威、制胜、金天、天成等军，石堡城、百谷城、雕巢城。"本传"威武"当作"威戎"，戎、武形近而讹。

③ 其明年：指至德二年（757年）。

④ 莫门军：又作漠门军，治今甘肃省甘南州临潭县，管兵五千五百人，马二百匹。

宝应元年①，陷临洮，取秦、成、渭等州。明年②，使散骑常侍李之芳、太子左庶子崔伦往聘，吐蕃留不遣。破西山合水城③。明年④，入大震关⑤，取兰、河、鄯、洮⑥等州，于是陇右地尽亡。进围泾州，入之，降刺史高晖。又破邠州，入奉天，副元帅郭子仪御之。吐蕃以吐谷浑、党项兵二十万东略武功，渭北行营将吕日将战盩厔⑦西，破之。又战终南⑧，日将走。代宗幸陕，子仪退趋商州。高晖导虏入长安，立广武王承宏为帝[9]，改元，擅作赦令，署官吏。衣冠皆南奔荆、襄，或逋栖[10]山谷，乱兵因相攘钞，道路梗闭。光禄卿殷仲卿率千人壁蓝田，选二百骑度浐，或绐虏曰："郭令公军且来！"吐蕃大震。会少将王甫与恶少年伐鼓噪苑中，虏惊，夜引去。子仪入长安，高晖东奔至潼关，守将李日越杀之。吐蕃留京师十五日乃走，天子还京。

【译文】

宝应元年（公元 762 年），吐蕃攻陷临洮，占领秦（今甘肃天水）、成（今甘肃礼县）、渭（今甘肃陇西）等州。第二年（公元 763 年），朝廷派遣散骑常侍李之芳、太子左庶子崔伦前往吐蕃通问致意，然而吐蕃却把他们扣留下来。吐蕃又攻占了西山合水城（今甘肃合水）。同年，吐蕃进犯大震关（今甘肃清水东北小陇山），攻占了兰（今甘肃兰州）、河（今甘肃临夏）、鄯（今青海乐都）、洮（今甘肃临潭）等州，于是陇西之地全部沦陷。吐蕃进围泾州（今甘肃泾川），进入城内，刺史高晖投降。接着攻克邠州（今陕西彬县），进入奉天（今陕西乾县），遭到副元帅郭子仪的抵御。吐蕃率吐谷浑、党项二十万兵向东侵犯武功（今陕西武功），渭北行营将吕日将在盩厔（今陕西周至，在武功南）与敌交战，打败敌军。又在终南山（今陕西西安南）交锋，吕日将败退。代宗出奔陕州（今河南陕县），郭子仪退军急赴商州（今陕西商洛）。高晖带领吐蕃兵众进入长安，立广武王李承宏为皇帝，改年号，擅自发布大赦令，任用官吏。衣冠之士（即官绅）全都南奔荆、襄，或逃匿山谷，乱兵趁机抢劫，道路阻塞。光禄卿殷仲卿率领上千人在蓝田设置军垒，挑选二百名骑兵渡过浐水（今陕西西安附近），有人欺骗敌人说："郭令公的军队就要杀过来了！"吐蕃大为震惊。这时军将王甫与无赖少年在苑中击鼓喧闹，敌军惊恐不安，连夜撤走。郭子仪进入长安，高晖逃到东面的潼关，被守将李日越杀死。吐蕃在京师停留了十五天才撤走，天子返回京师。

【注释】

① 宝应元年：公元 762 年。

② 明年：宝应二年（763 年）。

③ 合水城：合水县。唐天宝元年（742 年），改蟠交县为合水县，治今甘肃省庆阳市合水县北城关（老合水），属庆州。

④ 明年：宝应二年，即广德元年（763 年）。《新唐书》卷四十地理志陇右道云："广德元年，复陷河、兰、岷、廓。"此处"明年"二字当删。

⑤ 大震关：北周天和元年（566 年）置。在今甘肃省天水市清水县东北小陇山。相传汉武帝至此遇雷震，故名。

⑥ 兰、河、鄯、洮等州：洮州，北周保定元年（561 年）于吐谷浑洮阳城置，治美相县（唐改名临潭县，今甘肃临潭县）。隋大业三年（607 年）改为临洮郡。唐武德二年（619 年）复为洮州，贞观四年（630 年）移治洪和城（今临潭县东新城），八年（634 年）复还故治。开元十七年（729 年）省入岷州。广德元年（763 年）后地属吐蕃，称临洮城。

⑦ 盩厔：读周至，地名，今为陕西省西安市周至县。

⑧ 终南：即今陕西省西安市南部终南山。

⑨ 立广武王承宏为帝：广武王李承宏为金城公主之侄，故吐蕃立之。唐代宗收复长安后，对李承宏并未追究，因李承宏与吐蕃确无预谋。

⑩ 逋栖：逋，书面语，逃亡。栖，栖息。

吐蕃退围凤翔，节度使孙志直拒守，镇西节度使马璘以千骑战却之，吐蕃屯原、会、成、渭间，自如也。是岁[①]，南入松、维、保等州及云山新笼城[②]。明年[③]，还使人李之芳等。剑南严武[④]破吐蕃南鄙兵七万，拔当狗城[⑤]。会仆固怀恩反，自灵武遣其将范志诚、任敷合吐蕃、吐谷浑兵攻邠州，白孝德、郭晞婴垒守，乃入居奉天西。子仪入奉天，按军不战[⑥]。郭晞以锐士夜捣其营，斩首数千级，夺马五百，取四将，吐蕃引去。是时严武拔盐川[⑦]，又战西山，取其众八万[⑧]。虏围凉州，河西节度使杨志烈不能守，跳保甘州[⑨]，而凉州亡。

【译文】

吐蕃退军包围凤翔，节度使孙志直坚守，镇西节度使马璘率一千名骑兵打退了吐蕃军队。吐蕃驻守在原（今宁夏固原）、会（今甘肃会宁）、成（今甘肃西和）、渭（今甘肃陇西）之间，行动自如。这一年（公元763年），吐蕃向南进犯松（今四川松潘）、维（今四川理县东北）、保（今四川理县北）等州及云山新筑城。第二年（公元764年），吐蕃放回使者李之芳等人。剑南节度使严武打败吐蕃南部边兵七万人，攻克了当狗城（今四川理县东）。这时仆固怀恩反叛，他从灵武派遣部将范志诚、任敷联合吐蕃、吐谷浑军队攻打邠州（今陕西彬县），白孝德、郭晞据垒坚守，于是敌军进居奉天（今陕西乾县）西面。郭子仪进入奉天，按兵不动。郭晞率精兵夜间袭击敌营，斩首数千级，夺取马五百匹，俘获四位将领，吐蕃只好撤离。这时严武攻占了盐川（今四川理县东），他又与吐蕃兵众在西山交战，容易地打败敌军八万人。吐蕃包围了凉州（今甘肃武威），河西节度使杨志烈不能坚守，逃到甘州（今甘肃张掖）

防守，因而凉州陷落。

【注释】

① 是岁：广德元年（763 年）。

② 新笼城：《资治通鉴》卷二二三广德元年（763 年）条云："吐蕃陷松、维、保三州及云山新筑二城。"本传"新笼城"当为"新筑城"之讹。

③ 明年：广德二年（764 年）。

④ 严武（726—765）：读书不究其义。以父荫累迁殿中侍御史。天宝末，从玄宗入蜀，擢谏议大夫。宝应二年（763 年），迁黄门侍郎。与宰臣元载相厚，求引同列不成。次年，复为成都尹、剑南节度使。破吐蕃七万之众于当狗城（今四川理县东南），收盐川城（当狗城西北），吐蕃兵不敢进犯。治蜀数年，征敛百姓，穷极奢靡，赏赐无度，对故人傲慢无礼。及死，其母喜曰：从今而后，吾知免被抄没为官婢矣。

⑤ 当狗城：在今四川省阿坝州理县东南。唐筑，地当白狗羌通西川之路，故名。属东莱郡。

⑥ 子仪入奉天，按军不战：《资治通鉴》卷二二三广德二年（764 年）十月条云："仆固怀恩与回纥、吐蕃进逼奉天，京师戒严。诸将请战，郭子仪不许，曰：'虏深入吾地，利于速战，吾坚壁以待之，彼以为吾怯，必不戒，乃可破也。若遽战而不利，则众心离矣。'……"

⑦ 盐川：即盐川城，在今四川省阿坝州理县东。维州(治今四川省理县东北薛城)在盐川城旧有盐溪县,永徽初省入保州定廉县。

⑧ 取其众八万：《汉语大词典》对"取"的解释：容易地征服别国或打败敌军曰"取"。《左传·襄公十三年》："凡书'取'，言易也。"清赵翼《廿二史札记·欧史书法谨严》："攻战得地……易得曰取。"故此句释为容易地打败敌军八万人。

⑨ 跳保甘州：《旧唐书·吐蕃传》作“跳身西投甘州”，所述比“跳保甘州”准确。

永泰元年[①]，吐蕃请和，诏宰相元载、杜鸿渐与虏使者同盟。怀恩不得志，导虏与回纥、党项羌、浑、奴剌犯边，吐蕃大酋尚结息、赞摩、尚悉东赞等众二十万至醴泉、奉天，邠将白孝德不能亢，任敷以兵略凤翔、盩厔，于是京师戒严。朔方兵马使浑日进、孙守亮屯奉天，诏子仪以河中兵屯泾阳，李忠臣屯东渭桥，李光进屯云阳，马璘、郝廷玉屯便桥，骆奉先、李日越屯盩厔，李抱玉屯凤翔，周智光屯同州[②]，杜冕屯坊州，天子自率六军屯于苑。吐蕃逼奉天，日进以单骑驰之，士二百踵进，左右击刺，射皆应弦仆，虏大惊辟易[③]。日进挟虏一将跃出，举军望而噪，士还，无一矢著身者。明日，虏薄城，日进发机石劲弩，故兵多死。凡三日，虏敛军入壁，日进知虏曲折，即夜斫其营，斩千余级，生禽五百。又战马嵬，凡七日，破贼万人，斩首五千，获马、橐它、帜械甚众。帝欲自讨贼，下诏大搜马，京师始置团练，都人震扰，凿垣亡去者十八[④]，诏中人户都门[⑤]，不能止。吐蕃游骑四百略武功，镇西节度使马璘使健士五十击之，歼，士气益奋。虏徙营九嵕之阴[⑥]，掠醴泉居人数万，焚室庐，田皆赤地。周智光与虏战澄城，破之。吐蕃至邠北，复与回纥合，还攻奉天，抵马嵬。任敷以兵五千掠白水，残同州。于是城中渭桥、鄠[⑦]以屯兵。

【译文】

永泰元年（公元 765 年），吐蕃请求和好，皇上下诏令宰相元载、杜鸿渐与吐蕃使者结盟。仆固怀恩不能如愿，便带领吐蕃与回纥、党项羌、吐谷浑、奴剌等侵犯边塞。吐蕃大首领尚结息、赞摩、尚悉东赞等率二十万兵众抵达醴泉（今陕西礼泉）、奉天（今陕西乾县），邠州节度使白孝德不能抵御，任敷率兵攻略凤翔（今陕西凤翔）、盩厔（今陕西周至），于是京师戒严。朔方兵马使浑日进（浑瑊）、孙守亮驻守奉天。皇上下诏令郭子仪率河中兵驻守泾阳，李忠臣驻守东渭桥，李光进驻守云阳，马璘、郝廷玉驻守便桥，骆奉先、李日越驻守盩厔，李抱玉驻守凤翔，周智光驻守同州（今陕西大荔），杜冕驻守坊州（今陕西黄陵南），天子亲自率领禁军六军驻守禁苑。吐蕃逼近奉天，浑日进（浑瑊）单骑冲入敌阵，二百名士兵紧随其后，左右击杀，敌军应弦而倒，于是敌军惊恐退却。浑日进（浑瑊）挟持一名敌将跃马而出，全军望见欢呼，士兵返回时，没有一人中箭。第二天，敌军来攻城，浑日进（浑瑊）令发射机石劲弩，因此敌军多被射死。一共三天，敌军便收兵进入军垒。浑日进（浑瑊）知敌军之曲折经过，便当夜杀进敌营，斩首一千多级，生擒五百人。又在马嵬交战，用了七天时间，终于打败敌军一万人，斩首五千级，缴获马、骆驼、旗帜器械极多。皇帝想要亲自讨伐敌人，下诏大肆搜刮马匹，京师开始设置团练，因此京城的居民惊慌失措，十分之八的人都凿墙逃走。皇帝下诏令宦官在京城的城门把守，却无法遏止。吐蕃游骑四百人进犯武功（今陕西武功），镇西节度使马璘派精兵五十人出击，全部歼灭敌军，官军士气更加振奋。吐蕃把军营转移到九嵏山（今陕西礼泉县东北）的北面，掳掠了数万醴泉居民，焚烧庐舍，田地全都荒废。周智光与敌军在澄城（今陕西澄城）交战，打败敌军。吐蕃到了邠州（今陕西彬县）北面，再次与回纥联合起来，回军攻打奉天，抵达马嵬。任敷率领五千兵众劫掠白水（今陕西白水），残破同州（今陕西大荔）。于是在中渭桥、鄠（今陕西户县）筑城驻扎军队。

【注释】

① 永泰元年：公元765年。

② 同州：治今陕西省渭南市大荔县。唐辖境相当于今陕西省渭南市大荔、合阳、韩城、澄城、白水等市县地，属关内道。

③ 辟易：退避之意。《史记·项羽纪》："是时赤泉侯为骑将，追项王，项王瞋目叱之，赤泉侯人马俱惊，辟易数里。"

④ 十八：即十分之八，十有七八。

⑤ 户都门：即把守都城的大门。

⑥ 九嵏之阴：古代称山之南为阳，山之北为阴。九嵏之阴，即九嵏山（在今陕西省咸阳市礼泉县东北）的北面。

⑦ 鄠：读户，地名，西汉置鄠县，在今陕西省西安市户县北二里。唐属京兆府。

会怀恩死，虏谋无主，遂与回纥争长。回纥怒，诣子仪请击吐蕃自效，子仪许之，使白元光合兵攻吐蕃于灵台西，大破之，降仆固名臣[①]，帝乃班师。

【译文】

这时仆固怀恩死，吐蕃失去谋主，便与回纥争强。回纥愤怒，于是晋见郭子仪，请求攻打吐蕃来立功赎罪，郭子仪答应了回纥的请求，派遣白元光与回纥联合出兵，在灵台（今甘肃灵台）西面攻打吐蕃，大败吐蕃，降伏了仆固名臣（仆固怀恩之侄），皇帝于是班师。

【注释】

① 仆固名臣：仆固怀恩之侄，亦骁将。

新唐书《吐蕃传》下

吐蕃赤松德赞（续），唐代宗李豫（续）、德宗李适时期

永泰、大历间[①]，再遣使者来聘，于是户部尚书薛景仙往报。诏宰相与吐蕃使者盟[②]。俄寇灵州，掠宜禄，郭子仪精甲三万戍泾阳，入屯奉天。灵州兵破虏二万，上级五百首。景仙与伦泣陵偕来，请境凤林关，而路悉等十五人又来。三年[③]，虏引众十万复攻灵州，略邠州。先是，尚悉结[④]自宝应后数入边，以功高请老，而赞磨[⑤]代之，为东面节度使，专河、陇。邠宁马璘、朔方将白元光再破其众，获马羊数千，剑南亦破虏万人。尚悉摩复来朝。天子以虏数入塞，诏治守障，徙当、悉、柘、静、恭五州，皆据险以守。

【译文】

永泰、大历年间（公元766年），吐蕃再次派遣使者前来通问致意，于是户部尚书薛景仙前去回访吐蕃。皇上下诏宰相与吐蕃使者会盟（此为767年事）。不久吐蕃侵犯灵州（今宁夏灵武西南），劫掠宜禄（今陕西长武），郭子仪率领精兵三万

戍守泾阳，进驻奉天（今陕西乾县）。灵州官军打败吐蕃二万人，进献五百首级。薛景仙与吐蕃使者伦泣陵一道前来，请求把凤林关（今甘肃临夏县南）作为边界，而路悉等十五人又前来朝见。大历三年（公元768年），吐蕃十万兵众再次攻打灵州（今宁夏灵武西南），侵略邠州（今陕西彬县）。在此之前，尚结息自从宝应年（公元762、763年）以后多次进犯边地，他以功高告老还乡，由赞摩取代他，任东面节度使，专门经营河、陇。邠宁节度使马璘、朔方骑将白元光再次打败吐蕃兵众，缴获马羊数千，剑南也打败吐蕃一万人。尚悉摩又前来朝见。天子因为吐蕃多次进犯边塞，下诏修筑防守的堡寨，迁徙当（今四川黑水）、悉（今四川黑水东南）、柘（今四川黑水西南）、静（今宁夏永宁）、恭（今四川马尔康）五州治所，全都依据险要地势加强守备。

【注释】

① 永泰、大历间：永泰元年即公元765年，永泰二年即大历元年（766年）。

② 宰相与吐蕃使者盟：指大历二年（767年）四月，宰相及宦官鱼朝恩与吐蕃使盟于兴唐寺。

③（大历）三年：公元768年。

④ 尚悉结：当作“尚结悉”，即前文中“吐蕃大酋尚结息、赞摩、尚悉东赞”之为首者尚结息。

⑤ 赞磨：前文中“吐蕃大酋尚结息、赞摩、尚悉东赞”之为副者赞摩。

八年[①]，虏六万骑侵灵州，败民稼，进寇泾、邠，浑瑊与战不利，副将死，略数千户。瑊整卒夜袭其营；泾原马璘以兵掩之潘原，射豹皮将死，军中哭，乃遁去。璘收所俘士及男女而还。郭子仪又破其众十万[2]。

【译文】

大历八年（公元773年），吐蕃六万骑兵入侵灵州（今宁夏灵武西南），毁坏百姓庄稼，又进犯泾州（今甘肃泾川）、邠州（今陕西彬县），浑瑊与敌军交战失利，副将战死，敌军掠夺数千户。浑瑊整兵在夜间突袭敌营。泾原马璘率兵在潘原（今甘肃平凉东南）袭击吐蕃军队，射死敌豹皮将，军中大哭，于是逃走。马璘收容被吐蕃俘获的士兵及男女百姓后返回。总计郭子仪率部打败十万吐蕃兵众。

【注释】

①（大历）八年：公元773年。

② 郭子仪又破其众十万：其时郭子仪为帅，所述浑瑊、马璘破吐蕃，即与郭子仪破其众十万为一事。

九年[1]，帝遣谏议大夫吴损修好[2]，虏亦使使者入朝。于是子仪屯邠州，李抱玉屯高壁，马璘屯原州，李忠臣屯泾州，李忠诚屯凤翔，臧希让屯渭北，备虏之入。明年[3]，西川节度使崔宁破虏于西山。虏攻临泾[4]、陇州，次普润[5]，焚掠人畜；与抱玉战义宁，破之；道泾州，璘尾追，败之于百里[6]。又明年[7]，崔宁破虏故洪节度、氐、蛮、党项等兵，斩首万级，禽酋领千人，牛羊廪铠甚众，献之朝。吐蕃不得志，入掠黎、雅，于是剑南兵合南诏与战[8]，破之，禽大笼官论器然。又侵坊州，取党项牧马。崔宁攻望汉城，破之。山南西道节度使张献恭战岷州[9]，吐蕃走。宁破西山三路及邛南兵，斩首八千级。十三年[⑩]，虏大酋马重英以四万骑寇灵州，塞汉、御史、尚书三渠以扰屯田[⑪]，为朔方留后常谦光所逐，重英残盐、庆而去。乃南合南诏众二十万攻茂州，略扶、文，遂侵黎、雅。时天子已发幽州兵驰拒，虏大奔破。

【译文】

大历九年（公元 774 年），得知谏议大夫吴损（大历六年即 771 年出使吐蕃，留之累年）病死吐蕃。吐蕃派遣使者前来朝见。郭子仪驻守邠州（今陕西彬县），李抱玉驻守高壁（今山西灵石），马璘驻守原州（今宁夏固原），李忠臣驻守泾州（今甘肃泾川），李忠诚驻守凤翔（今陕西凤翔），臧希让驻守渭北（今陕西黄陵东南），防备吐蕃进犯。第二年（公元 775 年），西川节度使崔宁在西山打败敌军。敌军攻打临泾（今甘肃镇原）、陇州（今陕西陇县），停驻普润（今陕西麟游西北），焚烧房屋劫掠人畜，与李抱玉在义宁交战，被李抱玉击败；在经过泾州（今甘肃泾川）时，马璘尾随追击，在百里城（今甘肃灵台西百里）打败敌军。又过了一年（公元 776 年），崔宁打败吐蕃故洪节度使，氐、蛮、党项等族军队，斩首一万级，擒获首领一千人，缴获牛羊粮食铠甲极多，进献到朝廷。吐蕃不得志，进犯黎（今四川汉源西北）、雅（今四川雅安），于是剑南军队与吐蕃交战，打败吐蕃，擒大笼官论器然。吐蕃又侵犯坊州（今陕西黄陵），夺取党项牧马（此为 777 年事）。崔宁攻打望汉城（今四川理县东），攻克此城。山南西道节度使张献恭在岷州（今甘肃岷县）与吐蕃交战，吐蕃撤离。崔宁打败西山三路及邛南兵，斩首八千级。大历十三年（公元 778 年），吐蕃大首领马重英率领四万骑兵侵犯灵州（今宁夏灵武西南），堵塞填汉、御史、尚书三渠以破坏屯田，被朔方留后常谦光驱逐，马重英残破盐（今陕西定边）、庆（今甘肃庆阳）后离去。吐蕃便在南面联合南诏二十万兵攻打茂州（今四川茂县），侵略扶（今四川松潘东）、文（今甘肃文县西南），进犯黎（今四川汉源西北）、雅（今四川雅安）。当时天子已经调发幽州兵赶来抵御，敌军奔逃而去。

【注释】

①（大历）九年：公元774年。

② 帝遣谏议大夫吴损修好：《资治通鉴》卷二二四大历六年（771年）四月条云："吐蕃请和，庚辰，遣兼御史大夫吴损使于吐蕃。"同书卷二二五大历九年（774年）二月条云："谏议大夫吴损使吐蕃，留之累年，竟病死虏中。"看来，吴损于771年出使吐蕃，774年知其死讯。本传误据得其死讯之年为其出使之年。

③ 明年：大历十年（775年）。

④ 临泾：临泾县。西汉置，治今甘肃省庆阳市镇原县。唐元和三年（808年）筑城，移行原州治此。

⑤ 普润：普润县，治今陕西省宝鸡市麟游县西北，唐属麟州。贞观元年（627年）改属岐州。贞元十一年（795年）改属陇右经略使。

⑥ 百里：百里城，在今甘肃省平凉市灵台县西百里。

⑦ 又明年：大历十一年（776年）。

⑧ 剑南兵合南诏与战：《资治通鉴》卷二二五大历十二年（777年）四月条云："丁酉，吐蕃寇黎、雅州，西川节度使崔宁击破之。"本传下文亦云："十三年，……（吐蕃）乃南合南诏众二十万攻茂州，略扶、文，遂侵黎、雅。"可见此时南诏方从吐蕃入侵，"剑南兵合南诏与战"之语，当误。

⑨ 岷州：西魏大统四年（538年）于宕昌羌地置南洮州，后改为

岷州。因南有岷山得名。治溢乐县（今岷县）。辖境相当于今甘肃岷县一带。隋大业三年（607 年）废。义宁二年（618 年）复置。唐肃宗上元二年（761 年）地入吐蕃。

⑩（大历）十三年：公元 778 年。

⑪ 塞汉、御史、尚书三渠以扰屯田：《资治通鉴》卷二二五大历十三年（778 年）二月条云："吐蕃遣其将马重英帅众四万寇灵州，夺填汉、御史、尚书三渠水口以弊屯田。"胡三省注引："三渠，谓填汉渠、御史渠、尚书渠也。"本传"汉"字前当脱一"填"字。（见王忠《新唐书吐蕃传笺证》）

初，虏使数至，留不遣，所俘虏口，悉部送江南。德宗即位[①]，先内靖方镇，顾岁与虏确[②]，其亡获相偿[③]，欲以德绥怀之，遣太常少卿韦伦持节归其俘五百，厚给衣褚，切敕边吏护亭障，无辄侵虏地。吐蕃始闻未信，使者入境，乃皆感畏。是时，乞立赞为赞普，姓户卢提氏[④]，曰："我乃有三恨：不知天子丧，不及吊，一也；山陵不及赙，二也；不知舅即位，而发兵攻灵州，入扶、文，侵灌口，三也。"即发使者随伦入朝。帝又遣伦还蜀俘。虏以伦再至，欢甚，授馆，作声乐，九日留，以论钦明思等五十人从献方物[⑤]。

【译文】

当初，吐蕃使者多次前来，朝廷把他们全都扣留而不遣送；所俘虏的人，都分别送往江南。德宗即位（公元 780 年），先在国内平定方镇，他顾虑连年与吐蕃交战，得失相当，想要用恩德安抚吐蕃，便派遣太常少卿韦伦持符节归还吐蕃俘虏五百人，多给衣物，严令边将守护亭障，不要轻易侵犯吐蕃领土。吐蕃最初听说此事还不相信，等到使者进入吐蕃境内，方才感恩畏服。

这时，乞立赞（即赤松德赞，另译挲悉笼腊赞）是赞普，他说："我有三点悔恨：不知道天子之丧，没有及时吊祭，是第一点；安葬天子时没有及时进献财物助葬，是第二点；不知皇帝舅即位，而出兵攻打灵州，进入扶、文，侵犯灌口，是第三点。"当即派遣使者跟随韦伦入朝。皇帝又派韦伦送回蜀之俘虏。吐蕃因为韦伦再次到来，极为欢喜，安排客馆，演奏声乐，停留了九天，派遣论钦明思等五十（五）人跟随韦伦入朝进献土产。

【注释】

① 德宗即位：建中元年（780 年）。

② 岁与虏确：确，通"角"，角胜负。《汉书·李广传》："李广材气，天下无双，自负其能，数与虏确，恐亡之。"岁与虏确，即连年与吐蕃交战。

③ 亡获相偿：即得失相当。

④ 乞立赞为赞普，姓户卢提氏："乞立赞"即赤松德赞（755—797 年在位）之省译，另译"娑悉笼腊赞"。"户卢提"或即藏文 vphrul（圣神）之译音。唐蕃会盟碑之藏文碑铭，在赞普名号之前冠以"vphrul gyi lha btsan po"头衔，汉文碑铭译为"圣神赞普"。史官或以"圣神"为赞普姓氏，故记为"姓户卢提氏"。（见王忠《新唐书吐蕃传笺证》）

⑤ 以论钦明思等五十人从献方物：《旧唐书·吐蕃传》作"遣宰相论钦明思等五十五人随伦至，且献方物。"《唐会要》卷九七亦云："与其宰相论钦明思等五十五人皆至，献其方物。"本传"五十"之后当脱"五"字。

明年[①]，殿中少监崔汉衡往使，赞普猥[②]曰："我与唐舅甥国，诏书乃用臣礼卑我。”又请云州[③]西尽贺兰山为吐蕃境，邀汉衡奏天子。乃遣入蕃使判官常鲁与论悉诺罗入朝，道赞普语，且引景龙诏书曰“唐使至，甥先与盟，蕃使至，舅亦将亲盟”；赞普曰“其礼本均”。帝许之，以“献”为“进”，“赐”为“寄”，“领取”为“领之”。以前宰相杨炎不通故事为解，并约地于贺兰。其大相尚悉结[④]嗜杀人，以剑南之败未报，不助和议，次相尚结赞有谋，固请休息边人，赞普卒用结赞为大相，乃讲好。

【译文】

第二年（公元781年），殿中少监崔汉衡出使吐蕃。赞普无礼地说：“我与唐是舅甥之国，诏书却用臣礼鄙视我。”又请求把灵州（今宁夏灵武西南）以西到贺兰山作为吐蕃国界，要求崔汉衡上奏天子。便派遣入蕃使判官常鲁与论悉诺罗入朝，转达赞普的要求，并且援引景龙年间的诏书称“唐使者到吐蕃，甥先与他们会盟；吐蕃使者到唐，舅也将亲自会盟”。赞普说“礼节原本相同”。皇帝答应了这一要求，把“献”改为“进”，“赐”改为“寄”，“领取”改为“领之”。以前任宰相杨炎不通晓旧例作为借口，并且在贺兰约定疆界。吐蕃大相尚结息嗜好杀人，因为剑南战败尚未报复，不赞成议和；次相尚结赞有谋略，执意请求休息边民。赞普最终任用尚结赞为大相，于是讲和。

【注释】

① 明年：建中二年（781年）。

② 猥：卑贱之意，此处作无礼解。

③ 云州：当作灵州，雲（云）靈（灵）形近而讹，史误也。

④ 尚悉结：当作“尚结悉”，即前文中“吐蕃大酋尚结息”。曾任吐蕃大相多年，后遭撤换。

汉衡与其使区颊赞偕来，约盟境上。拜汉衡鸿胪卿，以都官员外郎樊泽为计会使，与结赞约；且告陇右节度使张镒同盟。泽与结赞约盟清水，以牛马为牲。镒欲末其礼，乃给结赞曰：“唐非牛不田，蕃非马不战，请用犬、豕、羊。”结赞听诺。将盟，乃除地为坛，约二国各以二千士列壝[1]外，冗从立坛下。镒与幕府齐映、齐抗、鸿胪汉衡、计会使于頔及泽、鲁皆朝服，结赞与论悉颊藏、论臧热、论利陀、论力徐等对升坛，刑牲坛北，杂其血以进，约：“唐地泾州右尽弹筝峡，陇州右极清水，凤州西尽同谷，剑南尽西山、大度水。吐蕃守镇兰、渭、原、会，西临洮，东成州，抵剑南西磨些诸蛮、大度水之西南。尽大河北自新泉军抵大碛，南极贺兰橐它岭，其间为闲田。二国所弃戍地毋增兵，毋创城堡，毋耕边田。”既盟，请镒诣坛西南隅浮屠幄为誓。于是升坛大享，献酬乃还。

【译文】

崔汉衡与吐蕃使者区颊赞一道前来，在边界上誓约结盟。朝廷任崔汉衡为鸿胪卿，任都官员外郎樊泽为计会使，与尚结赞订立盟约，并通知陇右节度使张镒参加会盟。樊泽与尚结赞在清水（今甘肃清水）盟约，用牛马作为牺牲。张镒想要降低礼节，便欺骗尚结赞说：“唐没有牛不能耕田，蕃没有马不能征战，请改用狗、猪、羊。”尚结赞同意。将要结盟时，便在平地筑坛，约定两国各派出两千名士兵排列在土堆之外，闲散随从站在誓坛下面。张镒与幕僚齐映、齐抗，鸿胪卿崔汉衡，计会使于頔及樊泽、常鲁全都身着朝服，尚结赞与论悉颊藏、论臧热、论利陀、论力徐等人相应登上誓坛，在誓坛的北面杀牲，把各种牲畜的血混在一起进上，约定："唐地泾州（今甘肃泾川）西面到弹筝峡（今甘肃平凉西北），陇州（今陕西陇县）西面到清水（今甘肃清水），凤州（今陕西凤县）西面到同谷（今甘肃成县），剑南止于西山、大渡河。吐蕃镇守兰（今甘肃兰州）、渭（今甘肃陇西）、原（今宁夏固原）、会（今甘肃会宁），西面到临洮（今甘肃岷县），东面到成州（今甘肃西和），到剑南西磨些诸蛮、大渡河的西南。整个黄河以北，从新泉军（今甘肃会宁西北）起，北面抵达大漠，南面至贺兰山骆驼岭，中间作为空地。两国所放弃的戍守之地不要再增兵，不要修建城堡，不要耕种边田。"结盟之后，请张镒到誓坛西南角佛帐中起誓。于是登上誓坛宴饮，相互酬劝后返回。

【注释】

① 壝：读遗，土堆也。

帝命宰相、尚书与虏使者盟长安，而清水之约，疆埸不定，复令汉衡决于赞普，乃克盟。于是宰相李忠臣、卢杞、关播、崔宁，工部尚书乔琳、御史大夫于頔、太府卿张献恭、司农卿段秀实、少府监李昌夔、京兆尹王翃、金吾卫大将军[①]浑瑊与区颊赞等同盟京城之右郊，礼如清水。前二月告庙[②]，齐[③]，三日，关播跪读载书，已盟乃大享。诏左仆射李揆为入蕃会盟使，还区颊赞等。

【译文】

皇帝命令宰相、尚书与吐蕃使者在长安盟誓，而清水的盟约，国界没有敲定，再次令崔汉衡前往吐蕃与赞普议定，这才最终完成盟约。于是宰相李忠臣、卢杞、关播、崔宁，工部尚书乔琳、御史大夫于颀、太府卿张献恭、司农卿段秀实、少府监李昌夔、京兆尹王翃、左金吾卫大将军浑瑊与区颊赞等一道在京城的西郊会盟，礼仪同清水结盟时一样。前二日祭告太庙，斋戒，第三天，关播跪着宣读盟文，订盟后便举行大宴。朝廷下诏任左仆射李揆为入蕃会盟使，送还区颊赞等人。

【注释】

① 金吾卫大将军：禁军将领。禁军十六卫中有左右金吾卫，各以大将军一人统之。浑瑊实为左金吾卫大将军。

② 前二月告庙：《旧唐书·吐蕃传》云："其礼如清水之仪。先盟二日，命有司告太庙，盟官致斋。"本传"前二月"当从《旧唐书》作"前二日"。

③ 齐：此处读斋，同"斋"，意古人在祭祀或其他典礼前整洁身心，以示庄敬。

朱泚之乱，吐蕃请助讨贼，诏右散骑常侍于颀持节慰抚，太常少卿沈房为安西、北庭宣慰使以报之。浑瑊用论莽罗兵破泚将韩旻于武亭川。初，与虏约，得长安，以泾、灵四州畀[①]之。会大疫，虏辄引去。及泚平，责先约求地。天子薄其劳，第赐诏书，偿结赞、莽罗等帛万匹，于是虏以为怨。

【译文】

朱泚叛乱，吐蕃请求协助讨伐叛贼，皇上下诏令右散骑常侍于颀持节抚慰，令太常少卿沈房为安西、北庭宣慰使以答谢吐蕃的好意。浑瑊使用论莽罗的兵马在武亭川（今陕西武功境）打败朱泚将领韩旻。当初，与吐蕃约定，收复长安以后，将泾、灵等四州送给吐蕃。因为遭遇大瘟疫，于是吐蕃撤走。等到平定朱泚，吐蕃按旧约索取土地。天子以为吐蕃的功劳不大，只是赐给诏书，送给尚结赞、论莽罗等一万匹帛，于是吐蕃产生怨恨。

【注释】

① 畀：读必，给以。

贞元二年[1]，诏仓部郎中赵建[2]往使，而虏已犯泾、陇、邠、宁，掠人畜，败田稼，内州皆闭壁。游骑至好畤，左金吾将军张献甫、神策将李升昙等屯咸阳，河中浑瑊、华州骆元光援之。以左监门将军康成使焉。尚结赞屯上砦原，亦令使论乞陀来请盟。凤翔李晟遣部将王佖以锐兵三千夜入汧阳，明日，薄其中军，虏惊溃走，结赞仅自脱。虏众二万侵凤翔，李晟击却之，因袭破摧沙堡，烧储廥[3]，斩守者。吐蕃攻盐、夏，刺史杜彦光、拓拔乾晖不能守，悉其众南奔，虏遂有其地。天子以边人残没，下诏避正殿，痛自咎。诏骆元光经略盐、夏。

【译文】

贞元二年（公元 786 年），皇上下诏令仓部郎中赵聿出使吐蕃，可是吐蕃兵众已经侵犯泾（今甘肃泾川）、陇（今陕西陇县）、邠（今陕西彬县）、宁（今甘肃宁县），掠夺人口牲畜，毁坏庄稼，境内各州全都关闭城门。吐蕃游骑抵达好畤（今陕西永寿西南），左金吾将军张献甫、神策将李升昙等驻守咸阳，河中浑瑊、华州骆元光援助他们。朝廷派遣左监门卫将军康成作为使者。尚结赞驻守上寨原，也令使者论乞陀前来请求结盟。凤翔节度使李晟派遣部将王佖率精兵三千人夜间进入汧阳（今陕西千阳），第二天，攻击吐蕃中军，敌军惊恐溃逃，尚结赞只身逃脱。吐蕃兵众二万人侵犯凤翔，李晟打退了他们，乘势攻克了摧沙堡，焚烧粮仓，杀死了守卫的士兵。吐蕃攻打盐（今陕西定边）、夏（今陕西靖边北），刺史杜彦光、拓拔乾晖不能守卫，率领部众南奔，于是吐蕃占领了这二州。天子由于边民受到残害陷没吐蕃，下诏不登正殿，自加罪责。下诏令骆元光筹划谋取盐、夏。

【注释】

① 贞元二年：公元786年。

② 赵建：《旧唐书·吐蕃传》作“赵聿”。唐陆贽《陆宣公翰苑集》卷十赐吐蕃宰相尚结赞书亦云：“顷令赵聿专往，近方以彼却回，兼闻彼蕃使同来，至今犹在道路。”本传“赵建”当作“赵聿”。

③ 廥：读快，堆放柴草的房舍。

三年[①]，命左庶子崔浣、李铦踵使[②]。结赞得盐、夏，皆戍以兵，乃自屯鸣沙，然馈饷数困。于是骆元光、韩游瓌滨塞而屯，马燧次石州，跨河相掎角。结赞大惧，屡请盟，天子不许。即以贵将论颊热厚赂乞和于燧，燧以为情，身入见天子，诸将以燧入，皆守壁不战。结赞遽还走，马多死，士不能步，有饥色。浣始至鸣沙，传诏让[③]结赞破约陷盐、夏，对曰：“本以武亭功未偿乃来，又候碑仆[④]，疆埸不明，故行境上。泾州乘城自保，凤翔李令[⑤]不纳吾使，虽康成等来，皆不能致委曲。我日望大臣而卒无至者，我故引还。盐、夏守将惧吾众，以城丐我，非我敢攻也。若天子复许盟，虏之愿也，唯所命，当以盐、夏还唐。”又言清水盟，大臣少，故约易坏，请悉遣宰相元帅二十一人会盟。并言灵盐节度使杜希全、泾原节度使李观，外蕃所信，请主盟。帝复使浣报结赞曰："希全守灵州，有分地，不可以越境；观既徙官，以浑瑊为盟会使。"约五月盟清水，使先效二州，以验虏信。结赞辞清水非吉地，请会原州之土梨树，乃归二州。天子从之。

【译文】

贞元三年（公元 787 年），朝廷命左庶子崔浣、李铦相继出使吐蕃。尚结赞攻取盐、夏，都派兵驻守，自己屯居鸣沙（今宁夏中宁鸣沙乡），然而粮饷时常短缺。这时骆元光、韩游瓌紧靠边塞驻守，马燧停驻石州（今山西吕梁），隔河相互策应。尚结赞大为恐惧，多次请求结盟，天子没有允许。尚结赞便派重将论颊热以大量财物贿赂马燧，向他请和，马燧以此私情，便亲自入朝谒见天子，诸位将领因为马燧入朝，全都固守军营而不出战。尚结赞乘机（弃夏州）逃归，很多战马死去，士兵走不动路，面有饥色。崔浣刚到鸣沙（今宁夏中宁鸣沙乡），就传送诏书责备尚结赞毁约攻陷盐、夏，尚结赞回答说："我本来因为在武亭立功没有得到酬劳才前来，又碰到边境上界碑仆倒的情况，疆界不明，所以来到边境上。泾州据城自守，凤翔李令公（李晟）不接纳我的使者，虽然康成等人前来，却不能说清其中的是非曲直。我天天盼望大臣却始终无人前来，我因而撤回。盐、夏守将惧怕我军，以城献我，并非我敢攻占。如果天子再次准许会盟，正是吐蕃的愿望，一切听命，定当把盐、夏归还给唐。"又说清水会盟，大臣人少，所以盟约容易毁坏，请求悉数派遣宰相元帅二十一人会盟。并且说灵盐节度使杜希全、泾原节度使李观，受到外蕃信任，请求他们主持会盟。皇帝又派遣崔浣答复尚结赞说："杜希全守卫灵州，辖地所限，不可以越境；李观现已改官，因而任浑瑊为盟会使。”约定五月在清水会盟，让吐蕃先归还二州，以检验吐蕃是否有诚信。尚结赞推辞说清水不是吉利的地方，请求在原州的土梨树会盟，然后再归还二州。天子依从了他。

【注释】

①（贞元）三年：公元787年。

② 踵使：踵，接踵，紧跟着。踵使，即连续出使。

③ 传诏：传送诏书。

④ 又候碑仆：仆，倾倒。候碑仆，碰到界碑倾倒的情况。《旧唐书·吐蕃传》云：“定界碑被牵倒，恐二国背盟相侵，故造境上请修旧好。”

⑤ 李令：李令公（李晟）。

瑊来受命，拜汉衡兵部尚书以副瑊。瑊率师二万待期，诏骆元光助之。宰相议所盟地，左神策将马有邻①建言：“土梨树林荟岩阻，兵易诡伏，不如平凉夷漫坦直，且近泾，缓急可保也。”乃定盟平凉。瑊约结赞，主客均以兵三千至坛外，诞从②四百叩坛，以游军交逻相入。将盟，结赞伏精骑三万于西，纵逻骑③出入瑊军，瑊将梁奉贞亦駷马④入虏军营，阴执之，而瑊不知也。客请瑊等具冠剑，皆就幄更衣，从容胖肆⑤。虏忽三伐鼓，众噪而兴，瑊不知所出，走幄后，得马不衔而驰，十里始得衔。虏追，矢若雨不伤也，至元光营乃脱。裨将辛荣兵数百据北阜与虏战，矢尽乃降。判官韩弇、监军宋凤朝死之。汉衡与判官郑叔矩、路泌，掌书记袁同直，列将扶余准、马宁、孟日华、李至言、乐演明、范澄、马弇，中人刘延邕、俱文珍、李朝清等六十人皆被执，士死者五百，生获者千余人。汉衡语虏曰："我，崔尚书也，结赞与我善。若杀我，结赞亦杀若。"乃不死。人负一木，以绳三约之，系其发驱之；夜则杙[6]地系而仆，蒙以罽，守者寝其上。始结赞将劫希全、观，急以锐兵直趣[7]京师，既不克，又欲禽瑊等，捣虚入寇，其谋本然。既引去，至故原州，坐帐中见汉衡等，慢言："浑瑊战武功，我力也。许裂地偿我，而自食其言。吾既作金枷，将必得瑊以见赞普，乃今失之，徒致公等，无益也。当使人归报。"初，汉衡遇乱，从史吕温身蔽兵，温伤而汉衡脱，虏人嘉其义，厚给养之。结赞屯石门，以俱文珍、马宁、马弇归唐，而囚汉衡、叔矩河州，辛荣廓州，扶余准鄯州。帝犹使中人赍诏书赐结赞，拒不受。虏戍盐、夏，涉春疫大兴，皆思归。结赞以骑三千迎之，火二州庐舍，颓郛堞[8]而去，杜希全分兵保之。帝哀汉衡等陷辱，下诏赐其子七品官，叔矩、泌、弇、日华、荣、至言、澄、良贲、演明一子八品官，袁同直而下一子九品官。以决胜军使唐良臣屯潘原，神策将苏太平屯陇州。结赞召汉衡、日华、延邕至石门，以五骑[9]送境上，遣使者奉表来。李观曰："有诏不内吐蕃使者。"受汉衡等，放其使。

【译文】

浑瑊前来朝廷受命，朝廷授崔汉衡为兵部尚书担任浑瑊的副使。浑瑊率领二万士兵等待日期，朝廷下诏令骆元光协助他。宰相商议会盟地点，左神策将马有麟建议说："土梨树林木荟萃地势险要，军队容易隐蔽埋伏，不如平凉空旷平坦，并且靠近泾州，遇到危急情况可以得到保护。"于是决定在平凉会盟。浑瑊与尚结赞约定，主客均带领三千士兵抵达誓坛（在平凉西北五里）以外，散从四百人到誓坛下面，用流动军队穿插监视。将要会盟时，尚结赞在西面埋伏下三万精骑，驱动巡逻骑兵出入浑瑊军中。浑瑊部将梁奉贞也策马进入吐蕃军营，吐蕃暗中把他们拘捕，然而浑瑊却不知道。客使请求浑瑊等人戴冠佩剑，他们都进入帐房更衣，从容放纵毫不留意。吐蕃忽然击鼓三声，伏兵呼叫而起，浑瑊不知出路，溜到帐后，得到一匹未加嚼子的马跨上疾驰，跑了十里才加上嚼子。敌兵追赶，箭如雨下而浑瑊却未受伤，到了骆元光军营方得脱身。裨将辛荣率领数百名士兵凭据北面的土山与敌军交战，箭射尽后投降。判官韩弇、监军宋凤朝死。崔汉衡与判官郑叔矩、路泌，掌书记袁同直，列将扶余准、马宁、孟日华、李至言、乐演明、范澄、马弇，中人刘延邕、俱文珍、李朝清等六十人全都被俘，士兵五百人死去，被生擒的有一千多人。崔汉衡对敌兵说："我是崔尚书，尚结赞与我友善，你们杀了我，尚结赞也会杀死你们。"这才免于被杀。每人背一根木棍，用绳捆上三道，系住他们的头发驱赶；夜间则把绳子系在钉入地里的小木桩上，再让他们躺倒，蒙上毛毡，卫兵睡在毡上。起初尚结赞打算劫持杜希全、李观，然后率领精兵直赴京师，这一企图没能实现，又想要擒获浑瑊等人，乘虚进犯，他的计谋本来如此。离开以后，到了故原州（今宁夏固原），尚结赞坐在帐中见崔汉衡等人，傲慢地说："浑瑊在武功战胜，本是我军的功劳。答应割地酬报我，却自食其言。我已经做了金枷，定要抓获浑瑊去见赞普，如今浑瑊已经逃走，白白地抓住你们，也没有什么用处。应当放回你们的人去报告。"当初，崔汉衡遇上乱军，从史吕温用身体挡住兵器，吕温受伤而崔汉衡获免，尚结赞赞赏吕温的节义，对他厚加供养。尚结赞停驻石门（原州界内七关之一），放俱文珍、马宁、马弇归唐，而把崔汉衡、郑叔矩囚禁在河州（今甘肃临夏），把辛荣囚禁在廓州（今青海尖扎北），把扶余准囚禁在鄯州（今青海乐都）。皇帝还令宦官携带诏书赐给尚结赞，尚结赞拒不接受。敌军戍守盐（今陕西定边）、夏（今陕西靖边北），到春季瘟疫流行，全都想返回吐蕃。尚结赞派遣三千名骑兵迎接他们，放火烧掉二州的房舍，毁坏城墙后离去。杜希全分兵守卫二州。皇帝怜悯崔汉衡等人身陷吐蕃蒙受耻辱，下诏赐给崔汉衡一个儿子七品官，郑叔矩、路泌、韩弇、孟日华、辛荣、李至言、范澄、王良赍、乐演明一个儿子八品官，袁同直以下一个儿子九品官。派遣决胜军使唐良臣驻守潘原堡（今甘肃平凉东南），神策将苏太平驻守陇州（今陕西陇县）。尚结赞召崔汉衡、孟日华、刘延邕到石门，派遣五十名骑兵将他们送到疆界，并派遣使者奉表前来。李观说："有诏不接纳吐蕃使者。"于是接受崔汉衡等人，放回吐蕃使者。

【注释】

① 马有邻：《旧唐书·吐蕃传》作"马有麟"。《资治通鉴》卷二三二亦作"马有麟"。本传"马有邻"当作"马有麟"。

② 诞从：随仪从以备的散兵、散马，称诞从、诞马。《旧唐书·吐蕃传》作"散手"。

③ 逻骑：巡逻的游骑，即前文所称"游军"。

④ 駷马：駷，读耸，掣动马衔令马行走。

⑤ 胖肆：恣肆、放纵之意。

⑥ 杙：读义，小木桩。

⑦ 趣：同趋，趋向意。

⑧ 郛堞：郛，读福，指城外面围着的大城；堞，读迭，城墙上的矮墙。郛堞，泛指城墙。

⑨ 五骑：《旧唐书·吐蕃传》作"五十骑"，应以"五十骑"

为是。

结赞以羌、浑众屯潘口，傍青石岭，三分其兵趋陇、汧阳间，连营数十里，中军距凤翔一舍[①]，诡汉服，号邢君牙兵，入吴山、宝鸡，焚聚落，略畜牧、丁壮，杀老孺，断手剔目，乃去。李晟尝蹶[②]大木塞安化隘处，虏过，悉焚之。诏神策将石季章壁武功，良臣移师百里城。虏又剽汧阳、华亭男女万人以畀羌、浑，将出塞，令东向辞国，众恸哭，投堑谷死者千数。吐蕃又入丰义，围华亭，绝汲道。守将王仙鹤请救于陇州，刺史苏清沔合太平兵赴之[③]，虏逆战，太平不胜，引还。虏日千骑四掠，陇兵不敢出。虏积薪将焚华亭，仙鹤以众降。清沔潜兵大象龛，夜半，约城中举火烛天，虏众惊，因袭其营，乃去。更攻连云堡，飞石投中，井皆满。为虚梁绝堑而升[④]，守将张明远[⑤]降于虏。虏分捕山间亡人及牛羊率万计，泾、陇、邠之民荡然尽矣。诸将曾不能得一俘，但贺贼出塞而已。连云堡，泾要地也，三垂峭绝，北据高，虏所进退，候火易通。既失之，城下即虏境，每藝[⑥]稼，必陈兵于野，故多失时。是岁，三州不宿麦[⑦]。虏数千骑犯长武城，城使韩全义拒之。韩游瑰兵不出，于是虏安行邠、泾间，诸屯西门皆闭，虏治故原州保之。帝取所获吐蕃生口不二百，徇[⑧]诸市以安京师。

【译文】

尚结赞令党项羌、吐谷浑兵众驻守潘口，依傍青石岭（今甘肃泾川西北），兵分三路赴陇（今陕西陇县）、汧阳（今陕西千阳）之间，军营连绵数十里，中军距凤翔（今陕西凤翔）三十里。他们穿着唐军服装加以伪装，声称是邢君牙的部队，进入吴山（今陕西陇县西南）、宝鸡，焚烧村落，掠夺牲畜、青壮男子，杀死老人幼童，砍手挖眼，然后离去。李晟曾命砍倒大树堵塞安化狭窄处，敌军经过，全都放火烧掉。皇上下诏令神策将石季章驻守武功（今陕西武功），唐良臣移师百里城（今甘肃灵台西百里）。敌军抢劫汧阳（今陕西千阳）、华亭（今甘肃华亭）男女一万人送给党项羌、吐谷浑，将出边塞，令他们面东辞别本国，众人痛哭，跳下沟谷而死的有一千多人。吐蕃又进入丰义（今甘肃镇原东南），包围华亭（今甘肃华亭），切断取水的道路。守将王仙鹤向陇州（今陕西陇县）求救，刺史韩清沔令苏太平率兵前去救援，敌军迎战，苏太平不胜，撤回。敌军每天派出一千名骑兵四处掳掠，陇州官军不敢出战。敌军堆积柴草将要焚烧华亭，王仙鹤率众投降。韩清沔在大象龛设下伏兵，半夜，约定城中与大象龛同时举火照亮夜空，敌军惊恐，乘机袭击敌营，敌军于是撤离。吐蕃又攻打连云堡（今甘肃泾川西界），飞石投到堡中，水井全被填满。凌空架桥跨越城壕登城，守将张明遂向敌军投降。敌军分兵捕捉山间逃亡的人及牛羊数以万计，泾（今甘肃泾川）、陇（今陕西陇县）、邠（今陕西彬县）的百姓被扫荡一空。诸将不曾抓获一个俘虏，只是庆贺敌军退出边塞罢了。连云堡，是泾州的险要，三面陡峭，北面连接平原，观察敌军进退，烽火容易传报。失去连云堡后，泾州城下就是敌境，每逢收割庄稼，一定要在田野陈列士兵，因而时常错过了农时。这一年，泾州不种冬小麦（经岁乃熟）。敌军数千骑兵侵犯长武城（今陕西长武），城使韩全义抵御。韩游瑰的军队不出城迎战，于是敌军安然往来于邠（今陕西彬县）、泾（今甘肃泾川）之间，各城的西门统统关闭，敌军修缮故原州（今宁夏固原），在此驻守。皇帝押来擒获的吐蕃俘虏不足二百人，在市上斩首示众以便安定京师人心。

【注释】

① 一舍：舍，读社。古代行军三十里为一舍。“退避三舍”，即退让九十里。

② 蹶：放倒。

③ 苏清沔合太平兵赴之：《旧唐书·吐蕃传》云：“刺史韩清沔令苏太平率一千五百人赴之。”本传“苏清沔”当作“韩清沔”，“合太平”当作“令苏太平”。

④ 虚梁绝堑而升：《旧唐书·吐蕃传》云，吐蕃“又飞梁架濠而过，苦攻之”。“虚梁绝堑而升”即“飞梁架濠而过”。

⑤ 张明远：《旧唐书·吐蕃传》作“张明遂”。遂、遠（远）形近而讹。当从《旧唐书·吐蕃传》。

⑥ 蓺：读义，种植。

⑦ 三州不宿麦：“三州”当作“泾州”。宿麦，指隔年才熟的麦，即秋冬种之，经岁乃熟，故云宿麦。俗称冬小麦。不宿麦，即不种冬小麦。

⑧ 徇：本意为示众。此处当为斩首示众。

四年[①]五月，虏三万骑略泾、邠、宁、庆、鄜五州之鄙，焚吏舍民闾[②]，系执数万。韩全义以陈许兵[③]战长武，无功。初，吐蕃盗塞，畏春夏疾疫，常以盛秋。及是得唐俘，多厚给产，质其孥[④]，故盛夏入边。尚悉董星、论莽罗等又寇宁州，张献甫拒斩裁百级，转剽鄜、坊乃去。

【译文】

贞元四年（公元788年）五月，吐蕃三万骑兵侵犯泾（今甘肃泾川）、邠（今陕西彬县）、宁（今甘肃宁县）、庆（今甘肃庆阳）、鄜（今陕西富县）五州边邑，焚烧官舍民居，抓走数万人。韩全义率陈许节度使（治今河南许昌）之兵在长武出击，没能取胜。当初，吐蕃侵犯边塞，惧怕春夏季发生瘟疫，所以常在盛秋。到这时抓获唐俘虏，给予很多财产，把他们的妻子儿女作为人质，所以能在盛夏时进犯边塞。尚悉董星、论莽罗等人又侵犯宁州（今甘肃宁县），张献甫抵御斩杀不过百人，转而剽掠鄜（今陕西富县）、坊（今陕西黄陵）以后离去。

【注释】

①（贞元）四年：公元 788 年。

② 民阎：阎，本指里巷的门，这里泛指民居。

③ 陈许兵：指陈许节度使（治今河南许昌）之兵。

④ 孥：读奴，妻子和儿女。

五年[①]，韦皋以剑南兵战台登，杀虏将乞臧遮遮、悉多杨朱，西南少安。不三年，尽得巂州地。久之，北庭沙陀别部叛，吐蕃因是陷北庭都护府，安西道绝。独西州人尚为唐守。

【译文】

贞元五年（公元 789 年），韦皋令剑南军队在台登（今四川冕宁东南）交战，杀死吐蕃大将乞臧遮遮（或为尚结赞之子）、悉多杨朱，西南稍获安宁。不到三年，全部收复巂州（今四川西昌）之地。过了一段时间，北庭（今新疆吉木萨尔）沙陀别部反叛，吐蕃借机攻占了北庭都护府，安西道路阻绝。唯独西州（今新疆吐鲁番东南）人还在为唐守土。

【注释】

①（贞元）五年：公元 789 年。

八年[①]，寇灵州，陷水口，塞营田渠。发河东、振武兵，合神策军击之，虏引还。又寇泾州，掠田军千人，守捉使唐朝臣战不利。山南西道节度使严震破虏于芳州，取黑水壁[②]，焚积聚。自虏得盐州，塞防无以障遏，而灵武单露，鄜、坊侵迫，寇日以骄，数入为边患。帝复诏城之，使泾原、剑南、山南深入穷讨，分其兵，毋令专向东方。诏朔方河中晋绛邠宁兵马副元帅浑瑊、朔方灵盐丰夏绥银节度都统杜希全、邠宁节度使张献甫、右神策军行营节度使邢君牙、夏绥银节度使韩潭、鄜坊丹延节度使王栖曜、振武麟胜节度使范希朝[③]合兵三万，以左神策将军[④]胡坚、右神策将军[⑤]张昌为盐州行营节度使，板筑之，役者六千人，余皆阵城下。九年[⑥]始栽，阅二旬讫功，而虏兵不出，遂以兼御史大夫纥干遂与兼中丞杜彦光戍之。当是时，韦皋功最多，破堡壁五十余所，败其南道元帅论莽热没笼乞悉蓖[⑦]；又与南诏破之于神川、于铁桥，皋俘馘[⑧]三万，降首领论乞髯汤没藏悉诺硉。

【译文】

贞元八年（公元 792 年），吐蕃侵犯灵州（今宁夏灵武西南），攻占水口，堵塞营田渠。朝廷调发河东、振武的军队，联合神策军攻打吐蕃，敌军撤回。吐蕃又侵犯泾州（今甘肃泾川），掳掠屯田士兵一千人，守捉使唐朝臣出战失利。山南西道节度使严震在芳州（今甘肃迭部境）打败敌军，攻取黑水堡（今甘肃舟曲西南），焚烧吐蕃积聚的财物。自从敌军攻占了盐州（今陕西定边），边防失去屏障，而灵武孤立无援，鄜（今陕西富县）、坊（今陕西黄陵）受到侵逼，敌寇因此日渐骄横，多次入侵制造边患。皇帝又下诏修筑盐州城，令泾原、剑南、山南出兵深入敌境讨击，以便分散敌人兵力，使其不能专心对付东方。下诏朔方河中晋绛邠宁兵马副元帅浑瑊、朔方灵盐丰夏绥银节度都统杜希全、邠宁节度使张献甫、右神策军行营节度使邢君牙、夏绥银节度使韩潭、鄜坊丹延节度使王栖曜、振武麟胜节度使范希朝，总共三万兵马，以左神策将军胡坚、右神策将军张昌为盐州行营节度使，用板筑修建盐州城，役使六千人，其余全都在城下布阵。贞元九年（公元 793 年）开始动工，经过二十天完成，而敌军没有出动，于是派遣御史大夫纥干遂与兼御史中丞杜彦光戍守盐州。这一时期，韦皋功绩最多，攻克堡壁五十多所，击败吐蕃南道元帅论莽热；又与南诏在神川（今金沙江入云南省段）、铁桥大败吐蕃，韦皋歼敌三万，收降吐蕃首领论乞髯汤没藏悉诺硉。

【注释】

①（贞元）八年：公元 792 年。

② 严震破虏于芳州，取黑水壁：《旧唐书·吐蕃传》云：“山南西道节度严震击破吐蕃于芳州及黑水堡，焚其积聚，并献首虏。”《资治通鉴》卷二三四贞元八年（792 年）十一月条亦云：“山南西道节度使严震奏败吐蕃于芳州及黑水堡。”本传之“黑水壁”当作“黑水堡”。壁、堡形近而讹。

③ 范希朝（？—814）：建中时，从邠宁军为别将，事节度使韩游瑰。德宗奔奉天（今陕西乾县），以战守功，加御史中丞。贞元四年（788 年），迁振武节度使。其地党项、室韦杂居，时有暴掠，鲜有宁日。遂筑堡栅，严斥候，对犯者严惩，人遂得安。在任十四年，颇多政绩。十九年（803 年），入朝拜检校右仆

射，兼右金吾大将军。二十一年（805年），顺宗立，王叔文命为左神策、京西诸镇行营节度使，以削宦官兵柄，为宦官所阻未成。宪宗时，为朔方灵盐节度使，召沙陀部举族万人自甘州归附，用以为兵，颇立战功。终以太子太保致仕。

④ 左神策将军：禁军将领。唐上元中，北衙军使卫伯玉出任神策军节度使，镇陕州，后为宦官鱼朝恩替代。此后一直以中官为帅。贞元中，置神策军护军中尉。中尉权倾天下，常废立君主。左右神策军各有大将军一人，正二品；统军二人，正三品；将军四人，从三品。左神策将军，即左神策军将军。

⑤ 右神策将军：右神策军将军。

⑥（贞元）九年：公元793年。

⑦ 论莽热没笼乞悉蓖：《旧唐书·吐蕃传》作“论莽热”。“论莽热没笼乞悉蓖”中后几字“没笼乞悉蓖”，似为“大论”（blon ched po）之译音，组合起来应即“大论莽热”。

⑧ 俘馘：馘，读国，指战争中割掉敌人的左耳计数献功。俘馘，即歼灭及俘获。

十二年[1]，寇庆州及华池，杀略吏人。是岁，尚结赞死。明年[2]，赞普死，其子足之煎立[3]。邢君牙筑永信城于陇州以备虏，虏使者农桑昔来请修好，朝廷以其无信，不受。韦皋取新城，虏治剑山、马岭，进寇台登，巂州刺史曹高仕击却之，禽笼官，斩级三百，获马、粮、械数千。

【译文】

贞元十二年（公元796年），吐蕃侵犯庆州（今甘肃庆阳）及华池（今甘肃华池东），杀掠官吏百姓。这一年，尚结赞死。第二年（公元797年），赞普（赤松德赞，另译娑悉笼腊赞）死，他的儿子足之煎（牟尼赞普）继立。邢君牙在陇州（今陕西陇县）西面修筑永信城以便防备吐蕃。吐蕃使者农桑昔前来请求讲和，朝廷因为吐蕃不讲信用，没有接受。韦皋攻取新城，吐蕃修治剑山、马岭，进犯台登（今四川冕宁东南），嶲州（今四川西昌）刺史曹高仕打退吐蕃，擒获笼官，斩首三百级，缴获马、粮、器械数千。

【注释】

①（贞元）十二年：公元796年。

② 明年：贞元十三年（797年）。

③ 赞普死，其子足之煎立：赞普死，此赞普即赤松德赞（khri srong lde btsan），又译娑悉笼腊赞，755—797年在位。其子足之煎，即牟尼赞普（mu ne btsan po），797—798年在位。

十四年[①]，韩全义破虏于盐州。十六年[②]，灵州破虏于乌兰桥，韦皋拔末恭、颙二城[③]。十七年[④]，寇盐州，陷麟州，杀刺史郭锋，湮隍堕陴[⑤]，系居人，掠党项诸部，屯横槽烽。虏将徐舍人者，语俘道人延素曰："我乃司空英公裔孙也。武后时，家祖以兵尊王室不克，子孙奔播绝域，今三世矣。我虽握兵，心未尝忘归也，顾不能自拔耳。"阴使延素夜逸。又言："吾按边求资粮，至麟而守者无备，遂入之。知郭使君勋臣家，欲全安之，不幸死乱兵。"语方已，会飞鸟使至，召其军还，遂引去。飞鸟，犹传骑也。

【译文】

贞元十四年（公元798年），韩全义在盐州（今陕西定边）打败吐蕃。贞元十六年（公元800年），灵州（今宁夏灵武西南）在乌兰桥（关外黄河上）打败吐蕃。韦皋攻取了末恭（今四川汶川境）、颙二城。贞元十七年（公元801年），吐蕃因为部下多次叛离，便大举侵略灵州（原文下段中“吐蕃以下屡叛，大侵灵州”句似应前移至此），进犯盐州（今陕西定边），攻占麟州（今陕西神木），杀死刺史郭锋（郭子仪之孙），毁坏城墙填平城壕，抓捕居民，掳掠党项各部，驻守横槽烽。吐蕃将领徐舍人，对被俘的道人延素说：“我是司空英国公（李勣）的后代。武后时，家祖率兵起事尊崇王室没能成功，子孙流亡迁移到荒远的地域，如今已经三世了。我虽统兵，内心未曾忘记归国，只是不能脱身罢了。”暗中令延素夜间逃走。又说：“我巡行边塞求取资粮，到了麟州而驻守的士兵没有防备，于是进城。知道郭使君出身功臣之家，想要保全他，但不幸被乱兵杀死。”话刚讲完，适逢飞鸟使到来，召他的军队返回，便撤走。飞鸟使，就如同唐的传骑。

【注释】

①（贞元）十四年：公元798年。

②（贞元）十六年：公元800年。

③ 末恭、颙二城：末恭城，在今四川省阿坝州汶川县境。颙，读庸，二声。颙城所在未详。

④（贞元）十七年：公元801年。

⑤ 湮隍隳陴：隍，无水的城濠。陴，读皮，城墙上的矮墙。隳，读灰，损毁。湮隍隳陴，即填平城濠、损毁城墙。

韦皋出西山与虏战，破之雅州。笼官马定德本虏之知兵有策虑者，周知山川险易，每用兵，常驰驿计议，授诸将以行。比年寇黎、巂，皋常折其兵，定德畏得罪，遂来降。因定昆明诸蛮。吐蕃以下屡叛，大侵灵州[1]。时皋围维州，赞普使论莽热没笼乞悉蓖兼松州五道节度兵马都统[2]、群牧大使，引兵十万援维州。皋率南诏兵薄险设伏以待，才使千人尝敌[3]，乞悉蓖见兵寡，悉众追，堕伏中，兵四合急击，遂禽之，献京师。明年[4]，吐蕃使者论颊热复来，右龙武大将军薛伾往报。

【译文】

韦皋从西山出兵与吐蕃军队交战，在雅州（今四川雅安）打败吐蕃。笼官马定德本是吐蕃的懂军事、有谋略的人，熟悉山川地势险要与否，每次用兵，他常从驿道兼程前进计议指挥，令诸位将领执行。他连年侵犯黎（今四川汉源）、嶲（今四川西昌），韦皋经常挫败他的兵马，马定德害怕获罪，于是前来投降。韦皋乘机平定昆明（今四川盐源东北）诸蛮。韦皋又围攻维州（今四川理县东北），赞普派论莽热兼任松州五道节度兵马都统、群牧大使，带领十万兵马救援维州。韦皋率领南诏兵接近险要设下埋伏等待，仅用千人试探敌军。论莽热见兵少，便挥师追赶，落入埋伏中。唐军从四面包围猛攻，于是擒获论莽热，把他进献到京师。第二年（公元803年），吐蕃使者论颊热再次前来，右龙武大将军薛伾前去回访吐蕃。

【注释】

① 吐蕃以下屡叛，大侵灵州：此句似应移于上文“十七年”之后，即“十七年，吐蕃以下屡叛，大侵灵州，寇盐州，陷麟州，杀刺史郭锋”。至徐舍人语毕，“会飞鸟使至，召其军还，遂引去”，当不可能再有大举侵灵州之事。（见王忠《新唐书吐蕃传笺证》）

② 兼松州五道节度兵马都统：《册府元龟》载，吐蕃自松赞干布以后，“吞并诸蕃，地方千里，每十节度置一上相统之”。论莽热

以“上相”（内大相）资格出任东道五节度（青海、鄯州、河州、凉州、瓜州）大使，兼松州（即南道）五节度（松州、腊城、故洪、曩贡、西贡）兵马都统。由此可知，吐蕃如以大相出镇，东道和南道的诸节度使，皆可由其指挥。（见杨铭《吐蕃统治敦煌及吐蕃文书研究》）

③ 尝敌：试探敌人的强弱。宋苏洵《嘉祐集》卷二权书：“故古之贤将，能以兵尝敌，而又以敌自尝，故去就可以决。”

④ 明年：当为贞元十九年（803 年）。《资治通鉴》卷二三六贞元十九年（803 年）四月条云：“吐蕃遣其臣论颊热入贡。”同年六月条云：“遣右龙武大将军薛伾使于吐蕃。”

吐蕃牟尼赞普、赤德松赞、赤祖德赞、达玛，唐顺宗李诵、宪宗李纯、穆宗李恒及敬宗李湛、文宗李昂时期

二十年[①]，赞普死[②]，遣工部侍郎张荐吊祠，其弟嗣立[③]，再使使者入朝。

【译文】

贞元二十年（公元 804 年），赞普（牟尼赞普，另译足之煎）死（实卒于 798 年），朝廷派遣工部侍郎张荐吊祭，赞普弟（赤德松赞）继立，又派遣使者前来入朝。

【注释】

①（贞元）二十年：公元 804 年。

② 赞普死：此赞普为足之煎，即牟尼赞普（mu ne btsan po），797—798 年在位。

③ 其弟嗣立：嗣立者为牟尼赞普之弟赤德松赞（khri lde srong btsan），798—815 年在位。

顺宗立[①]，以左金吾卫将军田景度、库部员外郎熊执易持节往使。永贞元年[②]，论乞缕勃藏归金币、马牛助崇陵，有诏陈太极廷中。

【译文】

贞元二十一年即永贞元年（公元 805 年），顺宗即位（在位不足一年），派遣左金吾卫将军田景度、库部员外郎熊执易持节出使吐蕃。同年，论乞缕勃藏赠金币、马牛资助崇陵（德宗陵），有诏陈列在太极庭中。

【注释】

① 顺宗立：在贞元二十一年，亦即永贞元年（805 年）。

② 永贞元年：公元 805 年。

宪宗初[①]，遣使者修好，且还其俘。又以使告顺宗丧，吐蕃亦以论勃藏来。后比年来朝，然以五万骑入振武拂鹈泉[②]，万骑至丰州[③]大石谷，钞回鹘还国者。

【译文】

宪宗初年（元和元年即公元 806 年），朝廷派遣使者修好，并且归还吐蕃俘虏。又派遣使者报告顺宗死讯，吐蕃也派遣论勃藏前来。此后吐蕃使者连年前来朝见，然而又派遣五万骑兵进入振武军拂鹈泉（今内蒙古杭锦后旗之北），一万骑兵抵达丰州（今内蒙古五原县）大石谷，劫掠回鹘回国的人。

【注释】

① 宪宗初：元和元年（806 年）。

② 拂鹈泉：在西受降城（位于今内蒙古巴彦淖尔市杭锦后旗北）北三百里。

③ 丰州：隋开皇五年（585 年）置，治九原县（今内蒙古巴彦淖尔市五原县南），辖境相当于今内蒙古河套西北部及其迤北一带。唐属关内道，末年地入党项。

五年[①]，以祠部郎中[②]徐复往使，并赐钵阐布书。钵阐布者，虏浮屠豫国事者也，亦曰"钵掣逋"。复至鄯州擅还，其副李逢致命赞普，复坐贬。虏以论思邪热入谢，且归郑叔矩、路泌之柩，因言愿归秦、原、安乐州。诏宰相杜佑等与议中书，论思邪热拜于廷，佑答拜堂上，复以鸿胪少卿李铦、丹王府长史吴晕报之。自是朝贡岁入。又款陇州塞，丐互市，诏可。

【译文】

元和五年（公元 810 年），朝廷派遣祠部郎中徐复出使吐蕃，并且赐给钵阐布书信。钵阐布，是吐蕃参预国政的僧人（即僧相），也叫钵掣逋。徐复到鄯州后擅自返回，他的副手李逢向赞普转达朝命，徐复因此获罪被贬。吐蕃令论思邪热入朝致谢，并且送回郑叔矩、路泌的灵柩，顺便提出愿意归还秦（今甘肃天水）、原（今宁夏固原）、安乐州（今宁夏中宁鸣沙乡）。皇上下诏宰相杜佑等人与论思邪热在中书省商议，论思邪热在庭院中行拜礼，杜佑在堂上答拜。朝廷又派遣鸿胪少卿李铦、丹王府长史吴晕回访吐蕃。从此吐蕃年年前来朝贡。又到陇州（今陕西陇县）通和，请求互市交易，皇上下诏许可。

【注释】

①（元和）五年：公元810年。

②祠部郎中：尚书省属官，唐以后属礼部尚书，从五品上，掌祠祀、享祭、天文、漏刻、国忌、庙讳等事。

十二年[①]，赞普死[②]，使者论乞髯来，以右卫将军乌重玘、殿中侍御史段钧吊祭之。可黎可足立为赞普[③]，重玘以扶余准、李骖偕归。准，东明人，本朔方骑将；骖，陇西人，贞元初战没于虏者。使者知不死，求之，乃得还。诏以准为澧王府司马，骖嘉王友。

【译文】

元和十二年（公元817年），赞普（赤德松赞）死（实卒于815年），使者论乞髯前来，朝廷派遣右卫将军乌重玘、殿中侍御史段钧前往吊祭。可黎可足（赤祖德赞）被立为赞普，乌重玘与扶余准、李骖一同返回。扶余准是东明人，本来是朔方骑将，李骖是陇西人，他们在贞元初年陷于吐蕃。使者知道他们没死，要求吐蕃放还他们，这才得以返回。朝廷下诏任扶余准为沣王府司马，李骖为嘉王友。

【注释】

①（元和）十二年：公元817年。

②赞普死：此赞普即赤德松赞（khri lde srong btsan），798—815年在位。《资治通鉴》卷二三九元和十一年（816年）二月条云："西川奏吐蕃赞普卒。"《旧唐书·吐蕃传》云："十二年四月，吐蕃以赞普卒来告。"是吐蕃赞普实卒于元和十年（815年），十一年（816年）西川始得消息，十二年（817年）则为

吐蕃使臣到达唐都长安之时。

③ 可黎可足立为赞普：可黎可足，即赤德松赞之子赤祖德赞（khri gtsug lde btsan），815—836 年在位。“可黎可足”为“赤祖”（khri gtsug）之缓读另译，即译“赤”为“可黎”，译“祖”为“可足”。赤祖德赞又被称为“热巴巾”（ral pa can），意为“有辫者”。其来由，是因赤祖德赞延续其父赤德松赞的崇佛政策，且有过之。他自蓄长发，分结二辫，每喜中坐时，以发辫两端束以锦绫，设于两旁僧人之座位下，诸僧坐于上，以示崇敬。

吐蕃使论矩立藏来朝，未出境，吐蕃寇宥州，与灵州兵战定远城，虏不胜，斩首二千级。平凉镇遏使郝玼又破虏兵二万，夏州节度使田缙破其众三千，诏留矩立藏等不遣。剑南兵拔峨和、栖鸡城。十四年[①]，乃归矩立藏等。吐蕃节度论二摩[②]、宰相尚塔藏、中书令尚绮心儿总兵十五万围盐州，为飞梯、鹅车攻城，刺史李文悦拒之，城坏辄补，夜袭其营，昼出战，破虏万人，积三旬不能拔。朔方将史敬奉以奇兵绕出虏背，大破之，解围去。

【译文】

吐蕃使者论矩立藏前来朝见，返回时尚未出境，吐蕃已侵犯宥州（今内蒙古鄂托克旗南），与灵州（今宁夏灵武西南）军队在定远城（今宁夏平罗东南）交战，吐蕃失败，被斩首二千级。平凉镇遏使郝玼打败吐蕃兵众二万人，夏州（今陕西靖边北）节度使田缙打败吐蕃兵众三千人（以上为 818 年事）。皇上下诏扣留论矩立藏等不让归还。剑南军队攻取了峨和、栖鸡城。元和十四年（公元 819 年），才放回论矩藏等人。吐蕃节度论三摩、宰相尚塔藏、中书令尚绮心儿统领十五万兵众围攻盐州（今陕西定边），制造飞梯、鹅车攻城。刺史李文悦抵御吐蕃，城垣随坏随补，夜间袭击敌营，白日出战，打败敌军一万人，吐蕃经历三十天没能攻克。朔方将领史敬奉出奇兵绕到敌军背后，大败敌军，吐蕃解围离去。

【注释】

①（元和）十四年：公元819年。

② 论二摩：《旧唐书·吐蕃传》云："吐蕃节度论三摩及宰相尚塔藏、中书令尚绮心儿共领军约十五万众。"《资治通鉴》卷二四一元和十四年（819年）十月条亦云："吐蕃节度论三摩等将十五万众围盐州。"本传"论二摩"当作"论三摩"。

始，沙州刺史周鼎为唐固守，赞普徙帐南山，使尚绮心儿攻之。鼎请救回鹘，逾年不至，议焚城郭，引众东奔，皆以为不可。鼎遣都知兵马使阎朝领壮士行视水草，晨入谒辞行，与鼎亲吏周沙奴共射，彀弓[1]揖让，射沙奴即死，执鼎而缢杀之，自领州事。城守者八年，出绫一端募麦一斗，应者甚众。朝喜曰："民且有食，可以死守也。"又二岁，粮械皆竭，登城而呼曰："苟毋徙佗[2]境，请以城降。"绮心儿许诺，于是出降。自攻城至是凡十一年。赞普以绮心儿代守。后疑朝谋变，置毒靴中而死。州人皆胡服臣虏，每岁时祀父祖，衣中国之服，号恸而藏之。

【译文】

当初，沙州（今甘肃敦煌）刺史周鼎为唐坚守，赞普把牙帐迁到南山（祁连山），令尚绮心儿攻打沙州。周鼎向回鹘求救，过了一年救兵也没到，他提议要烧毁城郭，率领部众东逃，众人都不同意。周鼎派遣都知兵马使阎朝率领壮士巡视水草，阎朝早晨进来谒见周鼎向他辞行，与周鼎的亲信从吏周沙奴一同比试射箭，张满弓弦后二人谦让，阎朝射死周沙奴，拘捕周鼎将他勒死，自己统领州事。守城八年，出一端绫求购一斗麦，卖者很多。阎朝高兴地说："百姓还有粮食，可以死守。"又过了两年，粮食器械全都耗尽，阎朝登上城墙高呼道："如果不把我们迁移到其他地方，我们愿意献城投降。"尚绮心儿答应，于是出降。自从吐蕃攻城到这时总共十一年。赞普派尚绮心儿取代阎朝驻守。以后怀疑阎朝图谋反叛，在靴中放毒把他毒死。州民全都身着胡服臣属吐蕃，每逢年节祭祀祖先，穿上汉服放声痛哭，而后把汉服收藏起来。

【注释】

① 彀弓：彀，读够，张满弓弩。

② 佗：同它。

穆宗即位[①]，遣秘书少监田洎往告，使者亦来。虏引兵入屯灵武，灵州兵击却之。又犯青塞烽，进寇泾州，濒水而营，绵五十里。始洎至牙，虏欲会盟长武，洎含糊应之。至是显言："洎许我盟，我是以来。"逼泾一舍止。诏右军中尉梁守谦为左右神策军、京西北行营都监，发卒合八镇兵援泾州，贬洎郴州司户参军，以太府少卿邵同持节为和好使。初，夏州田缙裒沓[②]，党项怨之，导虏入钞，郝玼与战，多杀其众。李光颜又以邠兵至，乃引去。复遣使者来。南略雅州，诏方镇与虏接者谨备边。

【译文】

穆宗即位（元和十五年即公元820年），派遣秘书少监田洎前去吐蕃通报，吐蕃使者也来朝见。吐蕃兵众进逼灵武（今宁夏灵武），被灵州军队打退。吐蕃又侵犯青塞烽，进犯泾州（今甘肃泾川），靠水安营，军营连绵五十里。开始田洎到达赞普牙帐，吐蕃想要在长武（今陕西长武）会盟，田洎含糊地答应。到这时公开说明："田洎答应我会盟，所以我前来。"在进逼到距离泾州三十里处停下。皇上下诏命右军中尉梁守谦为左右神策军、京西北行营都监，发兵会合八镇军队救援泾州，将田洎贬为郴州司户参军，派太府少卿邵同持节充任和好使。当初，夏州（今宁夏灵武）节度使田缙征敛繁重，党项怨恨他，带领吐蕃兵众入境抄掠，郝玼与吐蕃交战，杀死很多吐蕃士兵。李光颜又率领邠州（今陕西彬县）军队前来，吐蕃于是撤走。又派遣使者前来。吐蕃南侵雅州（今四川雅安），皇上下诏让与吐蕃接境的方镇严加防备。

【注释】

① 穆宗即位：元和十五年（820年）。

② 裒沓：裒，读剖，二声，索取、聚敛；沓，多而重复。裒沓，即征敛繁重。

长庆元年[①]，闻回鹘和亲，犯清塞堡，为李文悦所逐。乃遣使者尚绮力陀思来朝，且乞盟，诏许之。崔植、杜元颖、王播辅政，议欲告庙。礼官谓："肃宗、代宗皆尝与吐蕃盟，不告庙。德宗建中之盟，将重其约，始诏告庙。至会平凉，不复告，杀之也。"乃止。以大理卿刘元鼎为盟会使，右司郎中刘师老副之，诏宰相与尚书右仆射韩皋、御史中丞牛僧孺[②]、吏部尚书李绛[3]、兵部尚书萧俛[4]、户部尚书杨于陵[5]、礼部尚书韦绶、太常卿赵宗儒[6]、司农卿裴武、京兆尹柳公绰[7]、右金吾将军[8]郭鏦及吐蕃使者论讷罗盟京师西郊。赞普以盟言约："二国无相寇仇，有禽生问事，给服粮归之。"诏可。大臣豫盟者悉载名于策。方盟时，吐蕃以壮骑屯鲁州[9]，灵州节度使李进诚与战大石山[10]，破之。虏遣使者赵国章来，且致宰相信币。

【译文】

长庆元年（公元821年），吐蕃听说回鹘和亲，便侵犯青塞堡，被李文悦赶走。吐蕃于是派遣使者尚绮力陀思前来朝见，并请求会盟，皇上下诏许可。崔植、杜元颖、王播辅政，商议准备祭告太庙。礼官说："肃宗、代宗都曾与吐蕃会盟，不曾祭告太庙。德宗建中时结盟，表示重视盟约，才下诏祭告太庙。到平凉会盟时，不再祭告太庙，废除了这一做法。"于是停止。朝廷以大理卿刘元鼎为盟会使，右司郎中刘师老任副使，下诏令宰相与尚书右仆射韩皋、御史中丞牛僧孺、吏部尚书李绛、兵部尚书萧俛、户部尚书杨于陵、礼部尚书韦绶、太常卿赵宗儒、司农卿裴武、京兆尹柳公绰、右金吾将军郭鏦及吐蕃使者论纳罗在京师西郊会盟。赞普在盟文中约定："二国不要互为仇敌，如果活捉俘虏探听情况，发给衣粮放回。"皇上下诏许可。大臣参加会盟的都把姓名记在策上。当会盟时，吐蕃派遣精骑驻守鲁州（今宁夏灵武西面河曲之地），灵州节度使李进诚与他们在大石山（鲁州东南）交战，打败吐蕃精骑。吐蕃派遣使者赵国章前来，并且给宰相信件礼物。

【注释】

① 长庆元年：公元821年。

② 牛僧孺（780—848）：元和三年（808 年），以贤良方正对策，与李宗闵、皇甫湜俱第一，因指斥时政，触怒宰相李吉甫，不叙用。穆宗初，以库部郎中知制诰，徙御史中丞，清理冤狱，惩治贪贿，擢户部侍郎，以不受贿赂，得赏识。长庆三年（823 年），以本官同平章事，迁中书侍郎。敬宗立，出为鄂州刺史、武昌节度使。在任凡五年，修武昌城垣，除赋役积弊。大和四年（830 年），以李宗闵荐，还任兵部尚书、同平章事。次年，西川节度使李德裕奏纳吐蕃维州守将之降，并收复维州，他以朋党私怨而拒之，以私害公，人多非议。六年（832 年），因罢相，出为扬州大都督府长史、淮南节度副大使。开成初，为东都留守，与白居易等交往吟咏。后出为山南东道节度使。武宗时，李德裕用事，累贬循州长史。宣宗立，还为太子少师。

③ 李绛（764—830）：初历渭南尉、监察御史。元和二年（807 年）为翰林学士，知制诰。浙西李锜平，宪宗欲运锜私财入京，他请留代贫户当年租税。数论宦官横肆、藩镇进献之弊。迁中书舍人，为宦官嫉恨。后被宪宗擢为中书侍郎、同平章事。前后论谏，宪宗多所采纳。九年（814 年），以足疾罢相，授礼部尚书。后出为华州刺史、河中观察使。穆宗立，改御史大夫。大和二年（828 年），出为山南西道节度使，四年（830 年），以兵变被杀。

④ 萧俛（？—842）：俛，读勉。历右拾遗、右补阙、翰林学士、知制诰。元和十三年（818 年），以御史中丞进袭徐国公。穆宗即位，为中书侍郎、同平章事。与宰相段文昌屡劝休兵偃武，令天下军镇每年于百人中限八人逃、死不补，谓之“销兵”。后军卒逃亡，相聚为乱，而诸镇兵员不足，每战多败，史称“复失河朔，盖销兵之失也”。文宗即位，许守尚书左仆射致仕。性耿介，持法守正，不尚名利。

⑤ 杨于陵（753—830）：贞元间，累迁吏部郎中，拜中书舍人。被

谮，迁华州刺史、浙东观察使，发粮赈济饥民。入为京兆尹，整顿豪右窜籍禁军之弊。迁户部侍郎。元和初，出为岭南节度使。入授吏部侍郎，监察奸吏，调补平允。穆宗立，迁户部尚书、东都留守，以左仆射致仕。

⑥ 赵宗儒（746—832）：初为右拾遗，充翰林学士，再迁司门、司勋员外郎。贞元六年（790 年），主持考功，黜陟公当，无所畏忌。进考功郎中，迁给事中。十二年（796 年），进同平章事。十四年（798 年），罢为太子右庶子。二十年（804 年），迁吏部侍郎。元和中，历礼、户、刑、兵、吏部尚书。曾出镇荆南，裁冗兵两千人。长庆初，守太常卿。穆宗纵情声色，遣人取太常“师子乐”，不敢违。宰相以其怯不任事，改太子少师，后以司空致仕。

⑦ 柳公绰（765—832）：唐代大书法家柳公权之兄。历渭南尉，累迁吏部员外郎。元和时，武元衡镇西川，引为判官。受召为吏部郎中。五年（810 年），上《太医箴》，以讽谏宪宗游猎，擢拜御史中丞。六年（811 年），李吉甫执政，出为湖南观察使。八年（813 年）转鄂岳观察使。讨淮西吴元济时，自请领兵，以李听为先行都将，对军士家属厚加省问，故鄂军每战常捷。后入任给事中、京兆尹、盐铁转运使、御史大夫等。长庆元年（821 年），奏请限定敕使随从人数，以减馆驿吏民之劳，为宦官所恶，改吏部侍郎。出镇山南东道，改邠宁庆节度使。太和四年（830 年）移镇河东，善待和市回鹘军官、沙陀酋长。卒于兵部尚书任。

⑧ 右金吾将军：职掌同左金吾将军。

⑨ 鲁州：六胡州之一，在今宁夏灵武西面河曲之地。唐调露元年（679 年），在灵州（治今宁夏灵武县西南）、夏州（治今陕西靖边县北白城子）南界设鲁、丽、含、塞、依、契六州，以处突厥降户，时人称之六胡州。

⑩ 大石山：在鲁州东南。

明年[1]，请定疆候[2]，元鼎与论讷罗就盟其国，敕虏大臣亦列名于策。元鼎逾成纪[3]、武川，抵河广武梁[4]，故时城郭未隳，兰州地皆秔稻，桃李榆柳岑蔚[5]，户皆唐人，见使者麾盖，夹道观。至龙支城，耋老千人拜且泣，问天子安否，言："顷[6]从军没于此，今子孙未忍忘唐服，朝廷尚念之乎？兵何日来？"言已皆呜咽。密问之，丰州人也。过石堡城，崖壁峭竖，道回屈，虏曰铁刀城[7]。右行数十里，土石皆赤，虏曰赤岭。而信安王祎、张守珪所定封石皆仆，独虏所立石犹存[8]。赤岭距长安三千里而赢，盖陇右故地也。……曰闷怛卢川[9]，直逻娑川之南百里，臧河所流也。河之西南，地如砥，原野秀沃，夹河多柽柳[10]。山多柏，坡皆丘墓，旁作屋，赪[11]涂之，绘白虎，皆虏贵人有战功者，生衣其皮，死以旌勇，徇死者瘗其旁。度悉结罗岭，凿石通车，逆金城公主道也。至麋谷[12]，就馆。臧河之北川，赞普之夏牙也。周以枪累[13]，率十步植百长槊[14]，中剚[15]大帜为三门，相距皆百步。甲士持门，巫祝鸟冠虎带击鼓，凡入者搜索乃进。中有高台，环以宝楯[16]，赞普坐帐中，以黄金饰蛟螭[17]虎豹，身被素褐，结朝霞冒首，佩金镂剑。钵掣逋立于右，宰相列台下。唐使者始至，给事中论悉答热来议盟，大享于牙右，饭举酒行，与华制略等，乐奏《秦王破阵曲》，又奏《凉州》《胡渭》《录要》[18]、杂曲，百伎皆中国人[19]。盟坛广十步，高二尺。使者与虏大臣十余对位，酋长百余坐坛下，上设巨榻，钵掣逋升，告盟，一人自旁译授于下[20]。已歃血，钵掣逋不歃。盟毕，以浮屠重为誓，引郁金水[21]以饮，与使者交庆，乃降。

【译文】

第二年（公元822年），吐蕃请求划定疆界，刘元鼎与论纳罗前往吐蕃结盟。皇上下诏让吐蕃大臣也把名字写在策上。刘元鼎越过成纪（唐天水郡有成纪县，即今甘肃秦安）、武川，抵达黄河广武梁（今甘肃兰州西面河口），原来的城郭还没有毁坏，兰州土地都种植粳稻，桃李榆柳茂密，住户都是唐人。他们看见使者的旗帜幢盖，夹道观看。到了龙支城（今青海化隆东），上千名老人跪拜哭泣，问天子是否平安，说："以前从军沦陷在这里，如今子孙不忍心忘记唐服，朝廷还能想到我们吗？官军哪一天到来呢？"说完全都悲痛哭泣。私下问他们，才知道他们是丰州（今内蒙古五原县）人。经过石堡城（今青海湟源石城山）时，崖壁陡直，道路弯曲环绕，吐蕃称作"铁刃城"。往西行走数十里，土石全是赤色，吐蕃叫做"赤岭"。而张守珪、李行袆所定疆界的碑石全都倒在地上，只有吐蕃所立的碑石还在。赤岭距离长安有三千多里，是陇右旧地。（进入吐蕃后）有个地方叫闷惧卢川（今西藏曲水县一带），位于逻娑川（今西藏拉萨平原）正南百里，臧河（今雅鲁藏布江）流经这里。河的西南，土地平坦如同磨石，原野秀丽肥沃，河的两岸有很多红柳。山上多柏树，山坡布满了坟墓，坟墓旁建造房屋，用红色涂饰，画上白虎，全都是立有战功的吐蕃贵人，活着时身穿虎皮，死后用来表彰勇猛，殉葬者埋在旁边。越过悉结罗岭，凿石通车，是迎娶金城公主的道路。到了麋谷（在今西藏拉萨河附近），住在客馆里。臧河的北川，是赞普的夏季牙帐。周围以枪环绕、森严壁垒，每十步立一百长矛，中间插着大旗成为三门，各门之间相距一百步。士兵守门，巫祝头戴鸟冠腰系虎带击鼓，凡是进门的人要经过搜查才能进去。里面有高台，用栏杆环绕，赞普坐在帐中，帐上用黄金装饰着蛟螭虎豹，赞普身着素褐，头系朝霞头巾，佩带雕镂的金剑。钵掣逋（僧相）站在右边，宰相排列在台下。唐使者一到，给事中论悉答热前来商议会盟，在牙帐西面举行盛大宴会，进饭递酒，与中原的做法大略相同。演奏《秦王破阵曲》，又演奏《凉州》《胡渭》《绿腰》、杂曲，各种伎人全都是中原人。盟坛宽十步，高二尺。使者与吐蕃十多位大臣各处相应之位，一百多位酋长坐在盟坛下面，盟坛上陈放大榻，钵掣逋登上盟坛，宣读盟文，一人在旁边为坛下的人翻译。歃血时，钵掣逋没有参加（以僧人故）。会盟完毕，以佛再次起誓，倒上郁金水而饮，与使者互相庆贺，于是下坛。

【注释】

① 明年：长庆二年（822 年）。

② 疆候：候，通“堠”，即土堡，边境伺望侦察的设置。《后汉书·光武帝纪》下十二年：“筑亭候，修烽燧。”本传前文亦称：“边候空虚，故吐蕃得乘隙暴掠。”疆候，意近边候，泛指疆界。

③ 成纪：《新唐书·地理志》载：陇右道秦州天水郡有成纪县。当指此。金改秦安县。即今甘肃省天水市秦安县。本传自“元鼎逾成纪”起，至“元鼎所经见，大略如此”，均引自唐刘元鼎《使吐蕃经见纪略》原文（见《全唐文》卷七一六）。所不同者，本传中所有“虏”字，在原文中均作“夷”，似更合理。

④ 广武梁：在今甘肃省兰州市西部庄浪河入黄河处，即今河口。

⑤ 岑蔚：草木茂盛。宋王安石《临川集》卷九游章义寺诗云：“岑蔚鸟绝迹，悲鸣唯一蜩。”

⑥ 顷：以前。

⑦ 铁刀城：应作“铁刃城”。《资治通鉴》卷二一六天宝八载

（749 年）六月条云：“攻吐蕃石堡城，……拔之，获吐蕃铁刃悉诺罗等四百人。”此处之铁刃即指石堡城，言悉诺罗为石堡城守将。后人不察，视为人名。

⑧ 信安王祎、张守珪所定封石皆仆，独虏所立石犹存：史书中无信安王李祎封石于赤岭之记载。《册府元龟》卷九七九外臣部和亲二开元二十一年（733 年）二月条云：“金城公主上言请以今年九月一日树碑于赤岭，定蕃汉两界。……及树之日，诏张守珪、李行祎与吐蕃使莽布支同观树焉。”张守珪所树封石当即指此碑而言。本传或将“李行祎”误为信安王“李祎”。（见王忠《新唐书吐蕃传笺证》）

⑨ 曰闷怛卢川：此句与上文不衔接，前面似有缺漏。“闷怛卢川”，《旧唐书·吐蕃传》作“闷惧卢川”，《册府元龟》卷六六二奉使部绝域作“闷但卢川”。“惧”“怛”“但”形相近也。

⑩ 柽柳：柽读称，柽柳也叫红柳。

⑪ 赪：读称，红色。

⑫ 麋谷：为跋布川一城镇。（见王忠《新唐书吐蕃传笺证》）跋布川似应在拉萨河附近。

⑬ 絫：同垒。

⑭ 槊：古代兵器，枪杆比较长的矛。

⑮ 剚：读自，插入。

⑯ 楯：读吮，栏杆。

⑰ 蛟螭：蛟，传说中兴风作浪、能发洪水的龙。螭，读吃，传说中无角龙。

⑱ 录要：唐琵琶曲名。贞元时乐工进曲，德宗命录出要者，因名“录要”。或作“绿腰”“六幺”。白居易《长庆集》卷十二琵琶引：“轻拢慢撚抹复挑，初为霓裳后绿腰。”

⑲ 百伎皆中国人：显然即依唐制宴唐朝使者，然亦可见其汉化程度之深。

⑳ 钵掣逋升，告盟，一人自旁译授于下：钵掣逋，即钵阐布。告盟，即宣读誓文。钵阐布所读显系蕃文，故须“一人自旁译授于下”。

㉑ 郁金水：郁金，中药名。以水和，作咒水用，《册府元龟》卷九八一外臣部盟誓作“郁金咒水”。有人认为，唐人所称“郁金水”应是藏红花水，藏族至今仍视其为圣水。

元鼎还，虏元帅尚塔藏[①]馆客大夏川[②]，集东方节度诸将百余，置盟策台上，遍晓之，且戒各保境，毋相暴犯。策署彝泰七年[③]。尚塔藏语元鼎曰：“回鹘小国，我尝讨之，距城三日危破，会国有丧乃还，非我敌也。唐何所畏，乃厚之？”元鼎曰：“回鹘有功，且如约，未始妄以兵取尺寸地，是以厚之。”塔藏默然。元鼎逾湟水，至龙泉谷，西北望杀胡川，哥舒翰故壁多在。湟水出蒙谷，抵龙泉与河合。河之上流，繇[④]洪济梁[⑤]西南行二千里，水益狭，春可涉，秋夏乃胜舟。其南三百里三山，中高而四下，曰紫山，直大羊同国，古所谓昆仑者也，虏曰闷摩黎山，东距长安五千里，河源其间，流澄缓下，稍合众流，色赤，行益远，它水并注则浊，故世举谓西戎地曰河湟。河源东北直莫贺延碛尾殆五百里，碛广五十里，北自沙州，西南入吐谷浑浸狭，故号碛尾。隐测其地，盖剑南之西。元鼎所经见，大略如此。

【译文】

刘元鼎返回，吐蕃元帅尚绮心儿送到大夏川（今大夏河，甘肃临夏境）客馆，在这里召集东方节度众将领一百多人，把盟书放置在台上，遍告他们，并且告诫各自守卫本境，不要相互侵犯。盟书上题署是彝泰七年（赤祖德赞年号，即唐长庆元年，公元 821 年）。尚绮心儿对刘元鼎说：“回鹘是个小国，我曾经讨伐它，距离它的城郭三日路程即将攻克，恰逢本国赞普去世于是撤回，它不是我的对手。唐为何畏惧它，而要厚待它呢？”刘元鼎说：“回鹘有功，并且守约，从不随便出兵夺取尺寸土地，所以厚待它。”尚绮心儿无话可说。刘元鼎渡过湟水，到达龙泉谷，西北可以望见杀胡川，哥舒翰原来的军垒大多还在。湟水流经蒙谷，到龙泉与黄河汇合。黄河的上流，在由洪济梁（今青海贵德境）往西南行走两千里之地，水面更加狭窄，春季可以步行涉水，夏秋二季方可行船。河的南面三百里处有三座山，中间高而四周低，叫做紫山，通往大羊同国，是古时所说的昆仑，吐蕃叫做闷摩黎山。东面距离长安五千里，黄河发源于山中，清流缓缓流出，逐渐汇合众多河流，水变成赤色，流程越远，其他水流不断注入使河水更加浑浊，因而世人都把西戎之地叫做河湟。河源东北到莫贺延碛尾（今新疆罗布泊一带）大约五百里，大漠宽五十里，北面从沙州（今甘肃敦煌）西南进入吐谷浑逐渐狭窄，所以叫做碛尾。推测此地的大致位置，应该在剑南的西面。刘元鼎所经所见，大概如此。

【注释】

① 尚塔藏：《旧唐书·吐蕃传》作“尚绮心儿”，以“尚绮心儿”为是。

② 大夏川：今大夏河，河州（治今甘肃省临夏市）之名即源自此河。河州当时为吐蕃东方政治文化中心，其东道元帅即驻扎于此。

③ 彝泰七年：王尧《吐蕃金石录》中对唐蕃会盟碑背面藏文之汉译云：“结此千秋万世福乐大和盟约于唐之京师西隅兴唐寺前，时大蕃彝泰七年，大唐长庆元年，即阴铁牛年（辛丑）冬十月

十日，双方登坛，唐廷主盟。又盟于吐蕃逻些东哲堆园，时大蕃彝泰八年，大唐长庆二年，即阳水虎年（壬寅）夏五月六日也，双方登坛，吐蕃主盟。其立石镌碑于此，为大蕃彝泰九年，大唐长庆三年，即阴水兔年（癸卯）春二月十四日事也，树碑之日，观察使为唐之御史中丞杜载与赞善大夫高某某等参与告成之礼。同一盟文之碑亦树于唐之京师云。”彝泰七年，当唐长庆元年，据此推算，彝泰元年当唐元和十年（815 年），即赤祖德赞（khri gtsug lde btsan）即位之年。可见“彝泰”是赤祖德赞（另译“可黎可足”）的年号。“彝泰”系藏文 skyid rtag 之音译，意译则为“长安”“永乐”，亦与“彝泰”之义相近。这是所有吐蕃赞普中唯一见于记载的年号，疑即仿自唐人。

④ 繇：同由。

⑤ 洪济梁：洪济城，在今青海省海南州贵德县西。

虏遣论悉诺息等入谢，天子命左卫大将军令狐通、太仆少卿杜载答之。是岁[①]，尚绮心儿以兵击回鹘、党项，小相尚设塔率众三万牧马木兰梁。比岁[②]，使者献金盎、银冶犀、鹿，贡犛牛。

【译文】

吐蕃派遣论悉诺息等人入朝谢恩，天子命左卫大将军令狐通、太仆少卿杜载回访吐蕃。这一年（公元 822 年），尚绮心儿率兵攻打回鹘、党项，小相尚设塔率领三万兵众在木兰梁牧马。此后几年，吐蕃使者进献金盎、银犀、银鹿，进贡牦牛。

【注释】

① 是岁：当为长庆二年（822 年）。《旧唐书·吐蕃传》云，（长庆）二年六月，“刘元鼎自吐蕃使回”。“时吐蕃遣使论悉诺息

等随元鼎来谢，命太仆少卿杜载使以答之”。又因杜载曾参与长庆三年（823 年）逻些唐蕃会盟碑之树立，当亦于二年（822 年）出使。

② 比岁：下文所述，当为长庆三年（823 年）、四年（824 年）之事。

宝历至大和[①]，再遣使者朝。五年[②]，维州守将悉怛谋挈城以降，剑南西川节度使李德裕[③]受之，收符章仗铠，更遣将虞藏俭据之。州南抵江阳岷山，西北望陇山，一面崖，三涯江，虏号无忧城，为西南要捍。会牛僧孺当国，议还悉怛谋，归其城。吐蕃夷诛无遗种，以怖诸戎[④]。自是比五年[⑤]虏使来，必报。所贡有玉带、金皿、獭褐、犛牛尾、霞氎[⑥]、马、羊、橐它。

【译文】

宝历至大和年间（公元 825 至 827 年），吐蕃一再派遣使者前来朝见。大和五年（公元 831 年），维州（今四川理县东北薛城）守将悉怛谋率城投降，剑南西川节度使李德裕受降，收缴符章兵器铠甲，另外派遣将领虞藏俭驻守维州。维州南面抵达江北的岷山，西北可以望见陇山，一面是崖，三面临江，吐蕃称作无忧城，是西南的重要屏障。时逢牛僧孺执掌朝政，商议决定送回悉怛谋，归还维州城。吐蕃把投降的人全部杀死，以此恐吓西南诸戎。从此连续几年吐蕃派使者前来朝见，朝廷一一回访。吐蕃所进献的有玉带、金皿、獭褐、牦牛尾、红氆氇、马、羊、骆驼。

【注释】

① 宝历至大和：宝历元年即公元825年，二年即826年。宝历三年即大和元年，公元827年。

②（大和）五年：公元831年。

③ 李德裕（787—850）：其父李吉甫，曾任宰相，并著有《元和郡县志》等。德裕自幼苦学，善为文，以荫补校书郎。元和十四年（819年），入为监察御史。穆宗时，擢翰林学士，拜中书舍人、知制诰，重大诏诰，皆出其手。长庆二年（822年）遭宰相李逢吉排挤，出为浙西观察使。领治六州凡八年，改革弊政，整顿开支，端正民俗，奏罢度僧侣，废淫祠千余所。敬宗即位，诏浙西织献缭绫千匹，拒不奉诏。文宗立，召为兵部侍郎。被李宗闵排斥，出为郑、滑节度使，徙剑南西川节度。缮甲厉兵，以农战守蜀，移风易俗，颇有政绩。大和五年（831年），奏纳吐蕃维州守将归附，执政牛僧孺拒之，迫令还维州及其守将于吐蕃。次年，文宗悔维州之失，召入朝，以兵部尚书同平章事，牛僧孺、李宗闵相继罢相。此后为朋党事，又三度镇浙西。开成二年（837年），为淮南节度使。武宗立，召为门下侍郎、同平章事。佐武宗讨平泽潞刘稹，以功拜太尉，进封卫国公。又罢郡县冗官二千余员，打击牛僧孺、李宗闵，流之岭南。宣宗即位，罢相，贬潮州司马，再贬崖州司户，卒于任所。

④ 吐蕃夷诛无遗种，以怖诸戎：大和五年（831年），吐蕃维州守将悉怛谋率所部并州印甲仗，空垒来降，剑南西川节度使李德裕受之，遣部将虞藏俭领兵马入据其城，同时飞报朝廷。宰相牛僧孺以党争私怨而拒之，以为与吐蕃盟约，不可违背，迫令将悉怛谋及其所部执送回去，由吐蕃自裁。送还之人，更遭蕃帅讥诮云："既已降彼，何须送来？"将所有降人，戮于汉界之上，恣行残忍，乃至掷其婴孩，承以枪槊。吐蕃企图以此行径，

恐吓西南诸羌。

⑤ 自是比五年："五"字疑为衍文。

⑥ 霞氎：氎，读迭。霞氎，即吐蕃产之红色毛织品，亦称红氆氇。

赞普立几三十年，病不事，委任大臣，故不能抗中国，边候晏然。死，以弟达磨嗣[①]。达磨嗜酒，好畋猎[②]，喜内，且凶愎少恩，政益乱。开成四年[③]，遣太子詹事李景儒往使，吐蕃以论集热来朝，献玉器羊马。自是国中[④]地震裂，水泉涌，岷山崩；洮水逆流三日，鼠食稼，人饥疫，死者相枕藉。鄯、廓间夜闻鼙鼓[⑤]声，人相惊。

【译文】

赞普（赤祖德赞）在位近三十年（实际是二十一年），患病不处理政事，委任大臣，所以不能与中原对抗，边塞安宁。赞普死（公元 836 年），其弟达磨（另译达玛）继位。达磨贪酒，爱好打猎，喜欢女色，而且凶狠任性缺少恩惠，朝政更加混乱。开成四年（公元 839 年），朝廷派遣太子詹事李景儒出使吐蕃，吐蕃令论集热前来朝见，进献玉器羊马。从那时起吐蕃国中地震裂缝，水泉喷涌，岷山崩塌，洮水倒流三天，鼠吃庄稼，百姓饥饿，发生瘟疫，死去的人纵横叠压。鄯（今青海乐都）、廓（今青海尖扎北）之间晚上可以听见鼙鼓声，百姓惊恐。

【注释】

①（赞普）死，以弟达磨嗣：已故赞普为赤祖德赞（khri gtsug lde btsan），815—836 年在位。《布顿佛教史》云："由于（赞普赤祖德赞）献国政于出家人，引起不信佛大臣的忿怒，他们密谋

破坏善法戒律，将出家的王子臧玛流放到卓木，离间说王妃昂茨玛与钵阐布贝吉云丹私通，杀害钵阐布，王妃自尽。赞普自己在三十六岁那年，被拔加多热和觉若勒扎二人扭脖颈致死。”嗣位赞普为达玛·邬东赞（dar ma vu dum btsan），约836至841年在位。《资治通鉴》卷二四六文宗开成三年（838年）云：“达磨荒淫残虐，国人不附，灾异相继，吐蕃益衰。”一些藏文史籍称达玛为“朗达玛”，“朗”意为牛。

② 畋猎：畋，读田，书面语，打猎。

③ 开成四年：公元839年。

④ 国中：指吐蕃国中。

⑤ 鼙鼓：鼙，读皮，鼙鼓即军队中用的小鼓。

会昌二年[①]，赞普死[②]，论赞热等来告，天子命将作监[③]李璟吊祠。无子，以妃綝兄尚延力子乞离胡为赞普[④]，始三岁，妃共治其国。大相结都那[⑤]见乞离胡不肯拜，曰：“赞普支属尚多，何至立綝氏子邪？”哭而出，用事者共杀之。

【译文】

会昌二年（公元842年），赞普（达玛）死，论赞热等人前来告哀，天子命将作少监李璟吊祭。赞普没有儿子，立綝妃之兄尚延力的儿子乞离胡为赞普，方三岁，綝妃参预治理国政。大相结都那见乞离胡不肯行拜，说：“赞普的亲属还很多，为什么要立綝氏之子呢？”他哭着走出，执政的人杀死了他。

【注释】

① 会昌二年：公元842年。

② 赞普死：此已故赞普当为达玛·邬东赞（dar ma vu dum btsan）。《布顿佛教史》叙述了达玛死时情形：叶尔巴拉日宁波山有位

正在禅修的拉隆贝吉多杰，知道灭法事后，用炭涂黑所骑白马，身着外黑里白的大氅，挟着铁弓铁箭，来到拉萨。他见赞普正在甥舅和盟碑前念颂碑文，便来到赞普前，借上前礼拜，第一拜暗中拉开铁弓，第二拜搭箭上弦，第三拜放箭射中藏王胸部，并言道："我是雅协那波魔，要杀罪恶王，当做如是杀！"说毕逃走。

③ 将作监：《旧唐书·吐蕃传》作"将作少监"。《资治通鉴》卷二四六会昌二年（842 年）亦作"将作少监"。当以"将作少监"为是。将作监，既是掌土木工程建筑的机构名，又是该机构主官名。将作监，置监一人，从三品；少监二人，从四品下。

④ 乞离胡为赞普：藏文教法史料记载，达玛小妃蔡邦妃赞莫潘生一遗腹子，因疑长妃夺杀，故常以灯光护卫，于是称其名为囊德欧松（gnam lde vod srung）。长妃那囊妃亦声称产有一子，名为赤德云登（khri lde yum brtan），意为"母后坚持而得到承认"。后二支系裂土割据，相互攻伐，吐蕃进入黑暗时期。然而在敦煌古藏文卷子中，仅出现有欧松及其母后赞莫潘之名，未见有赤德云登之名。欧松继位后，按例其赞普号为"赤欧松"（khri vod srung），"赤欧"二字亦可译作"乞离胡"（即译"赤"为"乞离"，译"欧"为"胡"）。英国藏学家理查逊氏（H. E. Richardson）疑教法史料所提云登者，可能并不存在，乃附会伪造而出。（见林冠群《唐代吐蕃赞普位继承之研究》《吐蕃赞普墀祖德赞研究》）

⑤ 大相结都那："结都那"当即"韦·结都离达聂"（dbas rgyal to re stag snyes）。"结都那"为"结都离达聂"之另译。他是达玛赞普时期的大相。

别将尚恐热[①]为落门川[②]讨击使，姓末，名农力，"热"犹中国号"郎"也，谲诡善幻，约三部得万骑，击鄯州节度使尚婢婢，略地至渭州，与宰相尚与思罗战薄寒山。思罗败走松州，合苏毗、吐浑、羊同兵八万保洮河自守，恐热谓苏毗等曰："宰相兄弟杀赞普，天神使我举义兵诛不道，尔属乃助逆背国耶?"苏毗等疑而不战，恐热麾轻骑涉河，诸部先降，并其众至十余万，禽思罗缢杀之。

【译文】

别将尚恐热任落门川（今甘肃武山东洛门）讨击使，姓朱，名农力，"热"犹如中原所说的"郎"。他诡诈善变，聚集三部得到上万名骑兵，攻打鄯州（今青海乐都）节度使尚婢婢，掠夺土地直到渭州（今甘肃陇西东南），与宰相尚与思罗在薄寒山交战。尚与思罗败走松州（今四川松潘），纠集苏毗、吐谷浑、羊同八万兵众依据洮河自守，尚恐热对苏毗等说："宰相兄弟杀死赞普，天神派我举义兵诛杀无道，你们要帮助逆臣背叛国家吗?"苏毗等疑惑而不出战，尚恐热指挥轻骑过河，各部先投降，尚恐热兼并他们的兵众达十多万，擒获尚与思罗并勒死了他。

【注释】

① 尚恐热：王忠认为，《布顿佛教史》言弑赤祖德赞赞普之大臣有拔加多热，拉达克王世系载其全名为 dbas do re stag sna，似即尚恐热。也有人认为，尚恐热姓末，与苏毗王室同姓，应是苏毗王室后裔。

② 落门川：今甘肃省天水市武山县东落门。此地离渭州（治今甘肃省定西市陇西县）不远，尚恐热故能"略地至渭州"。

婢婢，姓没卢[①]，名赞心牙，羊同国人，世为吐蕃贵相，宽厚，略通书记，不喜仕，赞普强官之。三年[2]，国人以赞普立非是，皆叛去。恐热自号宰相，以兵二十万击婢婢，鼓犛、牛马、橐它联千余里，至镇西军[3]，大风雷电，部将震死者十余人，羊、马、橐它亦数百。恐热恶之，按军不进。婢婢闻之，厚币诒[4]书约欢，恐热大喜曰："婢婢，书生，焉知军事。我为赞普，当以家居宰相处之。"于是退营大夏川。婢婢遣将庞结心、莽罗薛吕击恐热于河州之南，伏兵四万，结心据山射书极骂，恐热怒甚，盛兵出斗。结心伪北，恐热追至数十里，莽罗薛吕以伏兵衷击[5]，大风雨，河溢，溺死甚众，恐热单骑而逃。既不得志，尤猜忍杀戮，部将岌藏、丰赞皆降，婢婢厚遇之。明年[6]，恐热复攻鄯州，婢婢分兵五道拒守，恐热保东谷[7]山，坚壁不出。岌藏缭[8]以重栅，断汲道，旬日，恐热走薄寒山，募散卒稍至，得数千人，复战鸥鸡山[9]，再战南谷，皆大败。兵拏[10]仍岁不解。

【译文】

尚婢婢，姓没卢，名赞心牙，住牧于羊同国，世代任吐蕃贵相。他为人宽厚，略通书籍，不喜做官，赞普强使他任官。会昌三年（公元843年），国人以为赞普继立不合法，纷纷背叛逃离。尚恐热自称宰相，调发二十万兵众攻打尚婢婢，鼓犛、牛马、骆驼绵延上千里，到了故镇西军驻地（今甘肃临夏），大风雷电，部将十多人被震死，羊、马、骆驼也震死数百。尚恐热厌恶此事，按兵不动。尚婢婢听说后，赠送大量财物并送书信求和，尚恐热十分高兴地说："尚婢婢是书生，哪里懂得军事。如果我做赞普，定要任他为朝内宰相。"于是退到大夏川（今甘肃大夏河）安营。尚婢婢派遣部将庞结心、莽罗薛吕在河州（今甘肃临夏）的南面攻打尚恐热，埋伏下四万兵众，庞结心登到山上射书痛骂，尚恐热大怒，举兵出战。庞结心假装败退，尚恐热追赶了几十里，莽罗薛吕率领伏兵冲上围歼，此时风雨大作，河水溢出，淹死甚多，尚恐热只身骑马逃走。他既然不得志，便更加残暴无情肆意杀戮，部将岌藏、丰赞全都投降，尚婢婢以厚礼接待他们。第二年（公元 844 年），尚恐热再次攻打鄯州（今青海乐都），尚婢婢兵分五路抵御守卫，尚恐热驻军东谷山（今甘肃临夏东南十五里），坚守营垒而不出战。岌藏用重重栅栏环绕围困，切断取水道路，经十多天，尚恐热败走薄寒山，招募逐渐来到的散兵，得到数千人，又在鹖鸡山交战，再在南谷交战，全都大败，战乱连年不息。

【注释】

① 婢婢，姓没卢：在吐蕃各氏族部落中，经常与王室悉补野氏联姻者，有没卢氏（vbro）、琛氏（mchims）、那囊氏（sna nam）及蔡邦氏（tshe spongs）。没卢氏先后有多人出任吐蕃大相，如没卢穷桑俄芒、没卢乞力苏然夏、没卢绮心儿达囊等。王忠认为，没卢氏为吐蕃重要官族，而羊同则为吐蕃属部，尚婢婢不会是羊同国人。疑羊同本部归没卢氏统辖，而尚婢婢即住牧于羊同国，故本传即以其住牧之地为其籍贯。（见王忠《新唐书吐蕃传笺证》）

②（会昌）三年：公元 843 年。

③ 镇西军：指故镇西军驻地河州，即今甘肃省临夏市。

④ 诒：同贻，赠送。

⑤ 衷击：衷，本指贴身的内衣，引申为包围在里边。衷击，可理解为围歼。“衷击”，或当作“裹击”，俗称“包饺子”。

⑥ 明年：会昌四年（844 年）。

⑦ 东谷：《资治通鉴》卷二四七胡三省注引九域志：“河州东南一

十五里有东谷堡，宋熙宁七年置。”东谷，应即东谷堡。

⑧ 缭：围绕。

⑨ 鹖鸡山：鹖，读和，鹖鸡即褐马鸡。此处为山名。

⑩ 兵挐：挐，读拿，书面语，纷乱之意。兵挐，即战乱。

大中三年[①]，婢婢屯兵河源[②]，闻恐热谋度河，急击之，为恐热所败。婢婢统锐兵扼桥，亦不胜，焚桥而还。恐热间出鸡项岭关[③]，冯[④]硖为梁攻婢婢，至白土岭，败其将尚铎罗榻藏，进战犛牛硖。婢婢将烛卢巩力欲负硖自固以困恐热，大将磨离罴子不从，乃辞疾先归。罴子急击恐热，一战而死。婢婢粮尽，引众趋甘州西境，以拓拔怀光居守，恐热麾下多归之。

【译文】

大中三年（公元849年），尚婢婢在河源（故河源军驻地，今青海西宁东南）驻军，听说尚恐热企图渡河，立即前去攻打，结果被尚恐热击败。尚婢婢统领精兵据守桥梁，再次失败，焚烧桥梁后返回。尚恐热从小路出鸡项岭关，凭借峡谷架桥攻打尚婢婢，到达白土岭，打败尚婢婢将领尚铎罗榻藏，进兵在牦牛峡交战。尚婢婢将领烛卢巩力，想依山峡固守不出而使尚恐热疲惫，大将磨离罴子不听，烛卢巩力便推托有病而先返回。磨离罴子猛攻尚恐热，一战而死。尚婢婢粮尽，率领兵众前往甘州（今甘肃张掖）西境，让拓拔怀光留守，尚恐热部下多投归他。

【注释】

① 大中三年：公元849年。

② 河源：指故河源军驻地，在今青海省西宁市东南。

③ 鸡顶岭关：当作“鸡项岭关”。《资治通鉴》卷二四九大中四年（850年）条胡三省注引水经注：“左南津西六十里有白土城，城西北有白土川水。其地在唐河州凤林县西。以此推之，鸡项关亦在河州界。”河州治今甘肃省临夏市。

④ 冯：同凭。

恐热大略鄯、廓、瓜、肃、伊、西等州[①]，所过捕戮，积尸狼藉[②]，麾下内怨，皆欲图之。乃扬声将请唐兵五十万共定其乱，保渭州，求册为赞普，奉表归唐。宣宗诏太仆卿[③]陆耽持节慰劳，命泾原、灵武、凤翔、邠宁、振武等兵迎援。恐热既至，诏尚书左丞[④]李景让就问所欲。恐热倨夸自大，且求河渭节度使，帝不许。还过咸阳桥[⑤]，咄叹曰：“我举大事，觊得济此河与唐分境。”于是复趋落门川收散卒，将寇边，会久雨粮绝，恐热还奔廓州。

【译文】

尚恐热大举侵掠鄯（今青海乐都）、廓（今青海尖扎北）、瓜（今甘肃瓜州）、肃（今甘肃酒泉）、伊（今新疆哈密）、西（今新疆吐鲁番东南）等州，所经之地拘捕杀戮，死尸散乱堆积，部下内心怨恨，都想要除掉他。尚恐热于是扬言将请唐兵五十万共同平定叛乱，占据渭州（今甘肃陇西东南），请求唐朝册封他为赞普，奉表归附唐朝。宣宗下诏令太仆卿陆耽持节慰劳，命泾原、灵武、凤翔、邠宁、振武等军迎接援助。尚恐热来到后，下诏令尚书左丞李景让前去询问他有什么要求。尚恐热傲慢自大，并且要求任河渭节度使，皇帝没有答应。尚恐热回去经过咸阳桥（今陕西咸阳西南渭水上），叹息说：“我举大事，希望能渡过此河与唐划分疆界。”于是又前往落门川

（今甘肃武山东洛门）收集散兵，将要侵犯边地时，逢久雨粮尽，尚恐热只好奔还廓州（今青海尖扎北）。

【注释】

① 鄯、廓、瓜、肃、伊、西等州：鄯州治今青海省海东市乐都区，安史乱后陷于吐蕃。廓州治今青海省黄南州尖扎县北，758 年陷于吐蕃。瓜州治今甘肃省酒泉市瓜州县（原安西县），776 年陷于吐蕃。肃州治今甘肃省酒泉市，766 年陷于吐蕃。伊州治今新疆哈密市，762 年陷于吐蕃。西州治今新疆吐鲁番市东南高昌故城，791 年陷于吐蕃。

② 所过捕戮，积尸狼藉：《资治通鉴》卷二四九大中四年（850 年）九月条云："恐热闻婢婢弃鄯州，自将轻骑五千追之，至瓜州，闻怀光守鄯州，遂大掠河西鄯、廓等八州，杀其丁壮，劓刖其羸老及妇人，以槊贯婴儿为戏，焚其室庐，五千里间，赤地殆尽。"

③ 太仆卿：太仆寺长官，从三品，掌舆马及牧畜之事。

④ 尚书左丞：尚书省属官。唐尚书省不设尚书令，有左右仆射（从二品）各一人，总统省事；左右丞（从四品）各一人，掌省内诸司纠驳。左丞总吏、户、礼三部十二司，右丞总兵、刑、工三部十二司。

⑤ 咸阳桥：在今陕西省咸阳市西南渭水上。因在唐咸阳县西南，长安城西渭水上，且与长安城便门相对，故名咸阳桥，亦名西渭桥或便桥。

于是凤翔节度使李玭复清水；泾原节度使康季荣复原州，取石门等六关，得人畜几万；灵武节度使李钦取安乐州，诏为威州；邠宁节度使张钦绪复萧关；凤翔收秦州；山南西道节度使郑涯得扶州[①]。凤翔兵与吐蕃战陇州，斩首五百级。是岁[②]，河、陇高年千余见阙下，天子为御延喜楼，赐冠带，皆争解辫易服。因诏差赐四道[3]兵，录有劳者；三州[4]七关地腴衍[5]者，听民垦蓺，贷[6]五岁赋；温池[7]委度支榷其盐，以赡边；四道兵能营田者为给牛种[8]，戍者倍其资饷，再岁一代[9]；商贾往来于边者，关镇毋何留；兵欲垦田，与民同[10]。

【译文】

于是凤翔节度使李玭收复清水（今甘肃清水）；泾原节度使康季荣收复原州（今宁夏固原），攻取石门等六关，获人口牲畜几万；灵武节度使李钦攻取安乐州（今宁夏中宁鸣沙乡），下诏改为威州；邠宁节度使张钦绪收复萧关（今宁夏同心东南）；凤翔收复秦州（今甘肃天水）；山南西道节度使郑涯占领扶州（今四川黄龙寺）。凤翔军与吐蕃在陇州（今陕西陇县）交战，斩首五百级。这一年（公元 849 年），河、陇一千多老人到京师谒见，天子为此亲临延喜楼接见，赐给他们冠带，他们都争相解开发辫更换衣服。皇上下诏分别赐四道（泾原、邠宁、灵武、凤翔四节度）兵，论功行赏；三州（秦、原、安乐州）七关（原州界石门、驿藏、制胜、石峡、木靖、木峡、六盘七关）土地肥美富饶之处，听任百姓开垦种植，免除五年赋税；温池（今宁夏盐池）交付度支掌管收取盐利，用来供给边境；四道兵能够屯田的给牛及种子，三州七关镇戍士兵，加倍供给衣粮，仍二年一替换；士兵之父兄子弟，如要垦辟种田，与百姓等同。

【注释】

① 复清水、复原州、取安乐州、复萧关、收秦州、得扶州：清水，即清水县，治今甘肃省天水市清水县西北。原州，治今宁夏固

原市。安乐州，治今宁夏中卫市中宁县鸣沙乡。萧关，即萧关县，治今宁夏吴忠市同心县东南。秦州，治今甘肃省天水市。扶州，治今四川省阿坝州松潘县东之黄龙寺。

② 是岁：大中三年（849 年）。

③ 四道：指泾原、邠宁、灵武、凤翔四节度。

④ 三州：指秦州、原州、安乐州。

⑤ 腴衍：腴，肥美，膏腴之地。衍，书面语，低而平坦之地。

⑥ 贷：饶恕、宽恕、免除之意。

⑦ 温池：《资治通鉴》卷二四八大中三年（849 年）条胡三省注云："神龙元年置温池县，属灵州，是年度属威州，县有盐池。"

⑧ 四道兵能营田者为给牛种：《资治通鉴》卷二四八大中三年（849 年）条云："四道将吏能于镇戍之地营田者，官给牛及种粮。"

⑨ 戍者倍其资饷，再岁一代：《资治通鉴》卷二四八大中三年（849 年）条云："其三州、七关镇戍之卒，皆倍给衣粮，仍二年一代。"倍给衣粮，言衣粮倍于其他戍卒。仍二年一代，言仍二年一替换。

⑩ 兵欲垦田，与民同：诏书原意为，士兵之父兄子弟，如要垦辟种田，依百姓例处分。非指士兵本人。本传记述有误。

初，太宗平薛仁杲，得陇上地；虏李轨，得凉州；破吐谷浑、高昌，开四镇。玄宗继收黄河积石、宛秀等军，中国无斥候警者几四十年。轮台、伊吾屯田，禾菽弥望。开远门[①]揭候[②]署曰"西极道九千九百里"，示戍人无万里行也。乾元后[③]，陇右、剑南、西山三州七关军镇监牧三百所皆失之。宪宗[④]常览天下图，见河湟旧封，赫然思经略之，未暇也[⑤]。至是群臣奏言："王者建功立业，必有以光表于世者。今不勤一卒，血一刃，而河湟自归，请上天子尊号。"帝[⑥]曰："宪宗尝念河、湟，业未就而殂落[7]。今当述祖宗之烈，其议上顺、宪二庙谥号[8]，夸显后世。”又诏：“朕姑息民，其山外诸州，须后经营之。”

【译文】

当初，太宗讨平薛仁杲，获得陇上土地；俘虏李轨，取得凉州；打败吐谷浑、高昌，开置四镇。玄宗相继收取黄河积石、宛秀等军，中原不设斥候报警将近四十年。轮台、伊吾屯田，庄稼望不到边。长安城西北角开远门上大字写明“到最西境道路九千九百里”，这是向守边官兵表示不需要到万里以外。乾元（公元758年）以后，陇右、剑南西山三州七关军镇监牧三百处全部失陷。宪宗经常观览天下地图，见河湟旧界，发愤筹划谋取，然而无暇顾及。到这时群臣上奏说：“帝王建功立业，必定有显扬荣耀于世的作为。如今不出一兵，不杀一人，而河湟自归，请给天子上尊号。”皇帝说：“宪宗曾经顾念河湟，功业未成而身先死。今日应当追述祖宗的功业，请议定上顺、宪二庙谥号，以显扬后世。”又下诏：“朕暂且让百姓休养生息，山外各州，待以后筹划谋取。”

【注释】

① 开远门：长安城西面北头第一门。

② 揭候：或有大字路标之意。

③ 乾元后：乾元元年（758年）以后。

④ 宪宗：唐宪宗李纯，806—820年在位。

⑤ 赫然思经略之，未暇也：赫然，奋发貌；未暇，即因内攘藩镇，国力过于疲弊，而其在位时日又较短，不暇休息。

⑥ 帝：指唐宣宗李忱，847—859年在位。

⑦ 殂落：殂，读粗，二声。殂落，死亡。

⑧ 上顺、宪二庙谥号：《资治通鉴》卷二四八大中三年（849 年）闰十一月条云："追上顺宗谥曰至德弘道大圣大安孝皇帝，宪宗谥曰昭文章武大圣至神孝皇帝。"

明年[①]，沙州首领张义潮[②]奉瓜、沙、伊、肃、甘等十一州[③]地图以献。始，义潮阴结豪英归唐，一日，众擐甲噪州门，汉人皆助之，虏守者惊走，遂摄州事。缮甲兵，耕且战，悉复余州。以部校十辈皆操挺[④]，内表其中[⑤]，东北走天德城[⑥]，防御使李丕以闻。帝嘉其忠，命使者赍诏收慰，擢义潮沙州防御使[⑦]，俄号归义军，遂为节度使。其后河、渭州虏将尚延心以国破亡，亦献款。秦州刺史高骈诱降延心及浑末部万帐，遂收二州，拜延心武卫将军。骈收凤林关，以延心为河、渭等州都游弈使[⑧]。

【译文】

第二年（公元 851 年），沙州（今甘肃敦煌）首领张义潮奉瓜（今甘肃瓜州）、沙（今甘肃敦煌）、伊（今新疆哈密）、肃（今甘肃酒泉）、甘（今甘肃张掖）等十一州地图进献。当初，张义潮暗中交结英豪归唐，一天，众人身穿铠甲在州门外喧闹起事，汉人都帮助他们，守卫的吐蕃官兵惊恐逃走，于是张义潮代掌州政。他整治武备，边耕边战，收复了其余各州。派遣十名忠诚精干的武官，身藏进表，向东北走到天德城（今内蒙古五原县），防御使李丕将此事奏报朝廷。皇帝称赞张义潮忠诚，命使者携带诏书前去接收慰劳，升任张义潮为沙州防御使，不久称归义军，于是任节度使。此后河州（今甘肃临夏）、渭州（今甘肃陇西东南）吐蕃将领尚延心因为国家破亡，也前来投诚。秦州（今甘肃天水）刺史高骈诱降尚延心及浑末部（吐蕃奴部）万帐，于是收复河、渭二州，任尚延心为武卫将军。高骈收复凤林关（今甘肃临夏县南），任尚延心为河渭等州都游弈使。

【注释】

① 明年：当为大中五年（851 年）。

② 张义潮（799—872）：一作张议潮。安史乱后，河西、陇右诸州为吐蕃占据。大中二年（848 年），乘吐蕃内乱之机，于沙州率众驱逐吐蕃镇将，占领沙州和晋昌（即瓜州），随即遣使向唐告捷。五年（851 年），宣宗任之为沙州防御使。时已控制沙、瓜、伊、西、甘、肃、兰、鄯、河、岷、廓等十一州之地。是年，其兄张议潭等携十一州地图户籍入朝。宣宗于沙州置归义军，任其为归义军节度使兼十一州营田、处置、观察等使。咸通二年（861 年），率蕃汉兵收复凉州。七年（866 年），收复西州、轮台、清镇等城，吐蕃势力全被逐出河西、陇右之地。八年（867 年），入朝，拜右神武统军，赐田宅于京师。其侄淮深代守归义。后卒于京。

③ 瓜、沙、伊、肃、甘等十一州：指沙、瓜、伊、西、甘、肃、兰、鄯、河、岷、廓等十一州。沙州，治今甘肃省敦煌市西。瓜州，治今甘肃省酒泉市瓜州县东南。伊州，治今新疆哈密市。西州，治今新疆吐鲁番市东南。甘州，治今甘肃省张掖市。肃州，治今甘肃省酒泉市。兰州，治今甘肃省兰州。鄯州，治今青海省海东市乐都区。河州，治今甘肃省临夏市。岷州，治今甘肃省定西市岷县。廓州，治今青海省黄南州尖扎县北。

④ 操挺：操，操守、品行。挺，超出于众。

⑤ 内表其中：内，同纳。表，进表。内表其中，即身藏进表。

⑥ 天德城：唐天宝年间筑城置军，名天德军，在今内蒙古巴彦淖尔市乌拉特前旗阿拉奔附近。乾元（758 年）后移治于西一百

八十里之西受降城（今五原县附近）。

⑦ 防御使：武官名。武则天时，始置于边地。安史之乱后，分设于中原诸军事要地。掌本区军务，以防御寇乱。常以本州刺史兼领，或与团练使互兼。

⑧ 游弈使：唐置于边地掌巡逻侦察的武官。

咸通二年[①]，义潮奉凉州来归。七年[②]，北庭回鹘仆固俊击取西州，收诸部。鄯州城使张季颙与尚恐热战，破之，收器铠以献。吐蕃余众犯邠、宁，节度使薛弘宗却之。会仆固俊与吐蕃大战，斩恐热首，传京师。

【译文】

咸通二年（公元861年），张义潮奉献凉州（今甘肃武威）前来归附。咸通七年（公元866年），北庭（今新疆吉木萨尔北）回鹘仆固俊攻取西州（今新疆吐鲁番东南），获得各部。鄯州（今青海乐都）城使张季颙与尚恐热交战，打败了他，收缴器械铠甲进献。吐蕃余部侵犯邠（今陕西彬县）、宁（今甘肃宁县），节度使薛弘宗打退他们。时逢仆固俊与吐蕃大战，斩尚恐热首级，传送到京师。

【注释】

① 咸通二年：公元861年。

②（咸通）七年：公元866年。

八年[①]，义潮入朝，为右神武统军，赐第及田，命族子[②]淮深守归义。十三年[③]卒。沙州以长史曹义金[④]领州务，遂授归义节度使。后中原多故，王命不及，甘州为回鹘所并，归义诸城多没。

【译文】

咸通八年（公元867年），张义潮入朝，任命他为右神武统军，赐给宅第及田地，命其兄弟之子张淮深守卫归义军（今甘肃敦煌）。咸通十三年（公元872年），张义潮去世。沙州（今甘肃敦煌）任用长史曹义金统领州政，于是授他归义节度使（此为公元924年事）。以后中原多事，朝命不能抵达，甘州（今甘肃张掖）被回鹘吞并，归义各城大多沦陷。

【注释】

①（咸通）八年：公元867年。

② 族子：同族兄弟之子。

③（咸通）十三年：公元872年。张义潮于此年卒后，以兄议潭之子淮深为留后，僖宗乾符元年（874年）授归义军节度使。昭宗大顺元年（890年），张义潮女婿索勋杀淮深及其子延晖等七人，自为留后。景福元年（892年），朝命索勋为河西道归义军节度使。后张义潮第十四女、凉州司马李明振之妻出定其难，率将士诛索勋，请于朝。光化三年（900年）制以张义潮孙张承奉为节度使。至天复末（907年）承奉仍以河西节度使奉唐正朔。张氏自义潮于大中初复沙州，至唐末，凡历三世约六七十年。（见王忠《新唐书吐蕃传笺证》）

④ 曹义金：并非张义潮卒后曹义金即领州务。曹义金领州务，事在924年。《资治通鉴》卷二七三后唐纪庄宗同光二年（924年）五月条云："乙丑，以权知归义留后曹义金为节度使。时瓜、沙与吐蕃杂居，义金遣使间道入贡，故命之。"《新五代史》卷七十四之四夷附录第三吐蕃传云："至唐庄宗时，回鹘来朝，沙州留后曹义金亦遣使附回鹘以来，庄宗拜义金为归义

军节度使、瓜沙等州观察处置等使。晋天福五年，义金卒，子元德立。至七年，沙州曹元忠、瓜州曹元深皆遣使来。”晋天福五年，即公元940年。

浑末，亦曰嗢末[①]，吐蕃奴部也。虏法，出师必发豪室，皆以奴从，平居散处耕牧。及恐热乱，无所归，共相啸合数千人，以嗢末自号，居甘、肃、瓜、沙、河、渭、岷、廓、叠、宕间，其近蕃牙者最勇，而马尤良云。

【译文】

浑末，也叫嗢末，是吐蕃奴部。根据吐蕃法令，出兵必定征发豪家，全都率奴仆随从，平时分散居住耕种放牧。到尚恐热叛乱，无处可归，相互聚集数千人，以嗢末自称，居住在甘（今甘肃张掖）、肃（今甘肃酒泉）、瓜（今甘肃瓜州）、沙（今甘肃敦煌）、河（今甘肃临夏）、渭（今甘肃陇西东南）、岷（今甘肃岷县）、廓（今青海尖扎北）、叠（今甘肃迭部）、宕（今甘肃宕昌）之间，接近吐蕃牙帐的最为勇猛，而马格外优良。

【注释】

① 嗢末：嗢，读袜。

赞曰：唐兴，四夷有弗率者，皆利兵移[①]之，蹶其牙[②]，犁其廷[③]而后已。惟吐蕃、回鹘号强雄，为中国患最久。赞普遂尽盗河湟，薄[④]王畿为东境，犯京师，掠近辅，残馘华人[⑤]。谋夫虓帅[⑥]，环视共计，卒不得要领。晚节二姓[⑦]自亡，而唐亦衰焉。夫外抚内宁[⑧]，惟圣人不让。玄宗有逸德[⑨]，而拓地太大，务远功，忽近虞，逆贼一奋，中原封裂，讫二百年不得复完，而至陵夷[⑩]。然则内先自治，释四夷为外惧[⑪]，守成之良资也。

【译文】

赞曰：

唐朝兴起，四夷有不服从的，统统用精锐部队征讨，拔除其牙帐，犁平其朝廷，而后方才罢休。只有吐蕃、回鹘号称强盛，为中原边患最久。于是赞普窃取了河湟全境，逼近京郊的地方成了它的东部边境，进犯京师，掳掠近辅，残杀汉民。谋臣猛将，环视四周，共同计议，始终不得要领。到唐末，吐蕃、回鹘自己败亡，而唐也衰落了。抚慰外域、安宁国内，唯独圣人能够做到。玄宗有高德，但拓地太广，务求远功，忽视近忧，逆贼一起（安史之乱起），中原分裂，二百年间始终未能再完复，以至衰亡。然则内部首先治理好自己，才有基础解除四夷构成的外患，这是保持已取得成就的良策。

【注释】

① 移：移易，改变。

② 牙：牙帐。

③ 廷：朝廷、宫廷。

④ 薄：逼近。

⑤ 华人：此处指汉族人。

⑥ 虓帅：虓，读肖，虎怒吼状。虓帅，即猛将。

⑦ 二姓：指吐蕃、回鹘。

⑧ 外抚内宁：抚慰外域，安宁国内。

⑨ 逸德：逸，超绝、出众。《三国志·蜀诸葛亮传》：“亮少有逸群之才，英霸之器。”逸德，即高德。

⑩ 陵夷：衰败，走下坡路。亦作凌夷。

⑪ 释四夷为外惧：释，解除。外惧，外患。释四夷为外惧，即解除四夷构成的外患。

吐蕃赞普世系　唐朝皇帝世系
公元纪年对照表

吐蕃（公元 629—841 年）	唐（公元 618—907 年）
	(618—626)高祖李渊
(629—650) 松赞干布，藏文拉丁转写为 srong btsan sgam po，《吐蕃传》译作弃宗弄赞	(626—649)太宗李世民，李渊之子
(650—676) 芒松芒赞，藏文拉丁转写为 mang srong mang btsan，汉译又作乞黎跋布，松赞干布之孙	(649—683)高宗李治，李世民之子
(676—704) 都松芒波杰，藏文拉丁转写为 vdus srong mang po rje，《吐蕃传》译作器弩悉弄，芒松芒赞之子	(684)中宗李显，李治之子 (684)睿宗李旦，李治之子 (684—705)武后则天，李治之后
(704—754) 赤德祖赞，藏文拉丁转写为 khri lde gtsug brtan，《吐蕃传》译作弃隶蹜赞，都松芒波杰之子	(705—710)中宗复位 (710—712)睿宗复位 (712—756)玄宗李隆基，李旦之子
(754—797) 赤松德赞，藏文拉丁转写为 khri srong lde btsan，《吐蕃传》译作娑悉笼腊赞，赤德祖赞之子	(756—762)肃宗李亨，李隆基之子 (762—779)代宗李豫，李亨之子

续表

吐蕃（公元 629—841 年）	唐（公元 618—907 年）
（797—798）牟尼赞普，藏文拉丁转写为 mu ne btsan po，汉译作足之煎，赤松德赞之子	（779—805）德宗李适（读括），李豫之子
（798—815）赤德松赞，藏文拉丁转写为 khri lde srong btsan，赤松德赞之子	（805）顺宗李诵，李适之子 （805—820）宪宗李纯，李诵之子
（815—836）赤祖德赞，藏文拉丁转写为 khri gtsug lde btsan，《吐蕃传》译作可黎可足，赤德松赞之子	（820—824）穆宗李恒，李纯之子 （824—826）敬宗李湛，李恒之子 （826—840）文宗李昂，李恒之子
（836—841）达玛·邬东赞，藏文拉丁转写为 dar ma vu dum btsan，《吐蕃传》译作达磨，赤祖德赞之弟	（840—846）武宗李炎，李恒之子 （846—859）宣宗李忱，李纯之子 （859—873）懿宗李漼，李忱之子 （873—888）僖宗李儇（读宣），李漼之子 （888—904）昭宗李晔，李漼之子 （904—907）哀宗李柷（读祝），李晔之子

参考文献

苏晋仁：《通鉴吐蕃史料》，西藏人民出版社 1982 年版。

苏晋仁、萧錬子：《册府元龟吐蕃史料校证》，四川民族出版社 1981 年版。

范学宗、吴逢箴、王纯洁：《全唐文全唐诗吐蕃史料》，西藏人民出版社 1988 年版。

陈燮章、索文清、陈乃文：《藏族史料集》（1），四川民族出版社 1982 年版。

陈寅恪：《吐蕃彝泰赞普名号年代考》。

吴景敖：《西陲史地研究》，中华书局 1948 年版。

任乃强：《任乃强藏学文集》，中国藏学出版社 2009 年版。

王忠：《新唐书吐蕃传笺证》，科学出版社 1958 年版。

王忠：《新唐书南诏传笺证》，中华书局 1963 年版。

王忠：《松赞干布传》，上海人民出版社 1961 年版。

王尧：《吐蕃金石录》，文物出版社 1982 年版。

王尧、陈践：《敦煌吐蕃文献选》，四川民族出版社 1983 年版。

陈践：《吐蕃碑刻钟铭选》，民族出版社 1984 年版。

王尧、陈践：《吐蕃简牍综录》，文物出版社 1986 年版。

王尧、陈践：《吐蕃时期的占卜研究——敦煌藏文写卷译释》，香港中文大学出版社 1987 年版。

王尧：《吐蕃文化》，吉林教育出版社 1989 年版。

王尧、陈践：《敦煌本吐蕃历史文书》，民族出版社 1992 年版。

任育才：《吐蕃与唐朝关系研究》，台湾自立出版社 1971 年版。

罗秉芬、黄布凡：《敦煌本吐蕃医学文献选编》，民族出版社 1983 年版。

高瑞：《长庆会盟碑与蕃唐关系的演变》，甘肃民族出版社 1986 年版。

安应民：《吐蕃史》，宁夏人民出版社 1989 年版。

林冠群：《吐蕃赞普墀松德赞研究》，台湾商务印书馆 1989 年版。

林冠群：《唐代吐蕃史论集》，中国藏学出版社 2006 年版。

林冠群：《唐代吐蕃历史与文化论集》，中国藏学出版社 2007 年版。

周伟洲：《唐代吐蕃与近代西藏史论稿》，中国藏学出版社 2006 年版。

周伟洲：《吐谷浑资料辑录》，青海人民出版社 1992 年版。

周润年：《西藏古代法典选编》，中央民族学院出版社 1994 年版。

张云：《丝绸之路·吐蕃卷》，浙江人民出版社 1995 年版。

张云：《唐代吐蕃史与西北民族史研究》，中国藏学出版社 2004 年版。

王小甫：《唐、吐蕃、大食政治关系史》，北京大学出版社 1992 年版。

荣新江：《归义军史研究》，上海古籍出版社 1996 年版。

薛宗正：《吐蕃王国的兴衰》，民族出版社 1997 年版。

杨铭：《吐蕃统治敦煌与吐蕃文书研究》，中国藏学出版社 2008 年版。

尕藏加：《吐蕃佛教》，宗教文化出版社 2002 年版。

卢耀光：《唐蕃古道考察记》，陕西旅游出版社 1989 年版。

陈小平：《唐蕃古道》，三秦出版社 1989 年版。

［法］戴密微：《吐蕃僧诤记》，耿昇译，西藏人民出版社 2001

年版。

［法］A·麦克唐纳：《敦煌吐蕃历史文书考释》，耿昇译，青海人民出版社 1991 年版。

［美］李方桂、柯蔚南：《古代西藏碑文研究》，西藏人民出版社 2006 年版。

［日］前田正名：《河西历史地理学研究》，中国藏学出版社 1993 年版。

王力：《中国古代文化常识图典》，中国言实出版社 2002 年版。

阴法鲁、许树安：《中国古代文化史》,北京大学出版社 1991 年版。

袁庭栋:《古代职官漫话》,山东画报出版社 2007 年版。

谭其骧:《中国历史大辞典》历史地理卷,上海辞书出版社 1996 年版。

杨志玖、吴枫:《中国历史大辞典》隋唐五代史卷,上海辞书出版社 1995 年版。

徐连达:《中国官制大辞典》,上海大学出版社 2010 年版。

许嘉璐:《二十四史全译》旧唐书、新唐书卷,汉语大词典出版社 2004 年版。

《中国历史年代简表》,文物出版社 1973 年版。

索　引

一、地名、部族、军镇

C

D

H

J

K

L

M

N

P

Q

S

X

Y

Z

二、人名、姓氏

A

B

C

D

F

G

H

M

N

P

Q

R

S

T

W

X

Y

Z

三、职衔、官署

A

B

C

D

F

G

H

J

K

L

M

N

Q

S

T

W

X

Y

Z

图书在版编目（CIP）数据

两唐书吐蕃传译注/罗广武译注．—修订版．—北京：中国藏学出版社，2022.6

ISBN 978－7－5211－0357－1

Ⅰ．①两…　Ⅱ．①罗…　Ⅲ．①吐蕃－民族历史－研究－中国－唐代　Ⅳ．①K289

中国版本图书馆 CIP 数据核字（2021）第 224696 号

两唐书吐蕃传译注（修订版）

罗广武 译注

出版发行　中国藏学出版社
印　　刷　中国电影出版社印刷厂
印　　次　2022 年 7 月第 1 版第 1 次印刷
开　　本　787×1092 毫米　1/16
印　　张　23.75
字　　数　330 千
书　　号　ISBN 978－7－5211－0357－1
定　　价　58.00 元

图书若有质量问题，请与本社联系

E-mail：dfhw64892902@126.com　　电话：010－64892902